中国社会科学院　学者文选

钱俊瑞集

中国社会科学院科研局组织编选

中国社会科学出版社

图书在版编目（CIP）数据

钱俊瑞集／中国社会科学院科研局组织编选. —北京：中国社会
科学出版社，2002.12（2018.8 重印）

（中国社会科学院学者文选）

ISBN 978 - 7 - 5004 - 3373 - 6

Ⅰ.①钱… Ⅱ.①中… Ⅲ.①钱俊瑞—文集②社会科学—文集
Ⅳ.①C53

中国版本图书馆 CIP 数据核字（2002）第 027289 号

出 版 人	赵剑英
责任编辑	喻镨丹
责任校对	李小冰
责任印制	李寡寡

出　　版	中国社会科学出版社
社　　址	北京鼓楼西大街甲 158 号
邮　　编	100720
网　　址	http://www.csspw.cn
发 行 部	010 - 84083685
门 市 部	010 - 84029450
经　　销	新华书店及其他书店

印刷装订	北京市十月印刷有限公司
版　　次	2002 年 12 月第 1 版
印　　次	2018 年 8 月第 2 次印刷

开　　本	880×1230　1/32
印　　张	13.625
字　　数	328 千字
定　　价	79.00 元

凡购买中国社会科学出版社图书，如有质量问题请与本社营销中心联系调换
电话：010 - 84083683

出 版 说 明

　　一、《中国社会科学院学者文选》是根据李铁映院长的倡议和院务会议的决定，由科研局组织编选的大型学术性丛书。它的出版，旨在积累本院学者的重要学术成果，展示他们具有代表性的学术成就。

　　二、《文选》的作者都是中国社会科学院具有正高级专业技术职称的资深专家、学者。他们在长期的学术生涯中，对于人文社会科学的发展作出了贡献。

　　三、《文选》中所收学术论文，以作者在社科院工作期间的作品为主，同时也兼顾了作者在院外工作期间的代表作；对少数在建国前成名的学者，文章选收的时间范围更宽。

中国社会科学院

科研局

1999 年 11 月 14 日

目 录

一、关于 20 世纪 30 年代的中国农村经济问题

二、对抗战时期中国经济政治问题的研究

三、关于 30 年代的世界经济

四、对 70 年代以来世界经济问题的论述

五、改革开放以来的中国经济

六、关于世界经济研究与世界经济学的学科建设

代　序

　　钱俊瑞（曾用笔名陶直夫、钱泽夫、泽甫、周彬等）是我国著名的经济学家、教育家和无产阶级文化战士。

　　钱俊瑞于1908年9月出生于江苏省无锡县东乡鸿声里镇的一个农民家庭。少年时代就读于鸿声小学和江苏省立第三师范附属小学。1922年小学毕业后入江苏省立第三师范学校。1927年从师范学校毕业后曾到小学任教。当时，正值江苏省举办民众教育学院，钱俊瑞受陶行知思想的影响，决定投身于民众教育运动。他于1928年考入无锡江苏省立民众教育学院；入院后第二年到黄巷实验区从事工人教育工作（黄巷是丽新布厂的工人居住点）。

　　1929年，中央研究院社会科学研究所负责人陈翰笙来无锡，组织一批革命青年，开展对我国农村的经济调查。钱俊瑞参加了陈翰笙所领导的农村经济调查，并转入社会科学研究所工作。农村经济调查组先调查了无锡、保定农村；以后在江苏宝山、河南许昌、山东潍县、陕北榆林、安徽二十里堡以及广东的若干个县进行调查。在对这次调查的资料进行整理的基础上，钱俊瑞和调查组的其他成员，发表了有关农村经济的大量文章。

社会科学研究所具有明显革命倾向的科研工作，引起了国民党反动派的注意。为了加强控制，中央研究院于1932年把社会科学研究所迁往南京，并任命傅斯年为所长。傅斯年上台后，竭力排挤左派。1933年，钱俊瑞被中央研究院社会科学研究所除名，自南京返回上海，到塔斯社上海分社工作。当时，他参加了"苏联之友"社和社会科学研究会，开始与邹韬奋、胡愈之、金仲华、张仲实、艾思奇等人接触，并从事革命活动。

1934年，在"左"倾路线的指导下，我党中央机关遭到敌人的大破坏，中央机关从上海迁移到苏区，但中央文委仍留在上海，在中央文委领导下，左联、影联、剧联、美联、社联、教联组成"左翼文化总同盟"，钱俊瑞曾一度出任该组织宣传委员。1935年9月，经周扬和胡乔木介绍，钱俊瑞加入了中国共产党，并担任中央文委委员。

30年代中期，钱俊瑞在上海文化界从事大量的革命工作。但这并没有使他放弃学术研究活动。当时，他的学术活动主要在如下两个方面进行：其一，参加建立中国农村经济研究会和创办《中国农村》杂志，并在此基础上建立中国经济情报社和文化资料供应所，进行中国经济问题（特别是农村经济问题）的研究；其二，积极参与由胡愈之领导的、在"苏联之友"社基础上创办的《世界知识》杂志的工作，从事世界经济和国际问题的研究。

1933年，为了摆脱中央研究院某些人的干扰，争取科研工作的自由，以原社会科学研究所参加农村调查的那些人为核心，建立了中国农村经济研究会。陈翰笙被选为理事会主席，钱俊瑞是理事之一。1934年10月，农研会创办了会刊——《中国农村》月刊，由薛暮桥主编，钱俊瑞是该刊的重要成员。

在参加农研会活动的前后，钱俊瑞（或以陶直夫、周彬的笔名）在《中国农村》月刊和其他一些报刊上发表了一系列文章，其中主要有：《一九三一年大水灾中中国农村经济的破产》、《农作机械化的社会意义》、《评陈翰笙先生著〈现今中国的土地问题〉》、《现阶段中国农村经济研究的任务》、《中国农村经济性质问题的讨论》、《中国农村社会性质与农业改造问题》，等等。这些文章集中阐明了中国农村经济研究的对象、方法和任务；论证了中国农村半封建半殖民地的社会性质；批判了歪曲中国社会性质、取消中国革命的托派分子的理论和其他掩盖阶级矛盾的庸俗理论。

在中国农村经济研究对象的问题上，钱俊瑞批判了美籍教授卜凯把农耕技术作为中国农村经济的研究对象的错误观点和托派分子所主张的对中国农村经济的研究应着重于人与自然的关系的错误理论；明确提出农村经济研究的主要对象应是农村生产关系，中心问题是中国的土地问题；并指出在说明农村生产关系时，不仅要分析土地的分配状况，而且要研究对农村生产关系的性质有重大影响的农业经营方式，以及对农业生产有重大影响的地租问题和地价问题。钱俊瑞的这些论述坚持了马克思主义观点，具体展示了农村生产关系的各个方面，从而大大丰富了有关农村经济研究对象的理论。

在中国农村社会性质的问题上，钱俊瑞批判了那种把商品经济发展与资本主义经济发展混为一谈的观点，以及那种根据中国处于国际资本的支配下就推断中国已是资本主义社会的观点；并在《中国农村经济现阶段性质之研究》和《中国农村社会性质与农业改造问题》两篇文章中，分别从资本主义在中国的特殊发展途径和中国农村生产关系各个方面的深入分析中，有力地论证了中国农村社会的半封建半殖民地性质。

在中国的土地问题上，钱俊瑞发表的《中国现阶段的土地问题》一文，深刻地阐述了中国土地关系和租佃制度的特点，说明由于中国的多数地主（甚至富农）把大部分土地出租，而租进土地的又多数是那些没有土地或有地甚少的贫农，因此，细小经营就成为中国的农业生产形式。而这种细小的经营并不建立在雇佣劳动的基础上，因而也不具有资本主义性质。这就是说，中国的土地集中并没有产生大规模的资本主义经营。这从一个侧面又进一步论证了中国农村的半封建半殖民地性质。

在中国的地租问题上，钱俊瑞以马克思主义的地租理论为指导，对中国的租佃制度和地租形态作了具体的、历史的分析。在《中国地租的本质》一文中，他首先指出地租是一个社会历史范畴，并在此基础上区分了封建地租和资本主义地租；说明近代中国的地租虽在形式上有很多变化，但它仍是半封建的生产关系的具体表现，与资本主义地租仍有本质上的区别。

在参加中国农村经济问题的讨论的同时，钱俊瑞还对中国的金融货币问题作了系统的研究。这方面的主要研究成果有：与章乃器合写的专著《中国货币制度往哪里去》（新知书店1935年出版）；在报刊上发表的《新币制的透视》、《国际货币战与中国币制改革》和《中国跃进英镑集团以后》等文章。在这些著作中，钱俊瑞全面论述了中国金融货币制度的演变过程和历史特点；论述了30年代中期在列强加紧争夺对华货币权的情况下，中国的币制改革及其发展趋势。其中，《中国货币制度往哪里去》一书影响颇大，成为当时的一大畅销书。

随着研究领域的逐步开拓，钱俊瑞越来越注意对整个中国经济的调查研究。1936年，他写了《怎样研究中国经济》一书，以辩证唯物主义认识论的观点，阐述了研究中国经济的正确方法。其中特别强调要按阶级观点，进行实地调查，掌握大量第一手资料，以便得出正确的结论。该书是当时青年自学丛书的佳作之一。

30 年代初期，特别是 30 年代中期，整个世界充满了火药味，世界大战已迫在眉睫。为了加强对瞬息万变的国际形势的了解，钱俊瑞与胡愈之、金仲华和张仲实等人以"苏联之友"社为基础，于 1934 年 9 月创办了《世界知识》杂志，先后由钱亦石、张仲实、金仲华和钱俊瑞任主编。该刊着重于世界经济政治的研究，曾专门介绍过苏联著名经济学家瓦尔加有关世界经济的理论。在这个刊物及其他报刊上，钱俊瑞（或用笔名钱泽夫、泽甫）发表了一系列有关世界经济和国际问题的文章，其中最主要的有：《火药气下的世界景气》、《西班牙的土地问题和民族问题》、《保卫马德里》、《土耳其论》、《英国在非洲的殖民地》、《一九三七年资本主义世界经济的展望》、《太平洋市场的争霸战》，等等。在这些文章中，通过对 30 年代中期资本主义世界经济形势的评述，揭露了当时资本主义世界的所谓经济"景气"，完全是建立在国民经济军事化基础上的一种虚假"繁荣"，通过对列强市场争霸战的分析，充分展现了当时国际经济关系的错综复杂的局面，以及列强之间为争夺殖民地（特别是殖民地市场）而产生的尖锐复杂的矛盾；并通过对殖民地经济的论述，深刻揭露了帝国主义国家与殖民地之间压迫与被压迫、剥削与被剥削的关系，同时在很大程度上揭示了殖民地、半殖民地国家国内经济关系（如土地关系等）的本质；其中，在《土耳其论》一文中，钱俊瑞通过对土耳其民族经济的发展的分析，已提出并在一定范围内论证了殖民地、半殖民地国家民族经济的发展道路问题，特别是肯定了民族资产阶级所领导的民主革命，也能在一定程度上促进独立的民族资本主义的确立和发展，这在理论上是一个创新。

进入 30 年代以后，日本帝国主义加紧了侵华战争的步伐。因此，钱俊瑞当时除了从事理论研究工作外，还积极投身于抗日救亡的实际斗争，成了著名的争取民主和宣传抗战的斗士。

1935 年底，钱俊瑞与沈钧儒、邹韬奋、陶行知等发起成立上海文化界救国会，并担任文化救国会党团书记。次年，在邹韬奋主编的《大众生活》周刊被迫停刊后，钱俊瑞等相继创办了《永生》周刊和《现世界》（钱俊瑞曾任这两个刊物的主编），积极从事抗日救亡的宣传。

进入全面抗战时期以后，钱俊瑞任"全国救国联合会"党团书记，在党中央长江局领导下工作。上海沦陷后，他辗转到武汉，创办了《战地知识》和"战时书报供应所"，并与孙冶方、姜君辰等共同编辑《救亡手册》（由生活书店出版发行），为动员和团结抗日民主力量作出了出色的贡献。武汉失守后，他由董必武派遣到襄樊，主持第五战区文化工作委员会的工作，用合法形式帮助建立桐柏山根据地。1939 年初，他赴重庆继续从事抗日救亡活动和人民外交工作。1940 年 7 月，钱俊瑞随叶挺军长自重庆到皖南新四军工作。在新四军里，他负责组建战地文化服务处，并在军教导总队为军队干部讲授政治经济学和唯物辩证法理论。皖南事变后，他转到苏北根据地，任华中文委书记，主编《江淮日报》；后任新四军政治部宣教部长，直到抗战胜利。

在全面抗战前夕和整个抗日战争时期，钱俊瑞的理论研究工作和著述活动都是围绕反对帝国主义战争和抗日救亡运动展开的。在这一时期中，他的著作很多，其中有代表性的专著是：《中国国防经济建设》、《中国经济问题讲话》、《给救亡同志的公开信》、《汪精卫卖国主义的理论和实践》和《论战争》；主要文章则有：《目前研究中国经济的目标》、《论民生主义的实质》、《从中日财政经济观察未来战争》、《中国国民经济的总动员》、《和平的呼吁》、《关于乡村服务人员大团结的一个具体建议》、《开展内地的救亡工作》、《第三期抗战中乡村工作者的具体任务》、《目前乡村工作同志的三大任务》、《迅速建立太平洋集体安全制度》、《两大国际力量在中国的斗争》、《从经济上观察意国侵阿战争的前途》、《论苏德战场》，等等。

其中，在《中国国防经济建设》等经济理论著作中，钱俊瑞不仅提出和建立了国防经济的理论和方针，论述了国防经济建设的任务及其各项具体措施；而且提出了殖民地、半殖民地国家发展独立民族经济的任务，并把它作为殖民地、半殖民地国家获得政治独立的经济基础来加以论述。钱俊瑞提出，为了发展独立的民族经济，殖民地、半殖民地国家必须采取如下两项极其重要的措施：（1）为了抵抗外国资本的侵略和消灭割据性的地方经济，必须以集中统一的国家政权建立起巨大的国家资本主义经济，这是小农经济占优势的国家实现从落后的小生产向社会化大生产过渡的中间环节；（2）为了发展独立的民族经济，特别是建立有利于民族经济发展的国家资本主义，必须建立一个革命的民主政权，因为离开了人民民主政治，独立的民族经济的发展是绝无可能的。钱俊瑞上述关于殖民地、半殖民地国家发展独立自主的民族经济的思想，关于建立国家资本主义，并以此作为向社会主义过渡的中间环节的思想，以及关于建立革命民主政权以保证民族经济的发展的思想，强调了制度因素对于经济发展的重要性，初步地提出了殖民地、半殖民地国家民族经济的发展道路的理论。

抗战胜利后，钱俊瑞被派赴北平参加军调处执行部的工作。随后任新华社北平分社的代社长（社长是徐特立）兼总编辑，创办了《解放》三日刊。1946年5月，钱俊瑞奉命自北平赴延安任党中央秘书；9月调解放日报社，任该报社论委员会主任。1947年3月，我军主动撤出延安，钱俊瑞经山西到河北平山县，参加在刘少奇同志亲自领导下的华北地区土地改革运动，并先后出任过中共建屏县委书记和华北大学教务长。

1949年1月北平解放时，钱俊瑞出任北平军管会文化接管委员会主任，负责接管清华、北大、北师大、燕京、辅仁等高等院校和其他文化教育机关。建国初期，钱俊瑞先后任教育部党组书记、副部长，政务院文化教育委员会秘书长；文化部党组书记、副部长，兼国务院文教办公室副主任。在教育部和文化部任职期间，钱俊瑞先后发表了《学习和贯彻毛主席的教育思想》、《用革命精神实施新学制》、《高等教育改革的关键》和《坚持文学的党性原则》等文章，阐述了党的教育方针和文艺政策。

1956年，钱俊瑞参加了党的第八次代表大会，并当选为候补中央委员。钱俊瑞还先后当选为第一、二届全国人民代表大会代表；历任第一、二、三、四、五、六届全国政协委员，第四、五、六届全国政协常务委员。

在十年动乱时期，钱俊瑞遭到"四人帮"的残酷迫害，被关押了八年，直到1975年5月才获释放。

1978年，钱俊瑞被任命为中国社会科学院世界经济研究所所长。到任后，他主持召开了两次世界经济科学规划会议，制定了《1978年至1985年全国世界经济学科发展规划草案》；筹建了世界经济资料中心；参加发起建立中国世界经济学会，并被选为会长；参加了《世界经济导报》的创建工作，并被任命为该报社社长。1980年后，钱俊瑞还兼任了国家计委顾问、国家进出口管理委员会对外经济贸易研究中心主任、国务院经济研究中心顾问和大百科全书编辑委员会委员等职务。1983年钱俊瑞退居二线，担任中国社会科学院顾问。

恢复工作以来，钱俊瑞主要从事世界经济方面的研究和著述活动。在此期间，他发表了一系列学术论文，著有《世界经济与世界经济学》、《世界经济与中国经济》、《马克思与当代世界经济发展规律》、《当代世界经济发展规律探索》等书；主编了《世界经济概论》（上、下册）和《资本主义与社会主义纵横谈》等专著；并主编了我国世界经济方面的工具书——《世界经济年鉴》。其中，《世界经济概论》一书被列为高等学校教材，并获1987年"吴玉章奖金"世界经济学特别奖。此外，在从事繁重的著述活动的同时，钱俊瑞还多次参加代表团，前往西欧、美国、日本、印度考察各国经济，并在瑞士、美国、日本、西班牙参加国际会议，作学术演讲，加强了国际学术交流。

钱俊瑞晚年的学术论著内容广泛，大致可归纳为如下几个方面：

一、为了适应我国把工作重点转移到社会主义现代化建设上来这个历史性的伟大转变，同时为我国四个现代化服务，钱俊瑞确定了世界经济研究的指导方针和根本任务，并根据这一方针确定了当前世界经济研究的重点课题。在这方面，他的颇多论述为我国的世界经济研究工作起到了组织和协调的作用。

二、在《世界经济与世界经济学》等文章中，钱俊瑞从对资本主义的产生和发展以及世界经济的形成的历史分析中，说明了人类社会在发展到资本主义阶段后，如何在国际分工、世界市场、世界货币和世界资本的基础上，逐步形成了世界范围的生产关系及与它相适应的交换关系的体系，即统一的世界经济体系。与此同时，钱俊瑞把这种世界范围的经济体系（及其进一步发展的形式）作为一个整体，规定为世界经济学的研究对象。关于这方面的理论研究，尽管尚未充分展开，但钱俊瑞已作的这些论述，对于世界经济学作为一门独立的学科的建设，对于世界经济学理论体系的形成，无疑是有重大意义的。

三、在对当前世界经济的研究中，钱俊瑞不仅分别就资本主义国家、社会主义国家和发展中国家等不同社会经济形态的有关重大理论问题（如战后发达资本主义国家和国际垄断资本出现的新现象问题、发展中国家民族经济发展道路的问题、社会主义各国社会主义建设的不同道路和模式问题）提出了自己的看法，而且对这些不同类型国家的相互关系的新变化也进行了研究，从而较全面地分析了当前的世界经济形势及其发展前景。这种分析充分考虑了各种不同类型国家的社会经济制度、民族历史特点、科学技术发展水平，乃至于它们的自然条件等方面的因素；并把这些国家放在整个世界经济体系的一定地位中来加以考察；就其方法论来说，则既重视对事物内部运动规律的研究，也重视对某一事物与其他事物的联系的分析。

四、在对发展中国家经济的研究中，钱俊瑞特别强调要根据当前世界的客观形势，从世界总战略的高度出发（而不是从个别具体问题出发），来确定发展中国家发展战略的基本任务以及制定这种战略的主要原则。这不仅使当前对发展中国家民族经济发展道路问题的讨论，大大向前推进了一步；同时也使他30年代关于殖民地、半殖民地国家民族经济发展道路的理论，在新的历史条件下得到丰富和发展。

五、在着重进行世界经济研究的同时，钱俊瑞对国内经济问题也给予高度的重视，进行了深入的探讨，并力图借鉴外国经验来解决我国当前经济生活中存在的问题。在这方面，他的许多论述我国当前经济改革的文章，提出了富有建设性的主张。

钱俊瑞晚年的研究活动是多方面的，但创建世界经济学几乎是他倾其全力予以进行的一项最主要的工作。按照他的设想，80年代将使世界经济学真正发展成为一门独立的学科，即在对世界经济领域的一系列重大问题进行系统的理论研究的基础上，逐步建立起马克思主义世界经济学的理论体系来。为此，钱俊瑞曾准备于近期内在《世界经济概论》的基础上，编写一部《世界经济学原理初探》；与此同时，还将为建立和发展比较社会主义经济学和比较发展经济学积极准备条件。而到90年代以后，将在上一阶段的基础上，更加全面深入地研究世界经济领域内的一系列重大问题，充实和完善世界经济学的理论体系；并力求在本世纪末将比较社会主义经济学和比较发展经济学建设成两门独立的、完整的分支学科。

然而，正当钱俊瑞执著地进行创建世界经济学的探索工作的时候，这位孜孜不倦、勇于创新的学者终因劳累过度，不幸于1985年5月25日病逝了。钱俊瑞虽然未能在生前完成他创建世界经济学的宏愿，但他对世界经济学作为一门独立学科所进行的有益探索，以及对创建世界经济学所作的初步规划，无疑将对后人起到铺路奠基的作用。

本文集收入钱俊瑞的25篇学术文章，其中有些是解放以前发表的。为保持文章的原貌，反映当时的历史事实，这次结集出版时未做改动，特此说明。

林水源

2000年9月

一、关于 20 世纪 30 年代的中国农村经济问题

1931 年大水灾中中国农村经济的破产

　　中国历史上充满着农民大众惨痛的呼声，他们在追踪来到的饥馑和灾荒中呻吟而咆哮。特别在最近一世纪内，灾荒所及的面积一次比一次扩大，饥馑的程度更一次深过一次。

　　1878 年英国的驻华领事和西氏（Alexauder Hosie）曾编过《中国的旱灾》（Droughts in China）一书，他从《图书集成》中找到许多记载和数字材料。据他的统计，中国北部诸省（包括河南、河北、陕西、山西、山东、甘肃）在公元 620—1619 年这 1000 年中间所发生的比较严重的旱灾共有 100 次；中部诸省（浙江、江苏、湖北、四川、安徽）则有 77 次；南部（江西、湖南、福建、广西、云南、贵州、广东）也有 39 次。

　　竺可桢先生曾在他所著的《中国有史以来之气候变化》一文上发表了一个自唐初至 20 世纪初叶每一百年间所发生的旱灾次数的统计：

省 别	唐 618—907	五代及北宋 908—1126	南宋 1127—1279	元 1280—1367	明 1368—1643	清 1644—1847 1861—1900
河 南	4.2	24.2	5.3	21.9	2.9	12.4
河 北	2.1	9.1	9.9	29.9	5.1	26.9
陕 西	4.5	6.9	5.3	12.7	7.3	9.5
山 西	4.5	2.3	5.3	19.6	13.8	7.3
山 东	3.4	3.7	6.6	8.1	4.0	19.0
甘 肃	0.4	1.4	0.7	5.3	0.7	7.0
浙 江	3.1	4.1	15.2	6.9	16.7	13.9
江 苏	4.2	4.1	14.5	10.4	3.3	15.7
湖 北	1.7	2.3	4.6	12.7	16.0	16.2
四 川	1.7	8.0	9.2	2.3	1.5	0.4
安 徽	4.5	7.8	9.9	4.6	2.2	14.5
江 西	1.7	0.9	6.6	3.5	4.4	13.6
湖 南	1.7	2.7	4.0	6.9	5.1	8.7
福 建	1.4	1.4	5.9	4.6	7.9	3.7
广 西	—	0.5	—	6.9	4.7	2.1
云 南	—	—	—	—	6.5	0.8
贵 州	—	—	—	—	1.1	—
广 东	—	—	1.3	4.6	2.6	0.8

同时关于水灾的次数他也有相同的统计（每百年中的次数）：

省别	唐 617—907	五代及北宋 908—1127	南宋 1128—1279	元 1280—1367	明 1368—1643	清 1644—1847 1861—1900
河 南	4.2	17.8	1.3	34.4	2.2	26.0
河 北	2.1	6.9	3.9	25.3	1.8	43.7
陕 西	9.1	1.8	3.9	4.9	2.2	11.6
山 西	0.7	2.3	—	4.6	7.3	12.8
山 东	1.7	5.5	0.7	20.7	2.2	27.7
甘 肃	2.3	1.8	1.3	5.7	—	8.3
浙 江	1.4	1.4	17.8	4.6	4.0	22.7
江 苏	1.4	2.7	9.9	3.4	1.5	43.3
湖 北	0.3	0.9	4.6	4.6	0.7	26.2
四 川	0.7	—	2.6	—	1.1	2.9
安 徽	0.7	3.7	5.9	4.9	—	36.8
江 西	0.7	1.4	5.9	4.6	1.5	21.8
湖 南	—	1.4	—	3.4	1.1	20.6
福 建	—	0.9	4.6	4.6	3.3	6.5
广 西	—	0.5	—	1.2	0.7	1.6
云 南	—	—	—	—	6.9	2.5
贵 州	—	—	—	—	—	2.5
广 东	—	0.5	0.7	23	1.5	7.0

从上引的统计中，我们可以看出灾荒发生的次数——特别是水灾，在清朝为最多。沿海如江苏、浙江、福建、广东、河北、山东诸省在清朝饥荒次数一般地比较以前遥为增多，这些地方便是和国外的经济势力接触得最早同时也最频繁的处所。我们所认为缺憾的便是在清朝的灾荒次数统计中并没有将 1840 年以前和

以后分别统计，即从帝国主义的吸血管插入中国农村以后而呈现着的急剧破产由灾荒反映出来的过程并没有用数字明白表现出来。

民国以来灾荒的利爪更频繁地更深刻地更广泛地抓住了中国的农民大众。例如1911年淮河泛滥，在安徽淹没了10470方哩，江苏省淹2300方哩。这两省里平均每六七年总要发生一次同样严重的水灾，至于影响较轻的灾害则在三四年内即须发生一次。(W. H. Mallory, China, The Lana of Famine, New York, 1926, p.49)

黄河一向在缔造"黄祸"，特别在1925年的夏秋二季山东省内黄河南岸的堤坝被水冲倒，淹没的地面达800方哩。这次损失单就农田收获而言，已有2000万元之巨。(Mallory, ibid., p.52)

自从1891年以后河北的中部平原上曾发生过7次严重的水灾，即每六七年发生水灾一次。1924年的夏季河北又遭水灾，被淹面积竟达5000方哩。那次单是农产物的损失将近有100000000元，再加上因不能种植冬麦和其他谷类而所受的损失，则其总数必将在125000000元以上了。(Mallory, ibid., p.53)

1924年江西水灾，赣州附近的堤坝，多半被水冲倒，于是几百方哩的良田，顷刻变成泽国。(Mallory, ibid., p.56)

在这儿我们将讲不尽那些发生于近20年内的悲惨的故事。1928—1929年间西北诸省空前的大旱灾当是我们最难忘的一幕古典的悲剧。它的区域跨及河北、山西、陕西、河南、甘肃、热河、察哈尔诸省，5000多万人被禁锢在冻与饿所制成的帐幕中，有几千几万个难民流浪到东三省以及江浙诸省，贩卖妇女的人市构成山西与陕西新兴的而且最旺盛的市场，小孩的数目特别迅速地减少着，因为政府"禁止"（！）不了贫农们因无食而屠杀自己的孩子的"残暴行为"。田地整批地荒芜起来，田价暴跌了，富人出来做好事，用廉价大批收买田地，慈悲地养活了整千整万的灾民。

在这"灾荒的中国"，灾荒这魔鬼必然地将在其更扩大的规模中被生产出来，这"阵痛"的周期将愈来愈短，而其痛楚的程度将愈来愈剧。于是，1931 年的大水灾便背负其历史的任务而"沛然"来到。

一　崩溃的全行列

在第一次世界大战之后，伴随着政治的混乱而显示出中国的特性的便是气候的继续不断的劣化。1921 年后中国北部及西北部仅丰收过 2 年，最近 5 年更演成灾荒的连锁，水灾在 1927 及 1929 年发生于中部，1930 年亦在中部发生。1928—1929 年西北大旱灾，1930 年还继续演其余波。依据估计，1927 年的灾民约有 900 万人，1928 年约 1400 万人，1929 年约 5400 万人，1930 年约 3000 万人。

1931 年的大水灾表现为这饥馑过程的最高点，灾区涉及 16 省，全国受灾面积约 40 余万方哩。灾情较重的省份有江苏、安徽、湖北、湖南、江西、浙江、山东、河南诸省。

据水灾救济委员会的调查，在这 8 省中间确罹水灾而提出报告的有 271 县，占总县数 642 的 42%，未受水灾的 75 县占总数的 12%；其他没有提出报告的有 296 县，占全数的 46%（张心一，灾害损失与农业，满铁支那日志，卷 8，号 121931）。关于上述 8 省受灾的耕地可参看下表。

省　别	全省耕地面积(百万亩)	有报告各县受灾面积(百万亩)	对全省面积的 %
山 东	110.7	14.0	13
河 南	113.0	23.8	21
安 徽	48.8	23.4	48
江 苏	91.7	36.7	40
湖 北	61.0	14.6	24
湖 南	46.6	11.8	25
江 西	41.6	6.4	23
浙 江	42.2	8.0	19
共 计	555.6	138.7	26

（天津大公报，21，Ⅺ，1931）

上表为国民政府主计处统计局所制成，据该局自己的说明，上述 8 省受灾县份中还有 20 县没有报告，所以"估计数目，较实数稍低，（但）当不致相差甚远"。

赈务委员会调查所得的结果，一部分可以校正这估计太低的缺陷。例如皖省全省被淹的田亩占原有田亩的 56％（赈务委员会，安徽省水灾查勘报告书，页 1981——以下略作皖报告书）。而主计处的调查仅 48％。

南京金陵大学在湖南、湖北、江西、安徽、江苏、河南等省调查 131 县受灾县份。这 131 县中被淹没的耕地占全面积的 56％。

省　　别	被查的受灾县数	耕地全面积(百亩)	被淹亩数(百亩)	对全面积的 %
湖南	15	174056	89634	51
湖北	30	253427	139183	55
江西	14	96348	49427	51
安徽南部	24	140227	86797	62
江苏南部	11	98675	40255	48
河南	1	37500	31875	85
安徽北部	19	394309	237678	60
江苏北部	17	368333	196716	53
共 计	131	1562875	871565	56

(L. Buck, The 1931 Flood in china, The university of Nanking, 1932, Table 2.)

灾情奇重的县份几乎全部耕地都给淹没。例如安徽省灾情最重县份：

县　名	原有亩数（A）	被淹亩数（B）	B 对 A 的 %
五　河	845215	845215	100
芜　湖	600000	500000	83
当　涂	750000	600000	80
凤　台	750600	700000	93

（皖报告书，页 16）

湘省受灾最重县份被淹田地对原有田地的比较

县　名	原有田地（千亩）	被淹田地（千亩）	被淹田地对原有田地的 %
南　县	650	632	97.2
沅　江	760	725	95.4
安　乡	514	490	95.3
汉　寿	520	490	94.2
临　湘	300	270	90.7

（赈务委员会，湖南省水灾查勘报告书，1931，页 22——以下略作湘报告书）

湘省滨湖各县总共有垸圩 1400 余；本年水灾溃决的达 1292，未溃的仅 166，以面积论，溃垸计 3968194 亩，占全垸面积 80%，未溃垸计 937218 亩，占全面积 20%（湘报告书，页 20）。

在 1928—1929 年的大旱灾中受灾的人数达 5400 万，而在去年的水灾灾民人数竟达 8000 万。据主计处的统计，重灾 8 省中受灾农户总数为 800 多万户，占农户总数的 26%。

省　别	全省农户数(千户)	有报告各县受灾农户数估计(千户)	对总数的%
山　东	5918	722	14
河　南	5062	1020	20
安　徽	2682	1397	52
江　苏	5057	2136	42
湖　北	3900	1154	29
湖　南	3900	873	22
江　西	3292	683	21
浙　江	3165	544	17
共　计	33036	8579	29

（天津大公报，21，XI，1931）

这估计当然又因为据报未全而失之过低。赈务委员会关于湖南省的报告，称据报47县中（灾区及66县）受灾人口占全人口的29.6%（页18），中间滨湖区域的沅江、南县、汉寿、安乡、岳阳等县罹灾最重。

县　名	原有人口数	受灾人口数	对原有人口的%
沅　江	267159	250104	93
南　县	265158	243000	92
汉　寿	416512	358152	85.9
安　乡	220410	188000	85.3
岳　阳	478231	377500	78.9

（湘报告书，页17—18）

安徽受灾最重的县份如当涂、五河、凤台、怀远等县，其受灾人口竟占全人口的90%、86%、84%、83%（皖报告书，页14）。据金陵大学关于江苏南部11县和北部17县的调查其结果为：

省　别	农户总数（百户）	受灾农户数（百户）	%
江苏南部	5375	2243	41.73
江苏北部	15790	8741	55.36

（根据 Buck, ibid., Table 2. 计算）

在这广大灾民群众中间有一部分是死亡了，一部分还留在家乡，另外的便逃亡外乡、外县和外省去。

全国农民中至少有 100 多万人死亡。据金陵大学调查的结果，受灾县份中死亡人口占全人口的 2.2％。

省　别	被调查的人口	死亡人口	每百人中的死亡数
湖南	11897	341	2.9
湖北	9952	387	3.9
江西	8254	212	2.6
安徽南部	14151	252	1.8
江苏南部	7703	98	1.3
安徽北部	18651	344	1.8
江苏北部	6421	65	1.0
平均（各县平均）	77029	1710	2.2

（Buck, ibid., Table 25）

这些无辜的牺牲者在怎样凄惨的情景中断送其生命，我们只要举几个例子就得明白：

江苏北部以高邮、兴化等县罹灾为最重。高邮县被狂波冲洗时，一共死了 1 万多人，其时水利局长茅以昇及工务段长李季强均乘船逃去（大公报，1931.2.9）。邵伯镇附近的堤坝，猝被冲溃，死亡几千人。事实是这样：25 日上午，北风大作，当即报告该段所长邵福震，彼云治运堤岸颇坚，当无意外。下午风势更大并转吹西风，河中波浪汹涌，高约丈余，直扑运堤。乡民当即鸣锣报警，该地公安局第8分局萧绍源事前不加协助，迨乡民鸣锣，反谓其故作惊报。待至下午三四时左右，大通公司码头一段运堤，即行出险；同时大王庙以北各段亦纷纷溃决，欲堵填则纷纷溃决，而所长邵福震久已逃避，不知去向，遂溺毙数千人。（天津大公报，1931.2.9）

在兴化"沿途所见露出水面者多半仅屋顶与树杪，死者悬尸树杪，活者流离失所，妇孺老弱无力迁徙，攀登倾斜未倒之屋顶与断堤残桥上，为苟延残喘者莫不鸠形鹄状，待哺嗷嗷"。（上海民国日报，1931.1.11）

这种情境可以作为灾区一般的描画。

这留在故乡的多半是一钱莫名的穷光蛋。他们已全部损失了田内的收获、储粮、家具，以及下期耕种时所必需的农具、牲畜，等等。

在重灾诸省中仅就稻、高粱小米的损失额讲，它已尽够1800万人全年的食量（见下页表）。

下页表稻的损失额约90亿斤，折成净米约合60亿斤；高粱小米折成净粉约合10亿斤。折合美吨计（短吨）共约500万吨。输入中国赈灾的美麦共45万吨，按8成折成净粉不过36万吨。仅约当损失额7.2%。（天津大公报，1931年11月21日）

下项农产损失的总价值：稻每斤以0.1元计（稻价每斤以0.4元计，高粱小米每斤以0.03元计）约4.5669亿元。假如立法院通过的8000万赈灾公债真能照数发行，还不及农产损失总额的十分之二。同时我们还须注意到主计处的统计在地域上在农产种类上都有很多缺漏，实际的损失当更甚于此。

省别	稻			棉			小米高粱		
	平年产额百万斤	本年损失额百万斤	%	平年产额百万斤	本年损失额百万斤	%	平年产额百万斤	本年损失额百万斤	%
山 东	—	—	—	26	4	15	2146	449	21
河 南	—	—	—	79	14	18	1426	554	39
安 徽	3813	1637	43	50	9	18	438	120	27
江 苏	6100	1698	28	211	55	26	575	177	31
湖 北	4538	6649	36	126	38	30	262	102	39
湖 南	5018	1894	38	35	9	26	—	—	—
江 西	2792	1422	51	24	7	29	—	—	—
浙 江	2355	642	27	30	9	20	—	—	—
共 计	24616	8942	36	581	142	20	4847	1407	29

大量的耕畜的淹毙和被屠杀将使下期的耕种绝无可能。据金陵大学的调查，各省在这次水灾中牲畜的总损失达 165000000 头（North China Daily News, 14, I, 1932. Simpson 演说辞）。湘省汉寿、沅江、南县、常德、湘阴、临湘、岳阳、安乡、华容、益阳等县中共计损失耕牛 28488 头，中间淹毙的 5062 头，由灾民无食自宰或贱价出卖供屠杀的 23426 头（湘报告书，页 25）。下面一段记载颇能描画耕牛被淹的惨状。

当大水正盛时，淹没耕牛无数。前日武陵轮船来湘，经过洞庭湖中，屡次有牛浮至，腾跃上船。……现灾民将耕牛贱卖以顾目前，竟有以子母牛 2 头在长沙城外共卖洋 15 元。将来滨湖各县欲重购耕牛大约亦在一二百万元内外（湖南民国日报，24，XI，1931）。

安徽寿县牲畜死亡 470 头（天津大公报，23，XI，1931）；凤台 9000 余头（大公报，27，XI）。

灾民在下期耕种前当然无力购置耕畜，那么以人代牛的现象，必然会有。关于这曾有下述的记载：其从前所养之牲畜如牛骡等，非被土匪抢去，便为军队拉去，亦有于灾重时卖于屠场，救了人命。但现时皆无购买能力，因为乡村中发明一种人力犁地法，一到田间便可见先后二人扛一椽，系犁于椽之中央，仍由后一人按住犁柄，前拉后推而行。如是耕地，令人一见几疑身临数千年前之田间而忘记尚在今日所谓农业的工业化或电气化之时代（大公报，10，Ⅷ，1930）。

农具种子等的损失同样使农民难能重新从事生产。在这次水灾中所损失的农具总值大约在 118000000 元左右（North China Daily News，14，Ⅰ，1932．Simpson 演说辞）。金陵大学在 5 省 87 县中调查了 11791 农家所受农具的损失结果如下：

省　别	农具损失总值（元）	每农户平均损失值（元）
湖南	16300000	35.52
湖北	30700000	29.94
江西	10500000	45.68
安徽南部	20400000	33.27
江苏南部	2200000	9.94
安徽北部	16600000	19.67
江苏北部	23200000	27.36
共　计	119900000	201.38

（L，Buck，ibid．，Table7）

因此，农民要简单地恢复其原来的生产范围，在农具方面每户必须添置 0.8 具大农具，4.0 具小农具（L，Buck，ibid．，p.19）。至于种子在 5 省 87 县的 11791 农户中已需 52000000 元（L．Buck，ibid．，p.30）。

在事实上农民的生活资料已全部损失，他们要维持其最低限度的生活尚不可能，哪里说得到从事耕种。

灾民的住房被水冲毁了，衣服被水冲跑了，家具也损失殆尽，他们已失去他们身外的一切。1931年7月24—27日汉口附近的张公堤和护江堤相继溃决，屋内浸水的人家达132129户；武昌的筷子街万年闸溃决时，室内浸水者达3368户，而且一部分的房屋竟给洪水冲净毁尽（日文上海每日新闻，1，XI，1931）。湖南各县倒塌的或毁坏的房屋由下表中可见一斑（下表为举例性质）：

县　名	倒塌或冲坏的间数
岳　阳	18000（湖南民国日报，6，XI，1931）
湘　乡	3800（同上）
沣　县	17781（同上）
汉　寿	21845（同上）
湘　潭	507（湖南民国日报，11，XI，1931）
新　代	3220（同上　12，XI，1931）
石　门	1648（同上　13，XI，1931）
沅　江	10000（同上　17，XI，1931）

据金陵大学的估计，灾区房屋的总损失额达470000元（North China Daily News，14，I，1932）；衣服、床铺和家具的损失也颇惊人，在五省87县1791农户中衣服和床铺总共损失69100000元，大小家具损失54200000元。但这浩大的额数（2项总数）仅当全部损失的6.4%（L. Buck, ibid., Table 3, 10, p. 30），其他11791农户还损失燃料83000000元，饲料31000000元，家畜11000000元。（L. Buck, ibid., p.30）

这广大的灾民群众，死的死了，活着的除一部分留住家乡之外，剩下的因为全部生活资料都给冲洗干净，不能不一批一批地逃亡到外乡去乞食，做苦力，当工人，坐监牢，以至死！

灾民的移动在两种形式下进行着。一部分人逃入附近的山坳、高冈，甚至上山以暂时躲避波浪的袭击。另外的人便单独地，或扶老携幼地到别县别省去。"逃荒"有的人逃到大城市里的难民收容所去喝粥，有的四处找求工作或流浪着做乞丐，更有的去当兵（武昌街上各军各师各旅各团的招兵旗子在各处飞扬飘动，此所谓"以兵代赈"。天津大公报，161，Ⅹ，1931）。

据金陵大学的调查，灾区住民中有40％逃亡到他处。逃亡出来的人有1/3已找到事做，五分之一在行乞，其他多半没有事做或不知下落（L.Buck,ibid.,p.23）。找求工作当然是难事，就是找到也只是藉此可以过着另外一种形式的奴隶生活。在下面我们将举一个江苏宜兴的例，现在乡间穷人在乡村里面，既不能解决借米卖工等民生问题，多赴市上想法。市上都是擦背黑皮肤的农夫，如人山人海，挤得了不得，浑身都是汗，从表面上看真是热闹，实际上他们身边连几个铜板也没有。他们不是去借贷粜米的，便是去卖工求生的。宜兴乡间的种田伙计，身体强健的每年得40多块的工价，次等的是30余元，末等只有20余元，……他们连自己本人也难养活，怎样还会有钱养活老婆孩子呢，所以在平常时候，他们的儿子为人放牛，不受教育，他们的妻子多入城做奶娘或佣仆，置自己的孩子于不顾。此次大水之后，当然这种情形更为普遍，就是自己家里种田的农妇也有这种情状的。如最负盛名的万亩圩的农妇，便是一例。并且他们入城为佣，只求饱腹，毫不计较工钱，一钱不给也不要紧；因此城里贪便宜的富者，多没理由的撤退原有有俸的佣仆，改雇那新来无俸的佣仆。……还有大批男女农人或赴张渚山里为果户打果，或赴上海设法佣工——但山地以大风无收。上海灾民过多，他们只好仍旧回老家，在乡间过饿着肚、黄着脸的生活。（天津大公报，9，Ⅺ，

1931）

河南省政府有遣送难民到东北垦殖的计划，预定遣送的额数有 10 万人。1931 年 6 月 3 日将第一批运往吉林，但因为水土不服，无切实办法，生活也同样艰苦等原因纷纷奔回原籍（盛京时报，5，Ⅵ，1931）。热河的灾民也有移垦东北，如在五月中，朝阳县有大小难民 611 口送往东北。但移民到达东北后的悲惨命运又有日本正式占领满洲而决定；此后中国内地便绝无移民到东北去的可能。

另外有一部分难民被收容在各大城市的难民收容所，或收济所里。这些收容难民的处所一般地由饥饿和疾病主宰着，此外再设有严密的政治的防范。在上年 11 月上海收容灾民约 6000 余人。在那时已有多数灾民被遣送回籍。因为"灾民来者将如潮涌……莠民流氓混迹其中，一旦设有事故，治安可虞。……彼等，若长此坐食沪市……养成许多惰民（！）又岂国家社会之福！"（某难民收容机关负责人谈话，上海新闻报，4，Ⅺ，1931）因此虽有高邮籍的灾民代表到会这样申述苦况："此数千人中（指在计划中预定在 11 月底遣送完毕的 6000 余人）原为求生逃死而来，若再遣散各地，更无办法，无家无食，不啻置诸死地。"（同上）而终究被遣散了。

堆聚在武汉的灾民数更多，在 12 月里还有 17.5 万多难民住在汉口附近，"气候严寒，每日冻毙达百余人（上海新闻报，16，Ⅺ，1931），每天他们只以两碗粥果腹，对于这些难民有一个时期预定将他们全数遣送出去，深恐他们滋扰。但在另外一个时期反禁令他们不准出境，怕他们多动生事。在汉口有几百个难民因为有反动嫌疑，凌迟处死，听说别的处所的难民在这种不同的方法下走入他们的坟墓的也是很多。

这整整 8000 万酷受"天诛"的灾民，已全部或大部分失去了他们生活的工具和生活的资料，他们无论留在家乡，无论逃往他乡，死终是他们惟一的大道。

二　成因和动向

那使全国16省40余万里的沃壤沦为泽国，8000万群众面对着饥饿和死亡的1931年空前的大水灾，无疑的是中国农业恐慌的极端的表现。同时，这恐慌又构成了世界资本主义一般危机中的一个环节。

E. Varga 氏曾将世界各国的农业恐慌分为两个畴类：第一种农业恐慌的形态是发生于那些资本主义的生产方式已经主宰着整个国民经济的国家中，在那里是由农产品的过剩促成生产大众的贫困。第二种恐慌形态是发生于那些殖民地及半殖民地等经济发展的阶段比较落后的国家中间，在那里一方面受到帝国主义的宰割，另一方面遭受封建势力的剥削，在那里是生产力的薄弱即生产量的不足陷农民大众于饥饿与死亡。

中国的农业恐慌采取着第二种形态而体现着。在中国，封建的关系还是农村中支配的生产关系。而帝国主义之侵入，并没有成为撕破这种关系的杠杆，反之，它却使它在更新的形态上重复生产起来。——中国的封建势力不单被帝国主义者利用为绝好的政治工具，同时它又能尽其帝国主义对中国加甚经济掠夺的任务。

帝国主义者对于封建经济的抗争一般地表现于下述的途径：(1) 掠夺落后国的土地、森林、矿产等重要的生产手段。(2) 使劳动力脱离种种羁绊，能自由地被人雇佣。(3) 破坏自然经济，使经济商品化。(4) 使农业脱离其他手工业而存在 (R. Luxewbung, Die Akkumulation des Kapitals, 1912, S. 290)。这些过程在中国的遂行已成尽人皆知的事实。煤铁等主要矿产权的旁落，东北及汉口附近等处耕地的被外人收买，满洲森林采伐权的为日人所掌握，以及最近日本更露骨地攫取东北一切支配权的事件，这些都扩大了各帝国主义者的资本的累积。其次，中国农民大众的贫乏造成了大批离村的分子，他们已从一切原有的束缚之下解放出来而得自由地竞赴都市供人宰割。同时，帝国主义者为要获得大量并廉价的原料，扩大其商品的市场不得不使殖民地的农村经济充分商品化，中国农村中的技术作物如棉、烟草、小麦等的栽植面积的逐渐扩张，农村需要品的供给须仰赖于市场的程度一天一天加强，都明显地表现着这过程进行得如何剧烈。中国自然经济之破坏的另一方面的表现便是手工业逐渐脱离农业而存在。社会的分工确乎在逐渐扩展，种种的原料加工形态渐次与农业脱离而另外组成独立的产业部门。这在农民经济上又意味着一宗极大的消费，或一宗极大收入（副业收入）减少。

总之，帝国主义的侵入使农民原有的经济形式破产。农业的商品生产化使农民更易受到饥饿威胁，同时因为商品交换的关系日益普遍，更多量的商业利润自农民身上榨取。他们的收入急激减少，而支出却日益加大，于是农民的经济容量一天一天变得窄狭，而更深刻的贫困便降临在他们头上。

实在，帝国主义者多半在间接的方式下掠夺和苦累中国的农民大众。它维持着原有的封建的，或更正确地说，半封建的统治，以贯彻其劫掠殖民地的初衷，半封建的关系由它的扶助而日益加深，税捐的频繁（广东省已用尽世界上所有税捐的名称，四川田税已征到 51 年），田租的重累（占生产量的 50％—70％），商业和高利贷资本的更刻骨的剥削（农产买卖时商业利润竟有达50％者，利率普遍通总在 30％以上），都原原本本地表现着这一点。中国的农村生产大众在对各帝国主义者而言，只身受着资本主义体系的苛毒的压迫，而绝未曾蒙被资本主义的"文明的"洗礼，换言之，农村生产关系绝没有走上自身资本主义化的道路。

同时，以各帝国主义者自身间之冲突为背景的中国，军阀的内战在近 20 年内几乎无岁无之，无省无之，自 1927 年夏至 1930 年夏这短短三年中间，动员 10 万人以上之内战已多至近 30 次（朱新繁，中国革命与中国社会各阶级，1930，p. 207）。而且，内战越到最近其区域亦越扩大，自 1916 年至 1924 年中间每年战区所及平均有 7 省之多；而 1925 年至 1930 年中间平均更增至 14 省左右（中央研究院社会科学研究所，兵差与农民，1931，p. 8），在军阀混战的泥坑里，战前的给养与准备，战时的征派、骚扰、毁灭，战后的军队补充及善后费都由农民血汗的产物来提供。

农民贫穷化的过程，使中国的小农制度更坚固地支撑着。他们的生产范围逐渐缩小，农耕技术日益拙劣。他们更"排斥了劳动生力力的发展，劳动的社会诸形态，资本的社会的积集，大规模的畜牧，和科学的累进的应用"（Karl Marx, Kapila Ed. Ⅲ, S. 304）。他们在天候顺调的境况下还不能维持其半野蛮的奴隶生活；等到恶劣的自然条件如洪水、大旱、蝗虫等降临时，他们当然只能一凭天命，无辜地牺牲了。人们要了解近数十年来的中国为什么受灾荒所连锁所镇压时，便不得不先把握住这个锁钥。但中外人士对于中国连年几百万几千万的群众陷入死亡的境地，徒抱着柏拉图式的同情与哀悼，他们一致地认为这实堪悯怜的灾害是"天灾"。他们根本没有了解：第一，自然条件的变劣仅是使天灾爆发的直接的契机，换言之，原有的社会结构制成了火药，而天候的变劣仅尽其点燃火药的任务。第二，就是自然条件的劣化还是由政治的社会的原因所促成。关于这一点我们还须有更详细的叙述。

诚如上面所说，在世界大战以后，气候继续不断的劣化成为中国许多特性之一。其主要之原因便是森林之采伐。"在世界上再没有像中国那样采伐森林之盛了，这完全是军阀残暴行为的结果"（经济生活日报，莫斯科，30，XI，1931）。"国家，政府，支配阶级在这方面（指吉林等建设事业）什么事都不做，偏把仅存的树木悉数采伐。……在山东胶州湾德国人先前曾植过森林，那时气候非常顺调。而现在山东的森林都给倒伐了，这是我们所目见的灾害的一大原因"。

军阀自身露骨地破坏水利工程的事实层出不穷，冯军在河南就地抽饷，往往在这样狡诡的掩饰之下进行的，他"不忍"向民间征派，他愿意把栽种在河边巩固堤防的树木出卖，以供给自己军队的给养。民众起来说情了，他们苦苦请求，树木是防河水泛滥的，千万不能拔起出卖；若是要饷项，还是由民众摊派。这样"君子国"的全剧便完成了第一幕。等到饷项重新告整，便设法演同样一套把戏，老百姓无奈何，只得再抽钱缴去。不过，因为民众实在"集腋"不成，以致防堤树木全数被斩的事实，据说也屡见不鲜。

政府平时对于防堤工程丝毫不加注意，江苏北段的运河在去年便直率地暴露政府当局平时对它的漠视。几千万人被冲在巨流中，而平时安吃俸禄，吞吃公款的官僚，只想临时脱逃。去年武汉曾长期沉浸在水里，传说是城隍老爷发脾气，是的，且让我们翻读这一段城隍老爷发脾气的故事。

> 湖北堤防修筑费积存金，为下列数项积聚而成：(1) 征收武汉海关收入的一成，作为附加税（武汉海关收入年额1500万—2000万元，一成至少为150万元）。(2) 两湖特税——鸦片税二成附加税年约500余万元（特税收入每月至少250万元以上，二成附加每年可收600万元，至少500万

元）。（3）各县粮税附加每年加 100 万元（湖北除西部数县外其余均征收）。（4）各种厘金附加每年收约 150 万元。其他如茶、酒、烟草、生丝等特别税，几无不带征水利费，是等资金总额，每年至少 1000 万元左右。年来除民国 17 年曾一度用此资金修筑孙家拐堤防外，尚未举行堤防及闸门之大修筑，但每年报告所列之工事费数百万元，实由上自省主席下至水利局之杂役吞吃分配，但资金额数实在太大，故除虚报之工事费外，每年尚有 2000 余元之剩余。

武汉当局对堤防修筑积存金，一向非常重视，虽在王占元任督军时尚未移用一钱，但到现在，此项巨额之积存金已成乌有。第一个挪用该项资金者即蒋中正，时方本仁为湖北省主席。当时蒋自湖南来湖北，方本仁及萧萱（湖北省政府委员）迎之于信阳站，方本仁即劝蒋动用该项资金作为军饷。当初蒋犹多少忌惮，深恐堤防修筑费积存金为地方费性质，动用该款恐遭人民反对。但以方、萧力劝，遂试用 50 万元，此乃堤防修筑费积存金设立后之破天荒举动。民众闻此消息，立即出面反对，方、萧等努力使各方面谅解，当时水利局长彭介石乃利用其职位，竭力镇压民气。此辈省委等并非全为忠诚于蒋氏，实欲乘此机会分配积存金之一部。据可靠消息，方本仁得 50 万元，萧萱及彭介石各得 25 万元，其他大小职员各分配到相当额数，共计用去 350 万元，而反对之声浪全归沉默。

人民既无反对，动用积存金之事乃益多发现。1930 年蒋阎战事，宋子文特派湖北省财政部特派员陈某，一次即挪用 1000 余万元（此额或谓为 1600 万元，或谓 1200 万元，总在 1000 万元以上）。因之，积存金几倾数流用，此费当然作为军费。而此外多少剩余额数，又受川江龙（鸦片商人）

之拐骗，损失 60 余万元。——该项资金一向存于某指定银行，后保管委员会由指定银行提取数十万金，贷与一鸦片商而遭损失。保管委员会因欲就此以肥私囊，而有监督权之省政府亦默不一言，最为可怪。总之，近 3 年来上下一致地将数千万元之积存金全部挪用为军费，并饱私囊。

湖北水利局之腐败情形，不胜枚举，本来湖北省水利局要对武汉三镇的堤防及闸门的保护修筑负完全责任，特别是汉口背后的张公堤及其分堤最为重要（前清张之洞修筑，工费尚不满 80 万元），局内设专门技术员 12 人，张公堤及分堤分 12 区各区分负修筑施工之责。1929 年何成浚为省主席，水利局长彭介石（彭今年卸职，但其责任当比新局长程克明为重）任 12 名技术员为各部门处长（因技术员之名义，须雇专门人才，改称处长后便得引用私人），堤防保缮之责完全不顾，遂酿成此次巨灾，现局内有专门知识之技术家仅 3 人，其余都是官僚，彼等每年作一二回的视察官样文书，他们的特长不在"修筑堤防"而在制造收支报告。

汉口实为湖沼地，昔时属夏口所治，当时仅有现在之前后花楼一带，此外之特别区及日法两租界怡园等繁盛区域，多数为湖沼地。张之洞修筑襄河之长堤及其分堤（张公堤及其分堤），断绝水源，旧日湖沼渐成陆地。在长江方面，以修筑有刘家庙之护江堤，遂出现一陆地。地势既低，所恃者亦仅张公堤（及其分堤）及护江堤二堤，1931 年汉口水灾最大原因，即因此两堤岸年久失修，京汉铁道线外，纵横百余里，突成一片汪洋，陷二十五六万农民于失业。7 月 24 日张公堤溃决，27 日护江堤即丹水池亦溃决，加以单洞门及双洞门之冲溃，汉口市街遂成泽国。洞口既破，何主席大发雷霆，申斥防水不力之水利局长及汉口市长。但有何益？

本来长江的增水得用人力防止。按海关水准表，长江水量在47 呎以上之年份如下：

1866	8 月 13 日	48 呎 3 吋
1869	7 月 28 日	49 呎
1870	8 月 4 日	50 呎 6 吋
1878	8 月 6 日	48 呎
1887	7 月 23 日	44 呎 8 吋
1889	10 月 13 日	48 呎 3 吋
1911	8 月 26 日	47 呎 8 吋
1922	8 月 15 日	47 呎 2 吋
1924	8 月 23 日	48 呎 2 吋
1926	8 月 20 日	48 呎 9 吋
1931	8 月 19 日	53 呎 6 吋

以前从未罹此巨灾，因长江增水，有法防止。且长江水量之增高每日至多几寸，绝无突涨几尺之理。

今年（1931 年）汉口水灾时，日本租界及特一区均以土壤临时筑堤，防浊流侵入。日本租界计费 2.2 万元，特一区共一万余。当时汉口正在排日运动中，日本租界所费之木材费、人工费，均较时价为贵。汉口全市面积不过日本租界之十五倍，按此比例计，则至多费 33 万元即可防长江浊水，而保全全市（武汉水灾原因，满铁支那月志，卷 8 号 10，1931）。

在这儿我们应当可以得出这样的结论，近年在中国发生的天灾的连锁完全是帝国主义者国内半封建的统治集团的联合剥削的结果，它是从长期的准备中蜕化出来的成虫。而一般近视学者所指为"天灾"的也无非是"人祸"的继续。

接着我们将观察在这大灾荒或这极端的农业恐慌里面农村社会的各阶层在起和将起怎样的变化。

在灾荒的行列中，在证实了下述一段话的真确："每个恐慌都使现在的对立更加尖锐，而且把这个对立在它的全剧烈与全含蓄上暴露出来。"（德波林，依里齐的辩证法，汉译本，上海，页86）统治机关的分润和"干榨"，地主富农的扩展其经济，商人及高利贷者的诛求，使贫农更无产化的进程更形急激。

美国为要缓和其自身的矛盾就慈悲地输给中国小麦45万吨，作为赈灾之用。中国政府方面在美麦价格的折算和赈灾时用麦或用钱的手续上，一转手间便可捞到几千万元。在赈济时官吏的朋比分肥更是熟见的事实。湖南岳州粮站主任洋员古特温浮报侵蚀公款已引起一般人的注意（湖南国民日报，1932.9.9），蚌埠商会主席兼水灾善后委员高蔚，扣住赈款5000元不发（上海时事新报，1931.11.9）。又上海民国日报（1931.11.30）有这样一段记载："中央拨发安徽赈款30万元，至今60余日尚无发放消息。或云为中央放赈委员张公衡已交银行生息，或云已为陈主席挪用，令由各县钱粮项下征足抵拨。"

大众之与死神为伍，并没有使"为民父母"者，焉悱恻过。灾区催缴田赋的消息在过去六七个月中间的报章上占了很多的篇幅。例如江苏"阜宁各机关既未为灾民呼吁救援，而反群集县村，力主催追前欠，开征本年粮赋，以充薪资"（天津大公报，1931.11.3）。湖南好些地方的农民曾发到涓滴的赈款，官厅便向他勒交额定税捐，税捐的额数远过于已得的赈款，因此全体灾民宁可不受赈济，只求免缴税捐。天津大公报对于安徽阜阳的保卫团有下列的记载："保卫团共有3000人，每人每月平均最多10元，每年36万元，已足致农民于死地矣。该县计有地7.4万顷，每顷每年竟附加治安捐4元，每年合51.8元，究竟作何用途，殊令人莫解。上忙业已征过，下忙不久也要开征，而团总大人急不能待，竟预备下忙治安捐，何如是之急乎？恐灾民之不即死乎？"（1931.11.23）在灾区里边，灾后的物价一般比灾前要高，怎样使难民维持其生活！据金陵大学在 5 省 81 县中的调查，灾后物价比灾前高涨到 20%—30%。

省　别	谷　类	燃料及饲料
湖南	138	146
湖北	117	125
江西	117	118
安徽南部	121	148
江苏南部	104	126
安徽北部	124	142
江苏北部	117	133
平均数	120	130

(L. Buck, ibid., Table 26)

据赈务委员会的调查，物价的高涨实更甚于此。例如皖省米价在灾前平均每百斤 5.34 元，麦 4.24 元，高粱 4.04 元，灾后米 7.45 元，麦 5.54 元，高粱 5.14 元，即灾后米价较灾前涨 40%，麦涨 30%，高粱涨 27%（皖报告书，页 17）。湘省平均米价灾后比灾前涨 37%，而保靖县在灾前每斤米价为 0.06 元，灾后为 0.14 元，涨价对原价之比为 133%（湘报告书，页 25）。

商人总会利用种种机会从灾民身上榨油。如汉口的轮船公司，在水灾最严重时，汉口居民都拟逃居下游各地，各公司便增加其票资数倍，竟达 60 元（满铁支那月志，卷 8 号 10，1931），于是大部分的农民因为生活艰难，不得不向地主、富农以及商人告贷。需款的急迫使他们不得不屈从于任何苛酷的条件。借贷利率的飞涨成为灾区一般的现象。在金陵大学调查的五省81县中，灾后的利率平均比灾前增加33％，中间湖南增38％，湖北增17％，江右增17％，皖增21％，皖北增24％，江南增40％，江北增17％（L. Buck，ibid.，Table 26）。高利贷的活动在灾荒期内特别地行出其伟大的权能。例如江苏青江浦的华兴当典（冯国璋是该典最大股东），"平时利息一二分半，赎期为2年，淮阴、淮安、涟水、泗阳、宿迁、宝应、阜宁各县的贫民明知饮鸩止渴，但为生计所迫，虽自家无物可质，亦必转向亲友商借。……该典近忽闭歇，商会代为呈请财厅代向中央银行借款10万元，以便维持开当"（天津大公报，1931.11.26）。

下面一段记载足以把灾民怎样呻吟于高利贷的钳制之下的情形描写出来。在清江浦地方"屯粮之户，美其名为不向外售，救济本村，实则专放与有田之灾民，每小麦或玉蜀黍一石市价不过六七元，来年夏季须照10元偿还，无田者尚借不着。……富户择可靠之灾民，零星放款，每年阴历九月以前放出，至来年麦期归还，每元还1.5元，九月以后每元还一元三四角不等，合计总在分以上。……上年所借之债，今年水灾未能还利，以欠利滚入原本再行换约起息。……灾民以地出典，百计哀求，其价甚贱，或以地契质押，所扣利息，利率甚高"（天津大公报，1931.11.3）。灾民为要过活便将他仅存的东西如牲畜、田地等出卖。无疑地这些东西在出卖时价格必异常低廉。在5省81县中牲畜的价格灾后比灾前平均跌落30％（L. Buck，ibid.，p. 26）。在上节所举湖南贱卖牲畜——子母二牛共卖15元的事实，并不只限于一县一省曾发生。

地主、富农、商人及官吏等在灾荒期内贱价收买田地成为灾区普遍的现象。大批的土地脱离农民的手里，而动员到富有的阶层的掌握中去。地价的跌落到惊人的程度，在5省81县中灾后较灾前平均跌 37%，而皖北诸县竟跌到半价（L. Buck, ibid., Table 26）。

田产的动员多数在典当的方式下进行着。灾区农民在借钱时主要的抵押当是田地，多数农民无力偿还，因此产权便移入地主商人等手里。就是 Buck 教授也率直地申述，"这种情形的结果，是富者益富，贫者益贫"（L. Buck, ibid., p. 25）。

实在，土地集中的过程是灾荒中必然的现象。如 1928—1929 年西北大旱灾时，陕西的土地多数被富禄官吏收买。"在灾荒中，农村中之关系更有极大之变易，实有大影响于国民生计者，即土地所有权之转移，土地之集中。盖农民卖妻鬻女者其于卖妻鬻女之前已将平时赖以生存之土地，早以贱价典卖一空矣。收买此种土地者，自为乡林中之当豪，城市中之官吏。去岁渭北旱地有以 1 元 2 亩出售者，西安附近及省西南一带之水浇地，可以 10 余元购 1 亩，因此土地集中之趋势极为迅速。麦收流离在外之农民渐归原处（注意，他们又不得不回来！）但其所耕土地多不为己有。……土地集中在农村中形成一部分地主。以前之自耕农现均在雇佣情形佃地而耕"（大连秦东日报，1931.10.8）。

恩格尔斯关于 1891 年的灾荒曾这样说过："饥馑促进了从来的村落团体的分解，大农的富强化，以及大农转变为地主的过程；一般地讲来，它促进土地从农民及贵族的手里转移到新的资产阶级手里的进行。"

在这里我们须注意到，在殖民地经济发展的特殊条件，帝国主义只使它感受资本主义的压迫，而并不使它自身资本主义化。因此正像 Madgar 所说："土地移入于中国、印度、波斯等国的商人、高利贷者和大农的掌握中去的事实并不意味着生产的改进，事实倒是这样在由农民手里拿来的土地上实行着保有旧的技术和旧的农奴关系的经营。"（L. Magyar, Agra kusund Hurger not in Osbon, Agvarprobleine Baud 2, Heft 2, 1929, S. 326)

　　中国的民族工业在帝国主义的重重钳制和封建势力的层层牵制的条件底下很少有发展的可能，因此尽管一方面存在着从农村中排挤出来的劳动者之群，但终不能为工业部门尽数吸收。这些找不到工作的过剩劳动力不得不复归农村，租进一小块田地进行其零细的经营。这种经营的本身便意味着技术的落后，同时它又是高额田租及高利贷最有利的前提条件。因此在灾区里面土地集中的过程也便是旧的半封建的关系在更扩大的规模上被再生产的过程。

　　于此我们将到达我们最后的结论：由百年来政治的社会的成因所促成的 1931 年的大水灾，更加深了农村的矛盾，它使地主商人高利贷者对于贫农的压迫日益加甚，它更促进贫农及乡村无产者的抗争的情绪。1848 年发生于欧洲的大灾荒成为 1848 年革命的动因，而在 1918—1919 年间印度大众的饥馑，也展开了印度的革命运动。同时，我们不要忘却这空前的中国大水灾还仅是世界资本主义危机的一环。中小企业的纷纷倒闭，生产规模的日益缩小，失业工人的急剧增加，成为资本主义国家共有的现象。这国际的环境无疑地将更推进那些在 1931 年灾荒中匍匐在死神面前的农民大众，以他们自己的力量来继续完成其毁灭那吞吃他们的生命的旧社会秩序的任务。

（1932 年 4 月 20 日）

（1932 年 5 月原载《新创造》第一卷第二期）

中国农村经济现阶段
性质的研究

一　研究中国农村经济的出发点

　　资本主义在完成其统治国民经济的局面时，本来可以采取两条迥不相同的途径。一条是自由的畅快的康庄大道，另外一条是迂回的惨黯的羊肠小径。这两条途径的孰去孰从，要由当时世界资本主义一般的发展程度和国内固有的经济结构来决定。年轻的资本主义在英国铲除了一切封建社会的基础，拓展其愉快而自由的生活；同样的，资本主义在美国的顺畅发展，是建筑于稀薄的封建关系和丰富的自然资源的基础上面。与此不同的有一般经济落后国家的命运。在英国统治下的印度和帝俄铁蹄下的中亚细亚，资本主义在进行其统治任务时，是企图幽禁某一世界的大众，以增进另一世界的幸福的。这两种不同的情形表现于农村经济的，一面是"圈地"（Enclosure）（英）和政府收买土地（美）的雷厉风行，是租佃企业家（英）和家园（Homestead）（美）的迅速发展；而另外一面是商业高利贷地主的束缚加深（最显著的是印度），小规模经营的日占优势（中亚细亚、印度）和半封建佃农（印）和无地雇农（中亚细亚）的创建。

成为问题的中国，已为国际资本主义所统治，这是谁都不会否认的事实。问题是：帝国主义者采取何种途径来统治中国的国民经济？就农村而言，帝国主义的统治作用，是在肃清中国农村中一切旧有的生产关系，建立与彼等自身相类的资本主义的生产方式，还是尽量利用原有的经济结构，如在印度和中亚细亚一样，以适应其自身的生产方式。

作者的意见，以为只有在对上述问题作具体的、运动的探讨中，我们才能阐明中国农村经济现阶段的性质。同时以为只有这样对中国农村经济的研究，才能正确把握并估价帝国主义在中国农村中所起的作用，才能祛除一切对于中国农村经济性质的偏见。

从19世纪下半期起，中国的农村便为资本主义的浪潮所激荡。自然经济的破坏，近代土地所有形态的形成，以及农村人口的流动，都以高度的速率在增进、在扩大。农村经济研究者的主要任务就在追踪和分析旧有的农村机构怎样在世界统治的经济秩序——资本主义秩序——的影响下，发生各种各样的变形和偏差（Deviation），甚至发生什么本质上的变化。换句话说，对现阶段农村经济的分析，我们丝毫没有理由以农业经营的自给自足和家长制的（Patriarchal）诸特征做我们研究的出发点，而应当从先资本主义的（Precapitalist）经济与帝国主义的环境间所存在的社会的经济的关系，着手进行。在这里我们当作如下的声明：第一，我们并不以为先资本主义关系的本身，不需加以研究；我们的意见是：对于先资本主义关系的剖析，为的是要了解具有某种本质的旧关系，是怎样分解或变形为统治的资本主义的因素。第二，我们非但不能忘怀了在资本主义秩序的"统一"中所包藏着的矛盾，而且应该重视这些矛盾的展开。殖民地乃至半殖民地固有的农村生产关系在宗主国资本的统治底下，有些干脆地转变为与宗主国相同的资本主义生产关系（如加拿大、澳大利亚），有些却尽可能地保持着旧有的关系（如印度，但本质上不消说已根本变过，它现在是帝国主义附庸的经济成分了。）因此，我们并没有将资本主义的生产关系和先资本主义关系，因受帝国主义的影响而在转变的内容等量齐观。

关于资本主义使中国农村经济形态变形的研究，不仅在诊断现阶段农村经济性质时具有决定的重要性，而且是检讨中国国民经济性质时最主要的工作之一。有些研究者用农村经济和都市经济的比重（以人口或生产量为单位）来决定整个国民经济的性质。这种概括的办法，有时会发生严重的错误。加拿大和阿根廷诸国都是农业生产占优势，但它们无疑的是资本主义国家。照我们的意见，国民经济的性质应当用各种经济成分的比重，发展的速度（tempo）和它对于别种经济成分的统制作用来决定（当然政权谁属也是决定因素之一）。因此，在从事这种工作时，我们必须检讨资本主义对于中国农村所起的分解和建立的任务，即它已毁灭了何种旧的经济成分，缔建了何种新的经济成分。

二　各区农村经济特征的研究

地质、温度和湿度等自然条件是规定各种经济经营的主要因素，而生产技术进步的表现也随着各种经济经营的不同而互异。因而各种经济成分所占的比重以及其发展的途径等等，都跟着有显著的差异。

对于中国经济，有意作分区研究的，前有美国的克莱赛（G. B. Clessey），内容略见 Nankai Weekly Statistical Service（Vol. Ⅱ. No. 33），和苏联的马加（Madgar，详见中译本马扎亚尔氏著《中国农村经济研究》）等。自然，实地调查材料的缺乏，使所有研究中国农村经济的人对于各区经济的特征还不能作完善的概括的描画。至今日为止，我们的意见，赞同将中国分成两大区和四小区来进行更精细的分析。

畜牧区域或称沙草区域，这里定住的农耕生活已经开始，有些地方且已很发展，不过畜牧经济还占优势。这区域包括西藏、西康、新疆、青海、甘肃及宁夏西北部，陕北一部分以及热河、察哈尔、绥远的北部。余下的部分都属于农耕区域。在农耕区域内，大体上还得分成3区。整个东三省以及热、察、绥的中南部乃属垦殖区域，在那里农业经济的历史还很幼稚，中国内地的移民是该区拓荒的"功臣"，直到现在还留着大批未经开垦的荒地。黄土区域的自然特征，是全区具有或厚或薄的黄土层。黄土本身不需要多量肥料，因为它能从空气中及地层里摄取养料。这区域是中国历史的摇篮，包括河北、山东、山西的全省，以及江苏、安徽的极北部，河南的中部和北部，陕西的关中和榆林道的一部分，以及甘肃、宁夏的东南部。在这里，麦是最主要的作物。在水田区域内，灌溉是农业生产的前提。在这里，气候、温度以及地质最适宜于培植稻作，因此，水稻是中国中部和南部最主要的作物，而大米便成为本区人民最主要的食物。

这样粗略地划分区域，自然还免不了重要的错误（一些微究更不用说），作者的目的，仅想凭此建议，来展开我们的研究；这样的研究，对于各区自然的、经济的特征，才能得更确切的理解，也只有这样才能把握各区经济的特殊行程，和通过这种特殊行程探求其一般的性质。

　　自然的条件规制着经营的种类，而技术的发展，各种经济成分的成长和泯灭，以及外来经济势力所给予它们的影响，都随着经营种类的不同，而异其表现与程度。关于沙草区域的经济，我们可说至今还是茫无所知，例如在新疆，我们仅知回族的首领有大批的牲畜和土地。但汉人蒙人中也有很多是大地主。材料极度的缺乏，使我们一点也不能把握其真实的经济结构及其阶级的划分，因此也无从谈及外来经济使它们起了什么变形，以及此种变化将趋向何种途径。同样，我们对于西藏、青海、西康以及其他畜牧经济占优势的区域，都只有一些零星的材料，对于它们要作初步的分析，还是绝不可能。

　　其次，讲到垦殖区域，比较说来，这里是具有经济自由发展最大可能的区域。旧有的足以束缚经济发展的关系的稀薄，构成此项可能的最大前提。在满洲和内蒙古原为满蒙王公的土地领有关系占优势，不过因为区域辽阔和荒地广大等原因，使这种领有关系就纯粹的经济关系而言，仅成一种极稀薄的构成。但一到大批的土地转移到新式的官僚、商人和买办手里的时候，一等到帝国主义势力——如日本之对东北——暴风雨般侵袭的时候，情形便急剧地起了变化。因为旧有的经济结构并不十分坚实和复杂，帝国主义在执行其统治的时候，也格外畅快和顺手。这样，垦殖区的东北全部便很快地走上殖民地化的道路。就农村经济而言，东北已成为供给帝国主义原料的主要场所，栽植大豆的面积以惊人的速度扩充着。劳动力的不足也迅速地由直、鲁、豫诸省的移民来补充，于是荒地渐次变成熟地，封闭的自足经济也很快地变成流动的商品经济。随着垦荒运动的进行，大批的土地都落到许多军阀官僚手里。东北的新旧军阀官僚如张作霖、张作相、杨宇霆、吴俊升、刘尚书辈，都是鼎鼎大名的大地主，同时也是最大的买办。由领荒而变成大地主的事实，在热、察、绥一带也是一样，例如绥境河套部分的良田多数属于巨大的地主。这儿须特别注意到帝国主义收买土地的事实。原来在东北满铁沿线和朝鲜人移居种稻的处所，日本人早已收买农田；同样，在绥远一带，天主教堂收买的土地也很可观。至于"九·一八"以后的东北，强制收买田地的情形更是普遍。旧的地主崩坏，代之以日本人和土著的新起地主。这种现象我们在日本征服台湾的以后，已经历历见到。

垦殖区内的农民随着商品经济的发展，急激地变为世界经济网内的生产和消费的分子，这种情形特别在东北表现得最为明显。他们的经济内容已普遍地转变为单纯商品生产，在较富的农民（在北满租佃企业家为多，在辽宁富裕的自耕农多些）还雇佣多数雇工，进行其资本主义的经营，这些较高级的经营，在技术上也代表着进步的成分，有些农民还采用曳引机（Tractor）。

黄土区域虽有肥沃的黄土层，但是单就地力而论，一般说来，是不及垦殖区域和水田区域。例如小麦每公顷的产量，在华北平均为854公斤，在东南诸省为1112公斤；大豆在华北平均为563斤，东南则为1159斤。另一方面，华北最主要的经营形式是旱田经济，它所需要的劳动力较诸中南部的水田经营一般地要少些。黄土区域内地力的较薄和所需工人的较少，使华北农民经济每单位所需和所能耕种的农田面积较水田区域为大。根据金陵大学的调查，华北平均每一农户所种的田亩为2.46公顷，东南部为1.58公顷。因此，华北有田500亩以下的人家多数自己经营耕种，不将农田出租。他们往往雇佣了通常的年工和短工，来进行规模较大的经营。这样，一方面雇工经营的成分在华北就占较大的比重，同时农村各阶级中农业劳动者的成分也较中南部为多。

黄土区域内中小规模的土地所有者既多数自己经营农业，中小地主就异常缺少，因此患"土地饥饿"的贫农大众，就很难租到田地。据华洋义账会的调查，在江浙两省，农民自有的土地只占耕种农田的32.6％，而在河北则占90％左右。根据前立法院一般的概算，自耕农在农民总数中所占的成分，在长江流域和珠江流域为32％，在东北六省为51％，而在黄河流域竟为69％。这样小农土地所有的占优势，就构成黄土区域土地关系最主要的特征（例外当然很多，如各大城市的附近，陕北、豫北、晋西北等区内佃农的成分遥占优势）。

在水田区域内水稻是最主要的作物。水田经济需要多量的人工，同时能提供较多的产物，这样使农业人口的密度较高，农民对土地所有的竞争也较烈。另一方面，长江和珠江流域工商业的发达远过于黄土区域。因此，旧有农村经济结构的分解也较早较快。大批的土地集中于少数个人的和家族的地主手里，是水田区域通常的现象。在整个水田区域内，地主所有的土地，占到全部土地的50％至60％。在这里，自然存在着各种个别的差异，如南部诸省家族的土地所有势力颇大，在中部则比较小些；有些地方，小农土地所有还占优势；有些地方，则地主所有的土地几占土地的全部。

水田区域内中小土地所有者的经济和黄土区域有很显著的不同，他们往往一面自己雇人耕种，一面将部分的农田，租给人家。因此，水田区域的中小地主遥多于华北，同时，富农兼做小地主成为本区富农一般的特性。

水田区域的农田，既多数在大小地主的手里，无田或有田很少的农民，当然只能租田耕种，因此，水田区域内租佃农户的成分在全国各区要算最高。据前立法院概算，租佃农（包括佃农及自耕兼佃农）在全部农户中的比重，在黄河流域为31％，在华北六省为 49％，而在长江及珠江流域为 69％。

三　农村经济成分的分析

一般说来，要鉴别某种生产方式的性质时，我们须从下面 3 个因素综合地决定。这 3 个因素是：生产工具、生产者和围绕于生产过程的一般社会关系。例如资本主义生产方式的典型的特质，其生产工具为机器，其生产者为一无所有的自由劳动者，其一般的关系是最彻底最全般的商品交换关系。不过普通生产者群的性质，往往就能作为辨识某种生产方式的指标。在本节中我们向研究中国农村经济者建议，我们来更进一步地分析各经济集团的性质，它们所占的比重，以及它们发展的趋向和速度，这样来具体地确定中国农村经济现阶段的性质。

在中国整个农耕区域内存在着一种自己经营农业的较大的土地所有者，他们往往出租一部分农田，留下一部分由自己雇工耕种，本人仅指挥雇农工作。这种地主，我们称为"经营地主"，以便和以纯粹的土地所有为工具而收取地租的"收租地主"相区别。这种地主经营的产品，当然多数售诸市场。这些地主所得到的，是利润和地租，他们是带有封建性的资本主义的经济成分。

在中国农村中，以带有封建性的资本主义成分的姿态存在的，还有富农经济。中国的富农包含着两种不同的范畴。一种是中级的土地所有者，他们因为自己劳力不足，经常地雇佣多量的雇工耕种，自己也参加工作。他们往往还出租一部分的农田给人家耕种。另外一种，是规模较大的租佃企业家，他们租进很多农田，雇佣大量雇工，而他们本人或仅监督工作，或亲自参加耕种。这些富农经营的产物，也多半要在市场上实现。富农就其生产的部分而言，除得到自己的工资以外，还能获取利润。在中国，正和其他殖民地和半殖民地一样，多数零细的贫弱的农民经济（除在最闭塞的内地外），已具有相当高度的商品经济的性质。例如在陕西、四川、云南等省的鸦片区域，农民经济的规模愈小，所种鸦片的成分倒愈大，原因是鸦片税额太重，贫农兼种粮食，必致更无力量纳税；反之，较富的农民，却能划出一部分农田种植自给的粮食。在谷物区域内的情形也是一样，贫农收获以后，必将谷物零星粜出，以供日常零用，此后便另外找钱（副业收入或告贷），再向粮食铺零星籴进粮食。同时，大批的贫农都得出卖劳力，季节地或经年地出来当厂工、矿工、雇农或苦力，以补农业收入的不足。这些生产者在中国农村中构成单纯商品生产的经济成分的中心部分。

中国的中农，却典型地代表着家长制的自给自足的经济成分。一般讲来，他们自有足够维持生活的农田，和足够耕种农田的劳力。典型的中农是既不出租农田，也不租进农田，既不出雇于人，也不雇佣人家；换句话说，他们在租佃或雇佣关系上，是既不剥削人家也不被人剥削的直接生产者。在一般的情况下，他们往往还保持其经济的自足。他们除少数必须购进的生活资料外，其他部分都由自己供给，有些最简单的生产工具，还由自己制造。这些保守的经济形式，在现时当然极不稳固，他们在商品经济的巨浪中，已起了痉挛的摆动。他们摆动的结果，少数上升为赢取利润的富农，多数沦落为被人宰割的贫农。

现时中国农村除封建性较浓的转租地主经济外，便包含着这些资本主义的单纯商品生产的和家长制自给自足的 3 种经济成分。整个农耕区域内各种经济成分的比重和它们发展的趋向与速度，因缺乏广泛的实地调查，我们还不能作一般的鉴定。

据中东路经济局 E.E.Yashnoff 氏的统计，1925 年吉林、黑龙江 52 县 70 万村户中，资本主义的经济成分占 14%，他们所有的农田占总面积 52%，中农户数占全部村户的 42.8%，他们所有的农田占总面积 39%。此外，占经济总单位数 42.9% 的贫农仅有土地 9%。我们从满铁会社在南满沿路所作的农村调查中，也知道富农经济的相当滋长。至于绥远垦殖区内大规模的租佃企业家更不在少数。就目前所知而论，资本主义在中国农村中的发展，确以垦殖区域为最具规模，资本主义的经济成分，在那里已具有相当雄厚的力量。

在黄土区域，特别在华北平原，极少数的拥有大批田地的军阀大地主占极大的优势，而住在农村中的地主多数自己经营农田。他们在华北农村中是跨入资本主义生产方式的先进；尾随着他们的便是些富农经营，尽管他们都带有不少的封建性。根据中央研究院和北平社会调查所 1930 年在河北保定县对 10 村1565 户的调查，资本主义的经济成分也占相当的优势。

成　分	户数占总户数的百分比（%）	所有田亩占总亩数的百分比（%）	每户平均所有田亩（亩）
地主	3.7	13.4	58.5
富农	8.0	27.9	56.3
中农	23.1	32.8	23.2
贫农及雇农	65.2	25.9	6.6

在水田区域内便展开了不同的情景。在那里是由不事生产而专事剥夺生产资金投诸商业和高利贷活动的收租地主占绝对的优势。世界资本主义现阶段的桎梏已摘落了这些地主走上普鲁士式

地主资产阶级化的一切可能与意愿，而使他们成为维护旧经济秩序的最有力的代表。在这里代表资本主义经济成分的富农，毫不踌躇地表现其对统治的经济形式的黏着，他们亘绩地弹性地走着由富农而兼地主，由兼地主而纯粹地主的途径。这些新起的地主往往较诸旧有地主更为有力，他们能取旧地主而代之。根据中央研究院 1929 年在江苏无锡所作 20 村 1035 户的调查，地主所有的田亩几占总亩数的半数。

成　分	户数占总户数的百分比（%）	所有亩数占总亩数的百分比（%）	每户平均所有田亩（亩）
地主	5.7	47.3	54.5
富农	5.6	17.7	20.8
中农	19.8	20.8	6.9
贫农及雇农	68.9	14.2	1.4

根据各方面的调查与估计，广东全省的情形大致如下：

成　分	户数占总户数的百分比（%）	所有亩数占总亩数的百分比（%）	每户平均田亩（亩）
地主	2	53	203.3
富农	4	13	24.8
中农	20	15	6.0
贫农及雇农	74	19	2.0

在追踪各区各种经济成分演进的趋向和估定其发展的速度时，我们首先要认清什么是阻难着中国农业中前进的经济成分之发展和技术革命的最大的障碍物。无疑的，资本主义的经济成分是目下中国农村中前进的因素，它们急迫地需要机械的生产。可

是笼罩在它们头上的，却是苛酷的采取着新的形式而本质上还是封建主义剥削的重担；另一方面统治中国的帝国主义者，再用种种方法（如作为投资的主要形式的借款）来增强这些负担。一切对于中国地租、利息、商业利润、税捐等剥削分量的研究，所以具有重大意义者，就是为此。

在中国整个农耕区域内，一切前进的资本主义因素，都在这封建的，更正确地说，半封建的胎盘中挣扎。帝国主义与殖民地间矛盾的构成和资本主义最后阶段堕落和保守的特性，使这种半封建的关系成为统治整个国民经济的领导因素。这种因素的统治作用，我们在资本主义较为发展的垦殖区域也得清楚看到。在"九·一八"以前，东北繁重的税捐、高额的田租和利息、由货币的紊乱所受的损失、军阀买办通过商业资本所起的价格垄断作用，这些都是遏止农业经营的扩大和阻难农耕技术的改进的基本因素。"九·一八"后的东北农村经济，在干脆的殖民地化的过程中，将以彻底缩小生产规模表现其萎缩的姿态。

至于黄土区域，除军阀大地主所收苛重的田租而外，税捐的需索成为剥夺新进经济成分的生产之最残忍的因素。只看在以各帝国主义者利益为背景的历次内战中，除了炮火劫掠等直接损失以外，兵差的征派已多够惊人！华北的兵差比较中南部分更是普遍和繁重。在这种情形之下，黄土区域的地主经营者和富农自然不得不缩小经营范围，减小农业成本（据中央研究院和社会调查所在保定的调查，1929—1930 年间较大经营的规模也显著缩小）。许多地主和富农原来雇佣雇工耕种，后来怕不合算，便将农田逐渐出租，或者改用那些原始的雇工形态的雇农从事耕种。

这种经营萎缩和经营形态后退的现象，在水田区域也很普遍。例如中央研究院在无锡调查 3 个农村农户的结果，规模较大的经营在逐渐减少。

	使用田亩在 10 亩以下的农户百分数（%）	使用田亩 10—19 亩的农户百分数（%）	使用田亩在 20 亩以上的农户百分数（%）
1922	38.35	36.09	25.56
1927	41.50	35.39	23.13
1932	50.30	34.13	15.57

就是上海邻近的宝山，在离城较远的处所落后的"角色"经营（以劳力还租），还有逐渐巩固的趋势。整个水田区域内仅有的经营地主和富农，转变为收租地主的趋向，异常显著。富农所有的农田愈多，其出租农田的成分也愈大。这种现象恰和 19 世纪下半期农村资本主义开始发展时的俄国完全相反。

四　尾声

篇幅的限制，使作者连几点建议都没有说得完全；至于在建议中所罗列的意见更没有详述佐证的余裕。作者的愿望是我们对于中国农村经济性质的讨论应当进于更具体的更深刻的阶段；自然，正确方法的运用是必要的前提。我们将由此广泛地掀起一种实际研究的运动，而在实地生活于农村中的人们和少数研究者中间建立一种密切的关系，且将大部分的工作加担于前者身上。这样我们才能得到新的有效的材料，来确定各区经济的特征和分析各种经济成分的性质及其发展途径。同时，在中国商业高利贷资本与帝国主义者及地主间的关系，以及这种资本与农业生产间相互从属的关系未经阐明以前，在各区农业经营形式的演变以及农业成本构成的高度，没有作"动的研究"以前，我们是无法指明中国农村经济现阶段的性质的。

（新中华杂志第一卷第二十三期）

（《中国农村经济论》冯和法编，黎明书局，1934 年）

中国地租的本质

一　地租范畴的一般概念

地租各种不同的形式，和社会生产过程发展的阶段相适应。地租的收受便是土地所有实现时的经济形态，也就是土地所有者与实际生产者间榨取关系的具体表现。只要有土地私有权存在，同时也就有地租存在；无论土地私有者是农村公社的代表人，或是君临在奴隶或农奴之上的领主，或是现代的完全脱离农业的名义上的地主，地租无非是他们向实际生产者所领受的剩余劳动，或剩余生产物，或剩余价值的一种名目。就因为地租具有这样的共同性，人们对于适应于社会各个发展阶段的地租的本质上的差别，才会发生不可恕的混淆。

地租正和私有财产一样，是一个并不神圣的历史的命题，它的内容完全为社会的生产方式所规定。只有土地所有已采取着资本的形式而存在，换言之，它已经屈服在平均利润下的时候，土地所有者才能以三位一体（工资劳动者、产业资本家和土地所有者构成近代社会的骨干）中一"位"的资格，领受所谓资本主义的地租。租佃的农业企业家向地主租进农田，自己仅负经营的责任，实际耕种者还由工资劳动者来充任。在这种典型的资本主义农业经营中，租佃的企业家必须按照契约，支付定额的货币给予土地所有者，这便是他交给地主的地租。在这种场合，租佃企业家和一般的资本家一样，从事于资本家的商品生产；他在农业这特殊生产部门中投下了资本，当然也要捞到和一般资本家所能得到的一样的平均利润。因此，在资本主义经济均衡的条件底下，地租是超过平均利润的部分，换言之，它是作为一种超过利润而体现着。这样，在平均利润以上的农业利润的超过部分，不是一般的剩余价值，而是农业上所特有的超额剩余价值。这部分超额剩余价值又是由于农产物的价格超过生产价格的部分所构成。在资本主义国家中农产物的生产价格，因为受到各个所有者所有土地面积的制限，并不是由中等的土地，而是由最劣等的土地上的生产费来决定。各种土地上农产物的价格和生产价格的差额，便构成差级地租，同时土地的私有阻碍了资本流入农业产业部门的自由，因此造成了独占；这种独占便因为农业生产中资本较低度的构成，给予土地所有者维持其价格超出平均以上的可能。独占价格的形成就产生绝对地租。

绝对地租和差级地租是资本主义地租的两翼，它们都被包含在农业特有的超额剩余价值中。在资本主义的生产领域，资本的利润是剩余价值的支配形态，地主所榨取到的仅是这种利润以上的超过部分。

封建地租和资本主义的地租完全不同。"它是剩余劳动或剩余价值的惟一的标准的形态"（K. Mark, Das Kapital, Bd. Ⅲ, 2, S.292），它包括全部的剩余劳动，而绝不是超额剩余价值。资本主义地租的前提是土地所有者、资本家和工资劳动者3个阶级的存在，而封建地租却以一方面是收取农民剩余生产物的领主或地主，一方面是自己有生产工具的农民的存在为前提

（Lapidus and Oshevityanov, An Outline of Political Economy, Letchworth, England, 1929, p.297）。因此在资本主义的生产方法中所见到的劳动生产物，以工资、利润和地租三范畴而分配的事情，简直不能见之于封建的生产关系中；在后者只以剩余劳动的全部作为地租归诸地主，另外以必需的劳动生产物归诸农民的朴素形态而表现着。而封建的体制在一种关系上是和资本主义的体制相同的，即劳动者只能领取自己的必要的劳动生产物，其剩余的劳动生产物必须无偿地归到生产手段的所有者手里。所以封建的地租如果按照资本主义的用语来说明，它包含着相当于利润和地租的部分，因此它是剩余价值的支配的标准的形态。而且"假如真有某种利润伴随着这种地租发生，那么利润并不是地租的制限，反之，地租倒是利润的制限呢"（Das Kapital, Bd.Ⅲ, 2, S.296）。

典型的封建经济是建筑在自给自足的基础上，同时农民隶属于土地，地主对于他们有种种经济外的强制，如法律的隶属、权利的不平等等。最初直接生产者在每周中除掉耕种那事实上归他所有的耕地以外，必须抽出几天用自有的农具、耕畜到地主的地上耕作，这种无偿的劳动便是最单纯的地租形式——力租。那时劳动者替自己的劳动和替地主的劳动在时间上空间上都划分清楚，也就是说，那时的土地所有者在形式上也占有了全部的过剩劳动力的支出。不待说，这种力租必须以剩余劳动的存在为前提，但产生剩余劳动的可能并没有创造地租，只有地主对农民的强制才使力租产生。等到社会以及生产者的劳动发展到较高的阶段时，力租逐渐转变为用实物缴纳的物租。这种转化在经济学上讲，地租的本质没有起什么变化。物租还和力租一样，是剩余价值或剩余劳动的惟一的支配的形态，"它和过去形态的区别，就在剩余劳动不再呈现它的本来面目，并且已不再在地主或其代表者的直接监督及强制下面形成"（Das Kapital, Bd. Ⅲ, 2, S.293）。这种剩余生产那时已经不需在地主的土地上实现，他只要在事实上属于他自己的生产领域内，即他自己开发的耕地上去进行。

纯粹的物租当然还以自然经济的存在为前提，在这场合，农业和手工业还固结地联系着，农民全部至少大部分日常的需要都由自己的产品来满足，所有再生产的资料也须在他自己生产领域中造成。生产者和市场简直没有多大关涉，他几乎与整个的社会相隔离，他踽然独存于历史的行程之外。"这种地租形态恰和在亚细亚所见到的静止的社会状态的基础完全适合"（Das Kapital, Bd. Ⅲ, S.294）。

商品经济的发展，促进了农业商品生产化的过程。货币的流通到达一定的程度，劳役和现物的地租便有转变为货币地租即钱租的可能。但这种单纯的由物租向钱租的地租形式的转变，也正和力租转变为物租一样，并没有根本变更了地租的本质。那时的直接生产还和以前同样的是传统的土地使用者，他对于土地所有者还须无偿地缴纳其全部或大部的剩余生产物，不过这时的剩余生产物已经采取了货币的形式来支付了。它绝不是意味着资本主义的即超过利润性质的地租，却还是剩余价值的支配的形态。在这场合那种已经在萌芽中的利润，还是受到和初期的地租形态一样的限制，而利润决不能限制着地租。

不过，钱租虽然是封建地租的一种形式，也无疑地已是它最后的一种形式，换言之，它已是封建经济崩坏中的一种具体的过渡形式的表现。和钱租相适应的那种生产方式已多少起了些变化。直接生产者在那时虽然还须继续生产他大部分的生活资料，但至少他这时必须将他一部分的产物变为商品，这样，他逐渐和市场相接近，他的独立的以及隔离的性质便渐次消失，而在租佃关系本身也起了很多的变化。随着钱租的确立，原有耕作的农民和土地所有者间的传统的身份以至遵从习惯的关系就转变为一种法律的契约的纯粹货币的关系。从事耕作的农民现在变成一个单纯的佃农，他渐次地脱离一切中世纪的束缚，而变成一个自由的人。这种转变是引起阶级分化的最有力的杠杆。"它在其他相当的一般生产关系底下，一方面便可以逐渐移转旧的土地保有者（使用农田的农民）的地位，而代之以资本家的佃农；另一方面便可使历来的保有者免除缴纳地租的义务，而变成独立的农民，即具有自耕地的全部所有权的农民。此外由物租转变为钱租，不但必然地会伴随着无产的以工资为生的日工劳动者阶级的形成，并且这种阶级甚至会预先发生"（Das Kapital, Bd. Ⅲ, 2, S. 296）。这种乡村无产阶级的形成，完成了农业企业家存在的前提，农村中较富的农民在顺利的情况底下便会雇佣了多量的工资劳动者，进行其资本主义的经营。到那时地租的本质根本上起了变化，地租已不再以剩余价值惟一的支配的形态而存在，却表现为超过平均利润的特殊部分了。

二　中国的租佃制和农户经济现状

地主和农民的对立构成中国农村生产关系的枢轴。租佃的农民占到农民总数的半数左右，特别在中部和南部为最多。据1929年南京政府立法院19省178县638村调查材料的统计，自耕农所占的成分为45.0%，自耕佃农为22.2%，纯粹佃农为32.8%，总计租佃的农民当占55%。据金陵大学所作2866户调查的结果，在中国北部平均只有23.5%的农户租田耕种，在东南部则有51.8%。

（%）

省　　县	自耕农	自耕兼佃农	佃农
中国华北部安徽怀远	84.7	14.5	0.8
宿县	58.0	22.0	20.0
河北平乡	84.2	14.5	1.3
盐山（1922）	100.0	—	—
盐山（1923）	97.0	2.3	0.7
河南新郑	65.3	30.5	4.2
开封	77.9	22.1	—
山西武乡	81.7	15.1	3.2
五台	39.8	—	60.2
北部平均	76.5	13.4	10.1
中国东南部安徽来安（1921）	45.5	4.0	50.5
来安（1922）	73.0	6.0	21.0
芜湖	54.9	31.4	12.7
浙江镇海	1.5	22.4	76.1
福建连江	44.7	41.6	13.7
江苏江宁（一）	63.0	29.6	7.4
江宁（二）	30.4	21.2	48.4
武进	72.3	13.4	14.3
东南部平均	48.2	21.3	30.5
总　平　均	63.2	17.1	19.7

再就耕地面积来看，全国大部分的土地是在地主手里。据武汉政府的估计，全国地主所有地占全部耕地的 60%。地主们都不自己经营，只将农田出租给农民。因此农民所租种的农田中租田占很多的成分，特别在中部和南部。

省　县	调查田总面积（亩）	自耕田面积（%）	租种田面积（%）
浙江鄞县	4764	32.6	67.4
江苏仪征	4121	52.0	48.0
江阴	14291	30.1	69.9
吴江	4931	23.8	76.2
安徽宿州	28843	50.1	49.9
山东霑化	11867	99.6	0.4
直隶遵化	24369	86.7	13.3
唐县	20073	82.5	17.5
邯郸	25507	97.1	2.9

农民无地化的过程，在中国半殖民地经济发展的条件下，更使租佃的成分增多。在较早的调查材料中，我们可举出下列二例：

四川北部地主与农户的增减：

（%）

年　份	地　主	自耕农	佃　农
1912	20	15	28
1924	28	13	35

（见《东方杂志》24 卷 16 号）

即在 12 年中，佃农的比重增加了 1/4。

江苏的昆山南通和安徽宿县的调查，也明显地指明租佃农户激增的趋向。

各类农户的百分比表

类别及 年　份	昆　山			南　通			宿　县		
	1905	1914	1924	1905	1914	1924	1905	1914	1924
自耕农	26.0	11.7	8.3	20.2	15.8	13.0	59.5	42.6	44.0
自耕农 佃　农	16.6	16.6	14.1	22.9	22.7	22.6	22.6	30.6	30.5
佃　农	57.4	71.7	77.6	56.9	61.5	64.4	17.9	26.9	25.5

（乔启明：《昆山南通宿县农佃制度之比较》，1926，页29）

这种土地集中到少数人手里，租佃农民的成分增加的过程，特别在最近几年进行得更为急剧。在灾荒的区域中，曾为农民自有的土地，现在已给军阀官僚豪绅大批地廉价收买，转瞬间变为掠夺他们的尤物。陕西、河南、河北等省，近年来佃农成分的增加，已成人们周知的事实。

这种作为中国农村中基本的支配的对立关系的地主与农民间的对立，便由地租这经济的范畴具体表现出来。因此在说明中国的农村生产关系上，地租本质的阐明是有重大的意义的。但我们必须注意到这一点：地租也只是农村中主要榨取关系的表现，换言之，正如上文所说，它的内容须由作为它基础的社会生产过程来规定。更简单地说，绝不是地租规定着生产关系，而是生产关系规定着地租的本质。近年来多少探求中国田租性质的先生们，不幸都有意无意地落入皮毛的推测和倒因为果的胡诌的陷坑中。

在中国和在现时的印度、朝鲜、埃及，以及帝俄统治下的中亚细亚一样，进行着两种并行的过程，即一方面是土地所有的集中，他方面是土地使用的分散。军阀、官僚、地主、商人和高利贷者从大众身上刮来的大量货币，因为本国工业的缺乏，产业利润之不能保证，不是被存入外国的或本国的银行，便去廉价收买土地。然而这种土地所有的集中并没有伴随着农业经营的扩大。

现在，中国的农业生产还被零细的经营所统治，有大量土地的人都愿意把地出租，而全般没有地或有地极少的人，都急于租地耕种。土地所有者所以不愿从事巨大的经营，是由国际的及至国内的条件所决定。资本主义国家高度的生产技术，以及生产物的过剩，造成农产物的低廉的价格，同时再加上中国关税的屏蔽全失，更使国内的农产物的价格感受重大的威胁。近年来世界经济的恐慌，更使国内农产物对外的销路减缩到十分可怜的程度；反之，国外输入的农产，却已占了进口货值的首位。在这种实现剩余价值的市场更趋恶劣的场合，国内资本主义的农业经营当然没有立足的可能。同时，在中国既由小农经济占优势，则在比较狭小的范围内各地农产物的价格，当然个别地由小农的产物价格来决定。劳动的小农经济绝不能意外地追求什么利润和地租。小农们能在市场上得到他们的工资或生活资料，已是幸事，他们只能将自己的生活减到生理的最低限度，即尽力减低其产物的价格，以求农产价值的实现。这里，不是生产力的强大，倒是极度的贫穷促成小农的产物的廉价，强制地使他们不等价地赠送其大部分的价值给别人。可是资本主义的企业决不能以得到工资为止，它必须获取大量的利润。因此在中国有些地方虽然存在着萌芽状态的资本制的农业企业，他们也必然地感受着种种威胁，而趋于衰灭。帝俄时代的中亚细亚曾一度采取近代的经营形态培植棉花，终究因为一方面不能与美棉，同时也不能和小农所产的棉花相竞争而归于失败。这种惨败的经验在中国的"实业家"们如张季直之流，也几经领受过。因此他们都愿意尽力逃避自己经营，避免冒尽企业的险事而利润终不可得的途径，努力地向坐收高额地租的道上，大踏步迈进。

高额的地租更被土地的饥馑所刺激，而益发亢进。中国的农民已经不是刚刚站到无地化过程的起点，土地成为特种的商品，而彼此移转的事实已在很久以前发生。可是近世资本主义的侵入，却更带来了一种近代的财产观念，土地的买卖因此益发变得自由。于是呻吟在税捐、地租、利息以及商业利润等重负之下的中国农民大众，不得不以现代式的勇士的资格，站在无地化过程的尖端去。工业的缺乏表现为殖民地经济的特性，中国的民族工业也不能如买办事业一样，承担着帝国主义者的侍从而繁荣起来。城市工业的缺乏向着正在乡村中大量生产着的相对过剩人口挂起"此路不通"的牌子，于是他们只得哀鸣如羚羊了。而生存的欲求迫得他们不得不百般屈服的意态，便成为高利贷地主猖獗的资本，在这场合贫困的传统的农民都想租进一些耕地来进行他零细的经营。同时，农民因为缺乏成本，当然不能大批租进土地，他只能运用他原始的耕种技术，从事小规模的生产。这种经营"按其性质说来，就排斥着社会劳动生产力的发展、劳动的社会化、资本的社会集中、大规模的畜牧业和累进地利用科学"（Das Kapital, Bd. Ⅲ, 2. S. 304）。在中国，这种低级的经营实在是农业生产的典型形态。

　　一般说来，小农经济都建筑在自给自足的基础上面。但在殖民地经济发展的特殊条件之下，商品生产却构成小农经济的特性。资本的巨爪撕破了农业和手工业的联系，它要从殖民地农村中抓取多量的原料，同时它又输进商品的农村日用品。经济容量过小的农民抵不住这猛厉的袭击，不得不完全屈服。当中亚细亚在帝俄治下的时候，租佃的大农经济也占绝对的优势。在那里曾最明显地表示小农经济商品化的特点。在弗尔根区域中，经营的范围愈小，商品经济化的程度也愈高。

阶 段	货币收支占全收支（%）
耕种 5Tam 以下者	86.8
耕种 5—10Tam 者	87.6
耕种 10—20Tam 者	67.9
耕种 20Tam 以上者	61.9

地大物博的中国，自然是帝国主义国家超等的供给原料和销售商品的场所。1914 年张季直任农商部长时，曾提倡棉铁救国主义，西北的植棉事业因此大盛。例如陕西一省，在 1920—1921 年一年间植棉面积自 1283650 亩增加到 2405640 亩，产量自 293967 担增加到 429967 担。其他如大豆、小麦、油籽、茶、桑等的生产，也表现出猛烈的增加。而近年来陕西、甘肃、四川、福建等省鸦片的增植，更令人咋舌。陕省关中道所有肥沃的水田已有一半以上面积的粮食作物被鸦片所驱逐，在陕北的神木府谷诸县 8/10 的耕地已开遍了灿烂的鲜花。这些由军阀和商人联合促成的凄惨局面，更显示出这农产商品化的强制性来。很明显地在陕西种地较多的农民还能空些余地栽培粮食，以备自给；至于贫穷的小农则在"种固然要捐，不种也要捐"的鞭策之下，不得不尽量种植鸦片，得到足额的货币，以缴纳捐款。根据金陵大学的调查，中国北部诸省的村户的农田全收入中，货币收入占50.99%，东南诸省的村户则占 45.96%。同时北方诸省村户的农场全支出中，货币支出价值的比重为45.46%，在东南诸省达66.22%（根据 J. L. Buck, Chinese Farm Economy, Shanghai., 1930, pp.65、75, 两表数字统计）。就在绥远，农户生活资料已大半取诸市场。

绥远毕克齐 73 户农户生活费用调查

生活费用总额	17893.44（元）	所占比例（%）
自给部分	8098.84	45.26
购买部分	9794.60	54.74

（唐启字等：《绥远农村经济调查报告》，农学，一卷三期，1926 年，页 24—25）

根据数字的统计我们还得证明，中国贫困的农民正和帝俄的中亚细亚的一样，被强制着遂行高度的商品生产。

各类农户的农田收入   （元）

省　　县	自耕农		自耕兼佃农		佃农	
	货币收入	非货币收入	货币收入	非货币收入	货币收入	非货币收入
中国北部安徽怀远	62.63	126.65	—	—	—	—
宿县	129.10	181.72	60.30	120.28	68.53	126.21
河北平乡	76.15	65.06	69.72	98.40		
盐山(1922)	87.68	80.12	—	—		
盐山(1923)	41.54	96.35	—	—		
河南新郑	111.98	221.49	104.04	200.88		
开封	131.08	267.50	181.59	402.27		
山西武乡	64.62	82.54	57.93	75.44		
五台	111.32	161.15	—	—	146.84	75.83
中国东南部安徽来安 (1921)	296.32	281.65	—	—	239.08	251.32
来安(1922)	207.65	158.51	—	—	148.36	149.36
芜湖	190.08	176.05	395.36	260.82	—	—
浙江镇海	—	—	—	—	221.86	38.76
福建连江	417.57	189.69	350.71	160.18	237.75	133.23
江苏江宁（一）	442.97	133.91	292.48	123.20	167.43	79.90
江宁（二）	224.63	131.65	227.27	107.76	—	—
武进	171.84	211.18	163.53	155.99	80.45	166.88
总平均	174.95	160.26	190.40	166.62	185.92	127.56

（根据 Buck, ibid., pp.67、69、70，三表制成）

从上引的三表我们可得到下述的结果：

农户类别	货币的农田收入对总收入（%）
自耕农	52.05
自耕兼佃农	53.53
佃农	59.17

即自耕农送到市场上的农产物只占农产总值的 52%，而佃农的却占 59%。中国水泡样的农产物的市场，就这样由贫困的呼吸所嘘成。

三　中国地租形式的转变及其本质

国内市场的发展，货币流通深入农村，使自然经济走上其必然崩溃的途径。因此建基于自然经济的地租诸形式，也一定逐渐转变为货币的形式。

不过，在现在，定额的物租和分租还是地租的支配形式。有些地方物租已在"折租"的形式下，将谷物按照市价折成银钱缴纳，而过渡到钱租。至于纯粹的钱租，一般地只存在于近城或工商业特别发展的地方。有些地方甚至还有力租的残痕。

北部和东南诸省的田租形式（6 省 641 农户）：

省　　县	租佃农别	分租	谷租及折租	分租及钱租	钱租	钱租及折租
安徽宿县	佃农	54	3	—	—	—
	自耕兼佃农	30	32	—	—	—
河南新郑	自耕兼佃农	28	16	—	—	—

（续）

省　　　县	租佃农别	分租	谷租及折　租	分租及钱　租	钱　租	钱租及折　　租
开封	自耕兼佃农	—	33	—	—	—
山西五台	佃农	—	136	—	—	—
安徽来安（1921）	佃农	—	51	—	—	—
来安（1922）	佃农	—	21	—	—	—
浙江镇海	佃农	16	18	17	—	—
福建连江	佃农	—	22	—	—	—
江苏江宁（一）	佃农	—	15	—	—	—
江宁（二）	佃农	4	60	—	33	8
武进	佃农	—	42	—	—	—

（根据（Buck, ibid., p.148, Table 2, 制成）

　　其他如甘肃全省通行定额物租和分租；山西的汾城、平定、黎城、代县、吉县等地，山东的巨野，以及察哈尔的商都，绥远的归绥，吉林的晖春，福建的闽清漳平、连江等地，都通行分租；黑龙江全省，辽宁的通化、洮南、洮安等地，都并行着定额物租和分租。广东、江西、湖南、江苏、浙江诸省，除极小区域内存在钱租外，定额物租和分租都占统治的地位。

　　商品经济的发生，使直接生产者从事于一部分的简单商品生产，这种生产关系的转变，当然会使地租的性质变更。中国现在通行的分租制，有两种不同的情形。第一种是地主只将农田租给农民，另外不供给任何资料，到收获时便按照一定的比例，由业佃两方分取谷物。这是比较通行的分租制。第二种情形是地主不但租借土地，并且供给一部或全部的肥料、牲畜和种子，佃农除提供劳力外，还须自备农具。在山西的五台便通行这种租佃；在这种场合，佃农固然是农场的管理人，可是必须受到地主种种的监督。又如在黑龙江绥化县的所谓"对半制"，就是地主和佃户各得全收获的半数，种子、牲畜和农具也各担任一半，田赋和地方税捐亦然，可是地主还须供给佃户的住房（东铁路局，北满农业，哈尔滨，1928，页186）。这种制度实在是从封建地租转向资本制地租的过渡形态。地主所得的收入，并不是单纯的地租，还包含着他所出资本的利息；而在佃农方面，他并不是以纯粹的雇工的资格而只领受工资，他还须取得自有成本的利息。"这里最重要的一点，便是这种地租已经不是剩余价值的一般的标准形式了"（Das Kapital，Bd. Ⅲ，2，S.300），这种制度必然地发生在资本主义还没有十分发展，而古旧的生产方式还是一种强有力的沉淀的时候。俄国农奴制崩溃之后产生工偿制下的农民、美国南部的黑人佃农、帝俄中亚细亚的无地雇农、阿富汗的海拉脱和阿富汗士耳其斯坦两农业区域的租佃农民，以及罗马尼亚在1864年农奴解放后所盛行的分租制下的农民，都生存在这种过渡的生产方式中。

无论第一种或第二种的分租制，都有转变为定额物租的倾向。如在江苏的南部，以前曾行分租制度，现在差不多已经绝迹。至于现在中国的物租，也已具有特殊的性质。货币的魔力正在消灭农村中一切的身份关系；所有传统的隶属关系都被渐次磨灭，代之而起的是一种契约的纯粹"计算"的关系。物租在中国已经多半采用契约，虽然现在还有许多生存于永佃制下的农民，还见不到租契。永佃制在中国还很普遍，在这种制度下的地主和农民还存在有隶属的关系，在有些地方永佃制佃农还须替地主操作杂务。在这场合，当然没有契约的必要。但现在永佃制已有渐次崩坏的趋向，而在1929年南京政府立法院所颁布的民法中关于地主撤佃条件的规定，也是促使这种制度消灭的有力的契机（见民法第844、845、846诸条）。契约的租佃现在一天天通行。同时契约的形式也有由口头变为书面的倾向。封建的深情挚谊逐渐被资本的铁腕所摧毁。口头契约已在狡诈、抵赖与生疏之前，表现其无力，于是书面契约不得不起而代之。现在人间的关系已多数由拜物教的魔障所掩蔽了。在这种关系的转变中，中国的物租在很多地方当然还保有其原有的基础，而在另外的处所却仅建筑在自然经济的废墟之上。在工商业发展区域中，地主所收进的物租，已经不是当做使用价值而留给自用，倒是当做交换价值输送到市场去实现。多数离村的地主，都催促佃户改缴钱租。安徽宿县不愿收受番薯的田租，因此促进佃户商品生产的程度（Buck：Chinese Farm Economy，p.72），在蚕桑等副业发达的区域，或在商品作物所占成分很高的地方，佃户一方面因为粮食的缺乏，同时因为货币收入增多，都有改用折租或径用钱租的办法。在有些地方，地主曾表示其不愿将物租改为钱租的意向。这无非表现地主在单纯的地租之外还想掠取更多的东西。一般讲来，谷价总在收获时低落，在青黄不接时腾贵。地主将收获后得到的租谷，留待善价而沽，这样他还能剥取大量的商业利润。

身份关系的转化为契约关系，分租物租的转变为钱租，甚至物租采取变相货币形态等等，这些都是目前不能否认的事实。于是中国的机械论者，便洋洋然下其断语曰，中国的地租已经是资本主义的地租了；地租的本质是资本主义的，中国农村生产关系当然是资本主义的了。

这里首先应注意的是下面的话：不是地租决定着生产关系，倒是生产关系决定着地租。今之论中国地租者，只抚摩了地租的表皮，而漫然得其什么什么性的断语，再根据了这断语，从而规定生产关系的本质。关于由地租来规定生产关系的那种因果倒置的企图，这里自然不必多花力量来斩劈。

中国的地租已是资本主义的地租吗？多数研究经济学的人以为钱租在中国已逐渐通行，在有些区域物租简直已带有钱租的性质，因此断定中国的地租已是资本主义的地租。普利鸦古夫的意见也是这样，他说："用一定量生产物支付的地租不消说是和物租不同的。以自然经济为前提的物租仅在中国最落后的地区保留其残余……用生产物支付地租的事在法意美（植棉区域）诸国也有；假如因为这种地租在欧美并不广泛地存在，就说中国和欧美诸国的地租关系有原则上的差异，那和事实绝不适合的。"（A. Polyakow, Agrar Problem, 1928, H.4, S.692）不错，德意志在欧战以后，因马克跌价，租金不能确定，曾将钱租改为实物征纳（Skalweit, Das Pacht Problem, S.52—53），这正和不能因为最近德国金融极度的恐慌，发生物物交换的现象，而断言德国是原始社会一样，这种变态的物租还全般地以资本主义的地租而出现。同样地在往昔的罗马因为要征收货币的赋税，曾一度采用钱租，但我们不能就说罗马那时的地租已是资本主义的地租。普利鸦古夫肤浅的论断，无疑的是一种对科学的冷嘲，他蔑视质和量、形式与实质间真实的关系。他甚至认为中国钱租成分较少于欧美诸国，完全是事实之偶然。他全不知道只有资本主义的生产方式成为一般的社会基础时，资本主义地租才能全般地适用。就在那时，独立生产者的收入多少也能应用资本主义三个基本的范畴（即工资、利润和地租）来分析，在这场合，他之所以能获得自己私有的剩余劳动，不是因为是自己劳动的产物，而是根据自己生产工具的所有权而领取。一般讲来，土地在那时已采取了资本的形式而存在。

可是在资本主义生产方式没有确立的社会中，根本谈不上资本主义的地租。有些浅薄的研究者竟以为中国已被帝国主义所征服，中国的经济已构成世界资本主义的一个环节，因此中国的经济已是资本主义的经济，中国的地租已充分表现其资本主义性，这种根本漠视整体与分体、客观与主观间的辩证关系的论断，自然要让 A.B.C. 来指摘。在这里只想说到钱租和资本主义性质的规定的问题。

正如第一节所说，作为剩余价值支配形态的钱租还只是物租单纯的变形，它和物租并没有本质上的差异。可是伴随着这种转变的过程，必然是商品经济高度的发展。较富的农民有扩张经营范围的余裕，便大批租进土地，雇佣工资劳动者来耕种，这样便产生资本主义的经营。16 世纪英国租佃企业家便是这样形成的。不过，"照一般的规则，这种形式只能在这样的国家中形成，就是它从封建制向资本制生产的转变中能够支配世界的市场"（Das Kapital, Bb. Ⅲ, 2, S.297）。殖民地和半殖民地经济的特性不是被摒弃于世界市场之外，而是被资本所胁迫，拉到市场上，任人宰割。它本身的商品经济的发展，含有十足的强制性质，因此一般说来，殖民地和半殖民的农业的趋于商品生产，倒是极度贫困的表现。当然，原则地讲，简单的商品生产是资本主义商品生产的前提（在中国也有大批的学者们以为商品生产就是资本主义生产，因为中国商品经济的渐次发展，便得到中国已高度资本主义化的结论）。可是在殖民地经济发展的特殊条件底下，商品经济只促成了高利贷资本和商业资本的活跃，以及地主在农民的土地饥馑中的淫威，而绝对不能使殖民地自身资本主义化。换句话说，商品经济仅是替资本主义国家廓清了掠夺的大道，而并没有使殖民地经济走上自由发展资本主义的途径。在中国决不能像英国那样产生了租佃的企业家。虽然现在有些地方存在着这种经营的萌芽，但它们的比重既小，它们的前途必然地趋于没落。同时地价的日益高涨，使中国的佃农更难买进自己租佃的耕地，以免除田租的重负。恰恰相反，连年的灾荒使自耕农成分较多的北部诸省，也进行着土地集中和租佃农户激增的过程。税捐、高利贷利息、商业利润以至最新的田租负担，使他们的生产益发低劣。

这些中间阶层也就在这场合站到半殖民地经济特有的生产行程的轮回的起点，背离着一切社会生产的发展和高度资本集中的可能的道上前进。

在中国无论租佃的农户以至现时的自耕农，都不能采取资本主义的生产方式。而在社会的劳动没有被编入资本主义的生产过程的场所，根本就谈不上资本主义的地租；在资本主义的生产关系没有作为社会一般基础的时候，对于小农经济绝对不能应用资本主义的范畴，规定它们的地租是资本主义的地租。

四　中国地租租额的高度

就地租本身而言地租的本质，主要的还得由它的高度来规定。伴随着资本制生产的发展，地租脱离剩余价值的支配形态转变为剩余价值的特殊部分。这里就地租本身讲，是数量规定着质量。

中国所通行的分租和物租的租额一般地占全生产量的半数上下：至于钱租则多超过地价的 1/10。据立法院的统计（见统计月报卷二期二，1930 年统计资料，页 45）——全国 22 省的平均租额如下：

（%）

	上等水田	中等水田	下等水田
分租占产量	51.5	48.2	44.9
谷租占产额	46.3	46.1	46.2
钱租占地价	10.3	11.3	12.0
	上等旱田	中等旱田	下等旱田
分租占产量	47.8	45.3	43.7
谷租占产额	45.4	44.6	44.3
钱租占地价	10.3	11.0	11.5

从立法院粗率的统计材料中，我们能发现安徽省分租的额数无论田的等项如何，都占产量70%以上，四川和福建都在60%上下。四川的谷租占全生产额的60%以上，陕西也在55%上下。钱租最高的如陕西、四川、福建、云南、吉林和绥远诸省。竟有超过地价20%以上的。

农民逐渐失去土地，使他们对土地追求得更为急切，地租因此也逐年增高。下引的统计虽嫌过于陈旧，但还能表示接近的趋向。

将中国的租额和资本主义国家作简单的比较，也能帮助我们了解地租的本质。在调查租价占地价之百分之几，再算出几年的租等于地价，这种年数通常称为"购买年"（Year purchase）。英国在19世纪末年工业革命时期中，"购买年"为20—25；卑斯麦克时代普鲁士地方的"购买年"为28—32；欧战以后德国的经济衰落，"购买年"顿降为20的光景；至于在中国则"购买年"数异常的少。钱租的额数一般要较分租谷租为少，就照立法院的统计，则钱租的"购买年"平均已在10年以下。至于陕西、四川、福建、云南、吉林、绥远等省，"购买年"都在5年以下。这种对比，因为中国的地价和地租的性质根本不同于英、德诸国，没有多大意义，但至少由此也可看到中国的租额是怎样的高亢。

田　别	南　通			宿　县		
	1905	1914	1924	1905	1914	1924
上　等	100	147	229	100	81	148
中　等	100	157	240	100	96	169
下　等	100	174	255	100	64	160

（乔启明：《昆山南通宿县农佃制度之比较》，页23）

押租在各地都有存在，它无形中增加了田租的高度。田价和农产品价格的高涨，更使押租的成分增多。

佃户中负担押租的百分率 （%）

	1905	1914	1924
昆　山	25.5	40.9	61.8
南　通	72.7	76.7	88.1

现在除分租和钱租中已行预租制的场合，多数已采用押租制。江南区域的"顶首"、浙江衢州的"填租"、河南光山的"礼钱"、湖北当阳的"庄钱"、安徽当涂的"押绍"、广东高安的"批头"、四川合江的"稳租银"，这些都是押租的个别名称。

中国这种存在于小农制下的高额地租，无疑地已是直接生产者剩余价值的支配形态，换言之，它已摄取了（如按照资本主义的范畴来说）地租和利润的全部，甚至还包括着一部分的工资。根据1922年6月23日无锡的人报上所载的农家收支调查，我们可作如下的计算：

	稻麦田每亩收入（元）		稻麦田每亩支出（元）
糙　米	19.20	人　工	9.22
稻　柴	1.80	机器灌溉费	1.70
小　麦	4.55	种　子	1.12
麦　柴	1.00	肥　料	4.29
		农具消耗	0.30
		磨盘价	0.41
		地　租	7.00
收入共计	26.55	支出共计	24.04

在这统计中，第一，糙米的收入估计得太高，实在每亩平均只14元（2石，每石7元，这已是好的收成和米价了）。第二，农田支出中农舍费没有加入估计，现假定为1元。这样，总收支应改作：

收入共计　　21.32元

支出共计　　25.04元

首先我们要指出，地租占全收入的差不多1/3。假如按照资本制企业来计算，佃农对每亩稻麦田所投可变和不变资本的总值为18.04元。假定资本的平均利润率为20%，则农民应得到3.608元的利润，但现在支出超过收入已达3.72元，即农民的工资已被地租吞噬了3.72元，利润更不必说了。中国的佃农为要维持农业的简单再生产，就不得不将自己的生活程度减缩到生理必需的限度以下。

然而这些简单的事实，对于诡辩的理论家，却只给予了曲解的机会。不错，在我们第一节里所引述的资本主义的和封建的地租，都是抽象了一切附加物的纯粹形态；在现实中存在着的地租，决不是这样单纯。就在资本主义的生产方法已经占支配地位的农业中，从而资本主义的地租已成统治的地租形态的场合，实际地租的额数也会超过地租法则上所规定的额数。地主对于留在土地物质中的土地资本（土地的改进、水利工程、农舍等固着于土地资本，详见 K.Marx：Miserede la Philosophi，p.165）所生的利息，也附带在地租中一并向佃户收取，这样自然使地租加高。英国的地主在政治上握有绝对的优势，因此他们时时欺侮一般怯弱的租佃企业家，勒迫他们缴纳高额的地租。还有些租地的资本家极力减低工资劳动者的工资，这部分的掠夺者有时也贡纳给地主（Das Kapital，Bd.Ⅲ，2，S.139—146），举凡这些都使现实的地租远超于纯粹的地租。因此有些人就认定：中国高额的地租虽然包含着利润和一部分工资，但这仅是资本主义地租的不纯粹的表现而已。

这里又必须重复申述下列的话：没有资本主义的生产方法，便谈不到资本主义的租佃。马克思在论资本主义地租的引言中，曾有这样的话："我们并不是在说及那种情形：即虽然存在着那种已经适合于资本主义生产方法的土地私有财产，但资本主义生产方式的本身并没有存在，因此佃户不是一个资本家，并且他的经营也不是资本主义的经营的那种场合。爱尔兰便是一个实例。"（Das Kapital，Bd. Ⅲ，2，S.146）中国受外来资本主义的影响，社会的机构当然已起了不少变化。商品经济加速度的发展，制成了种种适合于资本主义生产的财产形式，近代的土地私有财产在中国也渐次确立。但在现阶段的这种财产，绝没有采取资本的形式而存在。事实恰恰相反，这种适应着资本主义的土地所有形式，在现今中国半殖民地经济的特殊条件底下，只是推动整个社会趋向于一种新的封建关系的完成的最有力的杠杆。诚然，自田的或租佃的资本制企业的萌芽，会在极幸运的条件之下偶然地存在，但这些正像欧战时期中国勃兴的许多民族工业一样，终不能经常地顺畅地发展，而往往由宗主国与殖民地间的矛盾所决定，终于趋于衰灭。中国现时的地租虽然形式上已有很多转变，只不过是这种新起的殖民地或半殖民地所特有的半封建的生产关系的具体表现。同时我们还不能忘却，在中国还有那种最单纯的最原始的力租形式的存在。有些地方的地主在"近代"的租佃契约上竟订明每年要替地主做工几天（如江苏的灌云）。即在江苏南部工商业比较发展的区域，永佃的佃农逢到地主家婚丧大事，必须全家替地主服役，虽然名义上得到些低廉的工资，但实质上仅是赏钱的遗迹，封建的馈赠至今遥盛行于业佃关系中。有些地方地主规定佃户逢年过节必须送些农产（鸡、果实等），地主也留佃户吃顿便饭。最后，伴随着物租的存在也留存种种身份的隶属关系。所有这些仅成残余的习俗，也都是适应着现存的半封建关系而留存着。中国现时的半封建的地租，对于这些残余形态虽能傲慢地表示自身的先进，对于资本主义国家的地租却绝不像普利鸦古夫所说的没有"原则上的差别"。

（原载《新创造》半月刊；冯和法编，黎明书局，1934年）

《中国农村经济》

评卜凯教授所著
《中国农场经济》

一　引言

落后的中国，在近百年来确已走上"近代化"的过程。这种"开发"工作经常地是在外人的指导之下进行。农村的改良运动自然不会是一个例外。远在几十年前，外国在华的教士和服务于中国政府的西人官吏，就注意到考察中国的农村生活，来有效地完成他们的使命。例如有开明头脑的美国教士 A.H.Smith 曾在山东、河北等省传道 40 多年，有系统地观察各地的农村状况，写了很多作品。中间最主要的有"中国农村生活"（Village Life in China）和"中国人的特性"（Chinese Characteristics）两书，都在 30 年前出版。德国学者伐格纳（Wagner）也经过长期的调查，著成"中国农业"一大卷（Die Chinesische Landwirtschaft）（现由中山文化教育馆着手翻译），提供了不少有价值的材料。

民国成立以后，有些在中国教书的外籍教授就想用近代的社会调查方法，应用于中国社会的数量的研究。1917 年清华学校教授 C.G.Dittmer 指导该校学生在北京西郊调查 195 家的生活费用。1919 至 1920 年间沪江大学的 D.H.Kulp 氏也领导学生在广东潮州调查了一个凤凰村，到 1925 年出版了一本《华南乡村生活调查》(Country Life in South China)。1922 年华洋义赈会总会请 C.B.Malone 和 J.B.Jaylor 两教授领导调查河北、山东、江苏、安徽、浙江等省 240 个村庄的经济状况；到 1924 年著成《中国农村经济研究》(The Study of Chinese Rural Economy) 一书。此外，Brown 氏在四川成都和峨眉山附近指导举行两个小规模的调查。在这时期内，有一个历时最久，调查地域最广，调查项目最详，和比较上最富于科学性的农村调查，那就是金陵大学的教授卜凯所领导的中国 7 省 17 县 2866 个农场的详细调查。这个调查是在各个地方分别进行，最早的是从 1921 年开始，最后的到 1925 年完成。其调查结果的总合的表现，就是 1930 年用英文发表的《中国农场经济》(Chinese Farm Economy) 一书。

卜凯教授在南京金陵大学主持中国农场经济调查已有多年。他的著作在这本《中国农场经济》以前发表的有：（一）直隶盐山 150 个农场经济和社会的调查 (An Economic and Social Survey of150Farms, Yenshan County, Chihli Province, China）和（二）中国之田权与租佃制 (Farms Ownership and Tenancy System in China)。在这本书以后出版的有中国《1931 年水灾调查报告》(The 1931 Flood in China)。最近几年内，金陵大学还接受美国罗凯弗洛基金 (Rokefeller Foundation) 的津贴在卜凯教授的领导之下进行全国土地利用的调查，现在正在继续调查和复查之中，将来将调查结果编成报告，其在卜凯教授个人的业绩中必能造成一个空前的纪录。可是就今日而言，卜凯的作品中间，求其能代表其技术的高度和观念的水准的，还得轮到《中国农场经济》一书。同时，卜凯正在领导一个"用金千万"、规模浩大的土地利用调查，其调查方针以及整理统计的方法，大体上当然是承接他在《中国农场经济》所表现的一切。我们第一为要正确地认识卜凯氏在《中国农场经济》所表现的优点和缺陷；第二为要提出几点重要的意见，希望对于卜凯现时进行着的巨大工作，能根据中国国民经济本身的需要，有所改进，因此我们要在这里对于卜凯教授这本巨著，加以介绍和批评。

《中国农场经济》这本书是根据 7 个省份内 17 县的 2866 个农场调查和研究的结果。英文原本共 471 页（中文本由金陵大学张履鸾先生译就，尚未出版），内正文 427 页，分 12 章；附录40 页，分 4 种；附表 238，图 68，地图 2，摄影 39 帧。经过调查的 7 省是中国北部的河北、河南、山西和安徽北部；中东部的浙江、福建、江苏和安徽中南部。各省调查的县份和村落数目是：河北的平乡（村 2）盐山（经过 1922 年和 1923 年两次的调查，村 7）；河南的新郑（村 6）和开封（村 10）；山西的武乡（村 4）和五台（村 8）；安徽的怀运（村 1）、宿县（符离集附近53 村）、来安（1921 年调查 43 小村，1922 年调查 37 小村）、芜湖（村 3）；江苏的江宁（淳化镇附近 15 村，太平门车站北 49户）和武进（曹家桥附近 49 村）；浙江的镇海（村 3）；福建的连江（村 3）。

本书第一章是绪论，叙述全书研究的方法和范围。考察各个区域的自然条件，并解释书中所用各种词类的意义。第二章一部分讨论农场的配置，着重于地块分布的说明；另一部分讨论土地的利用，在这里只说到非耕地的利用。第三和第四章讨论农场的收支状况，先作一般的研究，求农场收入与支出的差数，再讨论农场面积与收支差数的关系，农场面积和劳力、资本等效率的关系，以及最适宜的农场面积。第五章讨论租佃制度，说明租佃的分布和各种方式，比较自耕农、半自耕农和佃农的经济状况，再提出公允地租的办法。第六章讨论作物和收成。第七章讨论牲畜和肥料。第八章讨论农业劳动，特别注意于季节和作物与劳动分配间的关系。第九章讨论农家与人口。第十章讨论农家食物的消费，分析食物营养的成分。第十一章讨论生活程度，研究农家衣、食、住、行、宗教、娱乐等费用。末章为结论，作者将中国农村生活的贫苦归结到农村人口的太密，所以希望实行人口统制，来改造中国的农场经济。

本书主要的内容已略如上述，我们对于本书的意见想分下列3个部分来讨论：

（一）关于本书研究范围的讨论。

（二）关于本书研究方法的讨论。

（三）关于本书作者所提建议和意见的讨论。

二 关于研究范围的讨论

本书作者认定研究农场经济的中心问题，是在求得并比较各种农场的收支关系。换句话说，他想用收入减掉支出后的纯利（Profit），来衡量各种农场的优劣；因此他在讨论土地的利用、地块的分布、农场的大小、地权的关系，以及肥料耕畜等等的时候，都以农场纯利的多少为起点，同时也以此为归结。在这样的规定之下，作者研究的范围自然会局限于各种和农场收支直接有关的因素，同时在这些因素中也只注意它们在收支中所表现的技术方面的功能。

卜凯教授这类的办法，正是代表国外和国内一般农业经济学家的见解。据我们的意见，这种办法非但是偏而不全，而且没有找到问题的中心。

农业经济的中心问题是在探讨：某一特定的社会发展阶段中农村社会的生产关系。换句话说，农业经济学者应当研究某种社会内农业部门各种经济的关系，而求得其一般的准则；在这里各种技术关系都构成经济关系的部分。比方在中国，农业经济的几个主要问题乃是列强资本对于中国农村直接间接的支配，国内封建性剥夺的加强和转化，农村阶层的分化和小农经营的统治等等；这些问题才是规定中国现阶段农业经济特性及其发展前途的主要因素。而人口问题，农场大小问题，农业劳动问题，耕畜和肥料问题等等，只有在这里才能得到一个综合的合理的说明。

再就狭义的方面来说，卜凯教授所提出的论题也许不是农业经济的全部，而只限于以各个农场的私营经济为单位而研究其经营的状况，即所谓"农场经济"。例如本书最主要的几章如第二、三、四、六、七、八等章都以农场的经营为中心、观察田块的配置、土地的利用、收支和面积，以及作物、肥料、耕畜等等。就在标题为"田权和租佃制度"的第五章，其讨论的对象也主要地在于田权和各类农场收支的关系。

关于这点我们和卜凯教授的意见也有些不同。我们研究农场经济（或称农业经营），主要的目的是在探求中国最主要的农场经营方式，以及它们发展的趋向。因此在目前的中国，我们要研究农场经济（或称农业经营）至少要看到下述几个方面：

第一，是商品经济的发展和农村市场的机构。近几十年来，商品经济加速度地发展，已使中国整个的农村生活起了很大的变化，而农业经营的方式也在渐次转变。农民和市场的关系一天密切一天，一天广泛一天，结果，农村中大多数人便越来越快地变穷，只有少数上层的分子，才能更快地把财产积集起来，这是一方面。其次，在半殖民地的中国农村商品经济的发展，其主要的意义就是列强资本在中国农村中势力的扩充。在列强资本的压迫和刺激之下，农村的作物变化了，农村手工业破坏了，农村的金融枯槁了；总之，列强资本是凭藉了商品经济的发展，来直接间接支配中国农村的巨魁，这是第二点。一般说来，近代的生产越是发达，运销产物的市场便越受生产者支配。目下中国农村市场的机构主要地是在农业生产者统治之下呢？还是受那些和生产完全脱离关系的商人们的支配？

关于这些方面，卜凯教授并不是丝毫未加注意。例如关于商品经济发展程度的问题，他在第三章论述到农场收支的时候，常把收入和支出分成货币的和非货币的部分，因此颇能提供我们关于货币经济发展程度的具体材料。不过这种工作在作者自己好像并没有显出何种重要的意义，因为他关于货币收支和非货币收支的比重，从来没有说明它们的意义。又如关于农村市场的结构，作者在导言里曾花了短短不到一页的篇幅（页16），简单地说到一些农产运输的方法。至于第二点，列强资本的侵入中国农村，作者当然略而不谈，不过这在我们中国人看来却是有决定的重要性的。

第二，是关于农场面积的消长和农业成本的构成方面的研究。这里所谓农场（Farm）是承接卜凯教授的意思，指每个农家所种的田场而言。农场面积的大小是农业经营广度的指标，而农业成本的构成是农业经营深度的标准。这两个方面在决定经营的方式和性质的时候都异常重要。一般讲来，面积较大的农场在各种生产工具（如农具，肥料、种子，农舍等）的配合和效率，以及农产品的销售方面，总比面积零细的农场处于较为优越的地位。这是一方面。另一方面，在近代经济一般发展的过程中，较小的农场常受大农场的排挤；更精确些说，具有中等面积的农场往往日渐萎缩，而处于两极的大农场和零细农场往往跟着"孳乳日繁"。

不过上面的说法，只能限于一般的场合；至于各个历史的具体的状况，却往往与之大相出入。19世纪下半期和20世纪初叶美国农业的发展，便是最明显的例子。美国的南部一向由拥有巨大土地的奴隶主所统治，那里的农场一般比较西部和北部大得多。然而具体的事实告诉我们，当时美国南部的农业经营比较西部，特别是工业化最甚的北部远为落后。我们再来看它们发展的趋势。美国南部奴隶主巨大的土地所有，经过1861—1865年的内战，受到致命的打击。巨大的土地所有分解了，农场的平均面积也从1860年的101.3英亩，缩小成1910年的48.6英亩。在工业化的北部农场的平均面积却从1860年的68.3英亩，扩大到1910年的100.3英亩。这里我们可以看到南部农场的从大变小，和北部农场的从小变大，它们在面积变化的倾向上虽然表现得正相反，可是在本质上它们却同样地走着前进的道路。那就是说，无论南部和北部的农场，都在适应着资本主义发展的需求，采取各种最为适当的经营面积；同时扬弃资本主义以前的渣滓。

因此我们见到在研究农场经营的时候，我们只看农场的面积是完全不够的，我们必得要追究各种大小不同的农场所具有的内容。农业成本的构成便是主要内容之一。关于这个问题，我们第一要看农业集约的程度。在一般场合，农业愈是发展，经营的方式愈是进步，那么每个农场所投下的农本也就愈多（这里的所谓农本，自然兼指人的劳动和劳动以外的成本而言）。这种集约经营的结果，农产物的收获也一定比较丰厚。第二，经营发展的过程中农本中间的（一）人类劳动和（二）人类劳动以外的成本这两部分间的比重会发生显著的变化。经营发达了，农具、耕畜等等都会跟着改进，最后并且应用了机器，于是人类的劳动便跟着相对地减少。因此我们可以得出一个结论，农场经营愈是落后，农民劳动在农业成本中便愈占优势。这种农业成本构成的观察，在决定农业经营发展阶段的时候，是非常重要的。

卜凯教授关于农场的大小和农业成本的分析可说费了充分的

力量。我们感谢教授在这方面的努力，使读者们得到很多宝贵的材料。关于农场的面积，他在本书第四章里，就把农场分成"大"、"中大"、"中"、"中小"、"小"五种，而分别研究其与各种收支因素的关系，例如农场大小和经营人或家主（Operator）兼营职业的关系（99页），农场大小和各种形式纯利的关系（105—116页），农场大小和劳动效率的关系（124—132页），农场大小和作物收成的关系（133页），农场大小和地价的关系（137页），农场大小和每公顷农田收入的关系（138页），农场大小和每公顷农田支出的关系（139页），农场大小和每公顷农舍投资的关系（140页），农场大小和每公顷农具投资的关系（141页），田权差异和农场大小的关系（151页），以及农场大小和农家规模的关系等等。作者在第四章里，还根据丰富材料的指示，得到较大的农场经营比较小农场是处于优越地位的结论。卜凯教授这一点成绩，非但在中国，就在世界农业经济文献中可说是一种有力的贡献。无论过去和现在，有多少学者老是愿意说明以最紧张的劳动和最低劣的生活为基础的小农场经营，具有顽强的优越性，而卜凯教授却能直率地指明，"由各种纯利的衡量看来，面积最大的农场群，终是最为有利（Most profitable）"（143页）。

在这里我们所当引为遗憾的，就在第一，卜凯教授没有清楚地指明有时农场面积虽小，而其地位却比较有利的情形；第二，作者没有说明各个区域内农场大小变迁的趋势。关于第一点，作者虽然也曾说到农场最适宜的面积要由农家的大小，所种的作物和土地的生产力来决定（142页），同时在讨论农场大小和各项收支因素的时候，也曾说到有时较小的经营反为有利（如中国北部小农场的作物收成较大农场稍高，134页），可是绝没有系统地说明，在某种场合（特别是在商品经济较为发展的区域）农场的面积虽小，所投的农本却较为集约，同时采取一种前进的经营形态。例如各大都市附近的蔬菜区域，就是最好的例子。那些专种蔬菜，以待出卖的农场，其面积虽较一般农场要小得多，可是它们却是商业性质的农本十分集约的经营，关于这些我们在卜凯教授书中并不是一点不能见到（如论华北和中东部的农场支出，见 75 页），可是书中零星的叙述和材料因为作者着眼之处有所不同，也就不能给读者明确的印象了。

其次是关于农场大小变迁的问题。卜凯教授在本书第 143 页上曾经提出中国的小农场为什么不能变得"大些"的问题。他的答案是农民人口过多，从而指明分家析产使每户所种的田场有日趋细小的趋势。这里我们可以见到，本书的作者似乎已经肯定中国的农场面积是在逐渐缩小。可是在另外一个地方（34 页），作者用数字证明，调查时期内被调查的农场家主所种的田亩，要比他们开始耕种时的田亩要大些（平均自 2.4 公顷增加到 2.52 公顷）。这里我们不想讨论作者意见的对不对，我们所要说的是他观察的方面。农场大小的变动，可以由析产，田地的买卖，典当，抵押，租佃乃至赠送等等方式进行，单是分家一项自然不能决定一切，上述种种方式对于各类人家的作用，可以完全不同；有田多的人家多数会将田亩买进，典进，押进或租出，而有田少的多数会将田亩出卖，典出，押出或租进。卜凯教授在这里只知道作出一般的结论，不想具体地研究各类农场面积的变动，因此，虽然他要顾到那些农田的所有和使用移转的方式（35—36 页），结果只能使人家得到毫无内容的概念。本来，这种表示各类农场面积变迁倾向的材料，对于只求努力证明自己高唱的农村人口过剩论是千真万确的作者，自然不大感觉兴趣，可是对整个《中国农场经济》的研究，却是异常重要。

上面我们已经说过了我们对于卜凯教授关于农场大小的劳绩，接着我们要讨论他关于农业成本的研究。我们的作者在这方面确已大显身手，而且他所涉及的范围（材料真确的程度暂且不管），也和一般的要求相差不多。上面说过，农本构成方面的研究第一要看农业集约的程度。关于这点，我们从本书第三、四、五、六、七、八等章，特别是第57页的每个农场的农本及其分配，第58到63页自耕农、佃农、半自耕农，乃至地主的农本及其分配，第64页的农场面积和农本的关系；第75—85页各表关于各种农民和地主农场支出的分析（主要地研究其货币的与非货币的支出），等等处所，可以得到一个相当具体的概念。自然，我们在这里还不能不顾到这些材料可信到何种程度的问题，关于这，且让我们到后面再讲。

其次关于农本构成中第二个问题即人工和其他农本间比重的问题，卜凯教授在材料上也已经给我们一个在表面上是异常明快的图影。他在第三章内专论"资本数量与分配"一节中，分析各类村户所花农本的时候，都将农本分为货币的支出和非货币的支出两大项。前者包括雇工工资，住房及其修理费，农具及其修理费，饲料费，税捐，购进家畜，钱租及其他。后者包括家庭劳动和固定资本的损失。我们在此很容易算出农业劳动在全体农本中所占的成分。卜凯教授也说"劳动是一种最主要的支出，它在全部费用中几乎占了2/3"（77页）。

在这方面作者所留下的主要问题，第一是家庭劳动应当怎样计算，第二是这种农业劳动和其他成本的比重应当怎样分类观察。这些问题都和一般的研究方法有关，所以要挨到下节再讲。

第三，我们要研究中国农场经济的方式和发展的阶段，必须要注意中国农村中雇佣劳动的成分。我们要观察资本主义在农业部门的发展，这种雇佣劳动便是最主要的指标。一般说来，农村中资本主义的生产愈是发展，那么雇佣劳动的成分也就愈大。这种雇佣劳动的成分通常是跟着农场规模的扩大而增高。不过在事实上往往也有例外，例如上面引述过的美国的情形，便是一例。在工业化的美国北部，农场的面积虽小，可是具有资本家生产性质的农场在全部农场中所占的成分要比落后的南部多得多。

卜凯教授在本书中也曾以农业收支的观点，计算雇工的成分。例如他在第三章里指明农业劳动构成农本的主要部分，而雇工占全部劳动的 1/3，家庭劳动（家主工作在外）占 2/3（77—78 页）。同时在第八章研究全部劳动分配的时候，他更进一步阐明农场大小和雇工成分的关系，并且得到一个结论，即农场面积愈大，雇佣劳动量便愈须增加（234—237 页）；同时指明面积最大的农场虽然在雇工工资方面的支出很大，然而在一般场合，它们所得纯利还是最多（237 页）。

我们对于作者在这方面所提供的材料，虽然因为方法的问题，还认为有提出讨论的必要，可是他能指明雇佣劳动一般所占的成分，以及在各种大小的农场中所占的成分，也就很够我们感谢了。

但是我们于此还不能无所遗憾。卜凯教授对于中国和美国不同的各种前资本主义的因素的了解，是很贫弱的。他了解的中国的雇佣劳动正和他了解中国租佃制度一样，只看到近代的外衣，没有捉住陈旧的内容。我们决不能跟着作者煊赫的统计，随便地断定较大的农场便是资本家的经营，因为雇工的性质还有种种差异。在目下的中国，固然有不少真正的自由劳动者，可是种种不脱离农奴或半农奴性质的雇农（如自带农具的，或是用住房或谷物当做工资的，或是用工作纳租的农民），除掉工商业较为发展的区域，可算到处可见。卜凯教授虽然也将雇工分成年工、日工及童工来观察，并且计算这些雇工所占的成分（234—235 页），可是对于上述各种雇佣劳动的类型和它们的性质，丝毫没有顾及。因此作者在这方面的分析只可以供给研究农场收支时的参考，而决不够说明农业经营的性质。

三　关于本书研究方法的讨论

正像本书著者所说，"中国是一个没有可靠的统计的国家"（426 页），因此我们对于卜凯教授在本书中所罗列的统计材料，曾予以最大的注意。同时，教授在本书导言中开宗明义第一句就说，"本书所有材料都由调查方法搜集得来"，因此我们对于本书的材料，一向是特别珍视。

本节的目的就在讨论下面两个问题：（一）本书搜集材料的方法是否可靠？（二）本书处理所有材料的方法是否合理？我们希望能在这些问题的检讨中，来正确地衡量我们所赋予的注意和珍视的代价。

卜凯教授在本书第一章中说明研究方法和范围的时候，曾经郑重声明："假如有人要批评本书的研究并不精确（Inaccuracy）……那么我们可以这样说，真正的问题不在于簿记意义上的精确，而在这些材料是否正确地阐明了农场经济的本质"（1页）。我们以为卜凯教授这个声明在他本人简直是一个最为辉耀的命题，虽然教授本人有时候会和它相距得很远很远。我们的讨论就从"这些材料真否能正确地阐明农场经营的本质"的观点出发。

这些丰富的材料到底是怎样调查得来的呢？作者在第一章里就告诉我们，这些材料差不多有半数是由金陵大学的学生调查得来，另外的是请助手调查。所有的调查员无论他是学生或是雇佣的助手，都是调查地点的本地人，同时是很熟悉农民和农场情形的人。"据作者调查中国农村的经验，我们第一着必须考虑到，我们所用的调查员，须是调查地点的本地人，同时要和农民熟悉。这个因素就决定了此项调查的各个地点"（2 页）。这些地点就是山西东境的五台和东南部的武乡；河北东南部的盐山和南部的平乡；河南北部的开封和新郑；安徽北部的宿县、怀远。以上是属于本书所谓"华北"（North China）的部分。此外属于"中东部中国"（East Central China）的，有安徽东北部的来安和东南部的芜湖，江苏南部的武进和江宁，浙东沿海的镇海和闽北沿海的连江。在这些县份中，调查员所选查的村落最多的是 53 村（安徽宿县符离集周围），最少的是一村（安徽怀远）。在调查的时候，调查员在各村抽户调查，如怀远耿家村共有 150 户，被调查的为 124 户；五台的北阳村有 50 户，被调查的有 5 户；盐山的吴家阁村共有 84 户，被调查的为 2 户。

卜凯教授对于整个"中国农场经济"至少是"华北"和"中南部中国"的农场经济的讨论，就建筑在这样的调查上面。自然，他所采用的调查方法是所谓（选样方法）（Samp ling method）；换句话说，他选取各个区域内若干农场的标样，把它们当做中国全般的农场的代表来从事研究。常识告诉我们，在我们举行选样调查之前，对于研究对象中所包含的各项重要因素，应该先有一般的认识，然后有意识地选取标样从事调查。这些标样应该等比例地包含着全体所有的因素，然后才能真正代表全体。譬如要调查中国的农村经济，事前对于中国各个区域的自然条件和社会条件先要有个一般的了解，然后就各区选取定量的对象，加以精详的调查。

固然，在实际举行调查的场合，并不能完全照上述办法做去。调查之前要对调查对象的全体求得一般的了解，多数是不大可能的。因此通常我们只能采取任意选样（Random sample）的办法，按照极机械的顺序，选样调查，尽可能地排除主观的因素。这种办法自然是无办法中的办法，因此我们不能不顾到它适用的范围和条件。一般说来，在任意选样来从事调查的时候，在没有继续不断地发现同一倾向之前，应该尽量多选标样，使调查对象中所包含的各项重要因素，都有被发现的机会。

上面说的是举行调查时候的一般的准则。现在且让我们检讨卜凯教授书中所列材料，其取得方法的本身是否具有缺陷。在这里我们要顺次指明：第一，卜凯教授在调查的时候用的是哪一种办法；第二，调查地点的决定是否成问题；第三，被调查的对象的数目是否成问题。

第一，卜凯教授无疑地是采用了所谓任意选样的调查法，他在调查之前对于中国各个区域内农村社会的情况固然多所隔膜，就是对于自然条件也没有一个综合的概念。他在本书第一章内曾想将已经调查了的若干地方，配合到 Cressey 氏对于中国所分的各个区域里去讨论（9 页）。这个企图一面表现教授研究方法的颠倒，一面显出他所领导的调查在事前对于调查地点的自然条件也未能顾到。实际上我们要说明卜凯教授所用的方法是任意选样，上述的引证可称并不需要，反正作者早已声明，他们调查的地点，是由调查员是当地人而且熟悉农情的一点来决定。

第二，问题就在于：这样来决定调查地点是不是成问题？既是任意选样，就应当避免一切主观的因素。单凭着调查员和农村的关系来决定调查的地点，那么里边掺和的主观因素就太多。1. 调查员的籍贯何在，完全是一种偶然，也许有些调查员的本乡本身就是一个比较特殊的地方，并不能代表附近区域内一般的情形。凭着这样一个类似"客观"的偶然，就会造成一种实际上十分偏颇的"主观;"而参加调查的人数太少（共 15 人，每人决定一处）更加强了这种危险。只看卜凯教授在已经请人调查了福建的连江之后，硬把连江的情形作为"中东部中国"农村一部分的代表。其为牵强已很显然（卜凯自己也说连江实位华南，只因其情形对于中东部各地的平均数并不起严重的影响，所以也就划入中东部了！见本书第9页）。2. 调查的地点单凭调查员的乡土关系来决定还有一个很大的缺点。作者告诉我们，这些调查员都是金陵大学的学生和聘请来的助手。在中国上得起金陵大学这类学校读书的学生和够得上做金大助手的人们（按照金大习惯设想，这些助手至少受过大学教育），其家庭的境况不消说是远在一般水平之上。因此，这些大学生的家乡（也就是调查的地点），其经济状况往往比较别处好些。这种情形在调查村落的决定上特别会表现得明显；假如一县只调查一村（如怀远只调查耿家村，是由一位耿家柱先生调查的），其所谓标样的危险性，那真够大了。

第三，上述种种情形在选定调查村户的时候，实有更大的影响。上面已经讲过，他们在调查的村落已经决定以后，再从全部村户里面选择若干户来从事调查。这里我们要注意两点。1. 农村的构成往往异常复杂：在上面有少数经济地位较高的人家，中间有中等的人家，最大多数贫困的村户地位终是最低。更清楚些说，农村的上层往往有少数的地主和富农，中间有中农，下层有占最多数的贫农、雇农和苦力。按照理想的办法，假如我们要从全体村户内选样调查，应当对于各类村户的成分大致有些把握，然后按照一定比例选取各种村户来调查。在实地调查的时候，这种理想的办法自然很难办到；可是我们在方法上应当尽可能地避免抹煞各类村户在社会和经济地位上所有差异的缺陷。例如在一个已经选定的村庄上应当尽量地多调查些村户，因为只有这样，各类村户方有被发现的机会。很可惜，在卜凯教授所领导的调查中我们发现了几乎不可恕的缺陷。有时调查的村户在各该村的总户数竟少得可惊。例如五台的七里沟，在当时共有150户，可是被调查的只有11户；盐山的吴家阁共有84户，被调查的只有2户（6至7页）。这样少数的选择，不知究竟代表了什么！2. 在这样少数的选样中，我们不得不特别指明调查员自身的经济地位所发生的重大的影响；同时卜凯教授所奉为金科玉律的因素，即调查员须是当地人而且和农民熟悉这一点在这里会起何种消极的作用。稍有调查经验的人，一定能想到他们在熟悉的环境中从事调查的时候那些最容易和他们发生关系的不是那些经济地位和自己相仿，便是时常来往，或是带些亲谊的人们。他们在调查的时候最容易找到的也就是这些人们。在全村调查的人家很多的场合，这种关系所起的作用便较轻微；要是全村总共只调查几家，那么调查的材料就会发生显著的偏差。上面说过金陵大学调查员的经济地位既然较高，那么他们在极少数的人家中所能调查到的材料，就会或多或少反映出超过一般状况之上的情形。卜凯教授书中所表现的中国农村的生活，所以还不像我们实际所见的那么破烂和惨苦，这种取材上的缺陷确是主要原因之一。此外像此种调查工作多数是趁学生假期回乡，个别进行，因此而产生各种意想之内的疏略和杜撰等等弊病，这些我们根据和金大有关朋友的谈话，以及实地办理调查的经验来推测都不能断定其为必无；而这些弊病对于材料的真确性却都是致命之伤！

以上所说都是关于本书材料搜集方法是否可靠的话，接着我们要讨论本书处理材料的方法是否合理的问题。

本书所有丰富的材料，在"素来没有可靠统计的"中国（本书 426 页），几乎像沙漠里仅有的水源一样，不管它是甜水咸水，脏水清水，终是够人珍贵。而且在教授的全本书中无论就统计表格和数字所占的量来说，或是就作者说明的重心来说，作者的主要贡献与其说在建立什么意见和建议，毋宁说是提供多量具体的材料。自然，我们决不会抹煞卜凯教授所提出的意见，这些且让下节去说。本节所要讨论的就在：这些作为本书主要贡献的统计材料到底有什么问题没有？

第一，我们先就作者所用的统计方法来讨论。作者在本书统计上所费的力量，自然值得钦佩。他在观察某种因素（如劳动收入，94页）在各个区域内所表现的数列（Series）时，非但用算术平均数（Mean）、中位数（Medium）等来表示其集中的趋势，并且还用标准差（Standard deviation）、变异系数（Coefficient of variability）等来表示它们的差量（Deviation）和偏斜度（Assymtry）。非但这样，他在这些集中量数（如算术平均数，中位数等）之后往往附有"或差"（probable error），以表示其可靠的程度。所有这些都足以表示本书在技术方面的优越和谨严。不过，我们为要适当地运用本书的材料，为要正确地估量它们的价值，而且为要维护统计的恰当的功能计，我们却不得不为"求全之责"。可是在这里须请读者注意，下面的讨论是纯粹从统计的立场说话，换句话说，就是假定被统计的材料已全是很可靠的了（上面关于调查方法的讨论已经可以指明这个假定是何等的脆弱）。

本书在统计上所表现的最大缺陷是在：绝对大多数的平均数（Averages）是从以各个调查县份为一个单位的办法而计算出来；换句话说，这些平均数多数是"平均数的平均数"（Average of averages）。统计学的常识告诉我们，这是个极大的错误。著名的统计学家 Zizek 在他《统计学上的平均数论》一书中曾经这样说过："按规则讲，我们决不能从一列平均数中,直接地算出一般的平均数;反之，我们必须独立地根据那些组成这个数列的各种小组中间的个别事件，来算出更高级的更有内容的平均数"（Dr. Frang Zizek, Statistical Averages, translated by W. M. persons. 1913, New York, p.23）。举个显明的实例来说，假如我们在皖北的怀远调查了 100 个农场，这 100 个农场每个平均的面积是 5 亩。同时我们在山西的五台调查了 10 个农场，它们每个农场的平均面积是

10 亩。现在我们要求出两处农场的平均面积（假定这样求法是合理的）。假如按照计算平均数的平均数的方法，那么怀远和五台两处农场的平均面积是 $\dfrac{10+5}{2}$，就是 7.5 亩。假如根据各个个别事件的绝对数来计算，结果就成 $\dfrac{5 \times 100 + 10 \times 10}{100 + 10}$，即 5.45 亩。调查的事实完全一样，因为所采用的方法不同，结果就相差很大。上述的例子虽属极端，可是卜凯教授书中与此相类的情形，实在到处可见。例如他在分析农场面积（Farmarea）的时候，便是从各县所调查到的农场的平均面积（如安徽宿县为 4.83 公顷，怀远为 3.68 公顷，河北平乡为 1.14 公顷等），求出华北和中东部的两个总平均数（如华北各地平均数为 3.54 公顷，中东部为 2.05 公顷），从而再求出全体的平均面积（2.54 公顷；以上见 46 页表三）。在这里他完全忽视了调查材料的"重量"（Weight）问题。宿县的每个农场的平均面积 4.83 公顷，是调查了 286 户农家的结果，而怀远的 3.68 公顷却只是 124 户的平均数。286 和 124 之差，虽然不及 100 与 10 之甚，而其成为问题还是一样。

这里我们应当更进一步指明调查材料所能代表的范围与统计方法间的关系。先举一个简单的例子，如在安徽宿县所调查的 286 个农家，他们所能代表的范围假定是 50000 户；而在怀远所调查的 124 户假定能代表 1000000 户。这样我们在求一般平均数的时候必须顾到各个个别平均数所能代表的范围。我们还用平均农场面积为例，本书第 56 页告诉我们，怀远每个被调查农场的平均面积是 3.68 公顷，宿县是 4.83 公顷，假如我们将这两个平均数所能代表的范围加入考虑，那么它们"更高级的"平均数既不是 $\dfrac{4.83 + 3.68}{2} = 4.25$，也不是 $\dfrac{4.83 \times 286 + 3.68 \times 124}{286 + 124} =$

4.482，而是 $\dfrac{4.83 \times 50000 + 3.68 \times 100000}{50000 + 100000} = 4.533$，卜凯教授所习用的"平均数的平均数"和这种理想的统计结果自然相去更远了。

然而，卜凯教授在采用那种"平均数的平均数"方法的时候，也自有其论据。他在本书第一章里（18 页）早就说过，本书平均数多数采用平均数的平均数，因为各县的农耕式样有所不同（Because the type of farming varies with the locality），所以把各县作为一个单位。可是，这种根据非但异常薄弱，而且万分错误。他没有估量到各个县份内各种农耕式样所能代表的范围，而作为完全均一；所以我们说他根据薄弱。其次，假如他以为各种农耕式样在性质上有根本的差异，因而非得另成单位不可，那么他又忘却统计学上一个基本的原则。即性质不同的事物绝对不能放在一起统计的。换句话说，他绝对没有注意到 Uniformity in the behavior of masses of data! 这样，他的根据，又不是万分错误么？实际上作者如此的错误，不在其根据的结果，而在其根据的本身。在各个较大的区域中间（在华北和中南部）"农耕式样"并不是以县区而不同，倒是在各个县区中间，因为经济和社会地位的悬殊，各类农场才有性质上的差异。

上面我们说过了"平均数的平均数"的不甚妥当，下面我们要说到本书在统计方面的其他缺点。第一，卜凯教授往往不顾材料自身的趋向，普遍地运用种种统计方法。例如山西五台被调查的 226 个农场，它们面积的次数分配图（43 页），显然表示出两个高峰（一个在 60 亩左右，一个在 140—180 亩之间）。在此场合我们自然不宜用一般的平均数来表现此种现象的集中趋势。可是卜凯教授也竟用单纯的算术平均数（Mean）和中位数（Medium）来表现了（46 页表三）。

第二，单就统计技术的观点来看，假如作者能够更多地注意到事实的性质，从而决定采取何种统计的方法，那么结果一定会给读者以更大的帮助。举例来说，作者在统计各种农民——自耕农、半自耕农和佃农，在农民总数中所占成分的时候，华北和中南部的平均数，和 17 县的总平均数自然是用的"平均数的平均数"。这一点，我们现在可暂置不论。目前我们假定，各种农户在农户总数中的百分数可以由各地的百分数来取平均数的。在此场合我们对于实际现象的特性必须充分顾到，例如自耕农在农户总数中所占的百分数，在河北的盐山为 97％—100％，而在浙江的镇海只有 1.5％。这些极端的现象在我们计算平均数的时候，当然须要尽量避免它们所施的影响。很可惜地，卜凯教授在这里还是用他同一的法——算术平均数（见 146 页表一）；实际上在这里就是用了几何平均数（Germetric mean）而把这种极端数的影响避免了，也是绝无意义的。这类统计的轻率可由下面简单的例子充分地看出：华北各地佃农占农民总数的百分数为 0.8，20.0，1.3，0，0.7，4.2，0，3.2，60.2（各县次序为怀远，宿县，平乡，盐山，盐山（二），新郑，开封，武乡和五台）。对于这些数字的序列我们不该有这样的勇气来计算平均数的。可是卜凯教授却给我们一个华北各县的总平均数——10.1（见 146 页表一）！

最后，在统计方面我们要替尊贵的"平均数"来作一个正确的估价。本来所谓平均数，就是在一个具有同样性质的数列（Series）的分配中表示其集中趋势的量数（Measure）；这种量数，一般地可以代表整个数列的情况。在这里我们应当了解，在事实的内容异常丰富，事物的因素非常庞杂的场合，假如我们不把各种条件分析清楚，贸然来上一个总的平均数，那么非但没有找得这些事物的真正的代表（实在是不可能的），而且掩盖事物的真相，抹煞他们一切的特性。例如本书作者明明知道 17 个县区内的农场情况各有不同，明明知道农场中间有自耕的、半自耕的、租佃的不同，明明知道农场经营有雇工的和家工的不同，又明明知道各类农民在贫富的、剥削与被剥削的关系上大有差别，然而作者总是勇敢地把这些性质不同的属性一起排除，来上一个至高无上的平均数。关于这点，巫实三先生对于本书也有同样的批评，他说，"将各种农场混作一体，平均再平均，而以各该区域（按指县）为单位，互相比较，则该单位所代表的乃是农场的幻影，而非该区域农场的实像"（大公报，经济周刊，第七期，1933.4.12）。这类距离实际很远的"幻象"在本书中可说举不胜举。例如作者在第三章表四二指明，17 个县区内每个农家的平均所得是 278 元。这种数字除掉给人家一个空洞的数字本身之外，还能代表些什么呢？实际上作者也很容易推知这个平均数是绝无意义的，它的标准差不是多至 208 元么？固然"278 元"在多数贫农看来，正像是孩子们平地要捉到月亮的一样的难于巴望，可是这些实际的尖刻的内容，在我们的作者都可以不管；就是另一个有力的统计数字——标准差，也阻挠不了他所爱用的，而且可以表示一般农民"还可过活"的"平均数"呢！

接着我们要讨论卜凯教授对于各种范畴和现象的处理是否完全妥当的问题。自然，我们因为篇幅的关系只能举出较为主要的几点来，和作者来磋商。

第一，本书的材料前后相距 4 年多，即最早的调查材料起自 1921 年 4 月，最晚的直到 1925 年 9 月（如浙江镇海的材料代表 1921 年 4 月到 1922 年 3 月的情形；而安徽怀远的材料则代表 1921 年 10 月到 1925 年 9 月的情形）。中国晚近无论在政治或经济方面都是瞬息万变，农村生活的变化虽然较慢，可是在这漫漫 4 年的长时期内，各地物价、工资、田地价格以及田权的分配等等已经有了很大的变化。卜凯教授虽然一面招架，声称历年物价差异，"对于各地的比较还不致发生严重影响"，一面自留防地，声明怀远和镇海的价格确有"例外"的差异（见页4，注意，这两县正是调查时期前后相距最远的地方）！可是终究免不了有将连续四年多的材料，一手压成平面的嫌疑。因此，我们对于卜凯教授"统计"出来的农场收入、投资、雇农工资、自耕农佃农的成分、田场面积等等数字，都会要求给予更详细的说明，以免对于历年"中国"农场经济中各种因素的递变，轻易地被人抹煞。因为，我们研究的主要任务，就在看出这些因素在发展和变迁过程中的真相。

第二，我们要说到如何分类来观察农场经济的问题。本书作者曾用两种方法，或从两个方面，来分析农场的收支。第一种办法是按照面积的大小将农场分成大、中大、中、中小、小等五类，然后观察各类农场收支因素的成分和关系。第二种办法是按照所种耕地所有权的不同，所有的农民分成自耕农、半自耕农和佃农三类，然后分析田权和各种收支因素的关系。第二种办法主要地用于农场收支的总分析（第三章）和田权的观察（第五章）；其他各部分的分析都是采用第一种方法。关于这点，我们大体上和卜凯教授表示同意。一般讲来，将农场分成"大"、"中"、"小"的方法，其优点就在能够把握住农场大小的坐标，来规定各种农场经营在经济上特别是技术上的特性。换句话说，我们用了这种办法，就比较地易于追寻农业经营在其广度上和深度上的发展，更进而探求其经营方式的转变。至于本书将农民分成自耕农、半自耕农和佃农，从而用此来分析农场的经营，那只能说是"用非其当"。因为这种办法的优点，乃在能用最简单的方法，来表现某个区域内田权的分配 [详见本刊创刊号《读者问答》栏（一）《怎样分类观察农户经济》]，而不在便于分析农场经营的性质。因此作者在第三章中所列自耕农（甚至地主）、半自耕农和佃农农场的各种分析，不但不能给人家一个明确的印象，甚至反而模糊了事实的真相。谁有这样的权利来承认：在同一地方一个种田200亩、大批雇人来耕耘的自耕农，和另外一个种田5亩、多数日子要出雇于人的自耕农，是处于同样的经济地位，而且他们的农场经营是具有同样的性质呢？性质不同的事物硬要看做同一，那便是抹煞事物内部的对立，斩绝其应有的和可能的发展。

自然，我们对于卜凯教授所用的分类方法还是觉得不够的。（一）农业经营往往根据作物的不同，而具有个别的形式。像华北的旱田经营和中东部的水田经营，因为作物轮栽、灌溉制度、所需劳力等等的差异，的确具有不同的特性。在这里我们的作者并非完全没有注意，不过他在说明的时候往往漠视这些特性，爱作一般的解释罢了。实际上，这种经营形式的差异在别种场合也常发现。例如山东和河南一部分的烟草区域，和各大城市附近的蔬菜区域，因为种种耕作技术上的特性和商品经济性较高的缘故，那里农场经营也采取着特有的形式（自然，我们决不能忽视，这些区域内各类农场内部的差异）。关于这点，卜凯教授也许因为调查的地域较狭（如所谓"华北"只包含少数县份；这些县份的分布又不普遍，——如山东一省，一处都没有调查），未能加以注意。（二）按照我们的意见，关于农场经营或整个农业经济的研究，我们最好要采用目下所流行的"地主"、"富农"、"中农"、"贫农"和"雇农"的分类方法。因为这种办法能够根据各类村户经济生活的几个重要指标（田权、雇佣关系，以及其他在生产和交换上的人与人间的关系），同时能参考其生活的全部，来规定各类村户的阶层。我们只有采用这样的分类方法，才能全面地观察各种经营发展的趋向，以及它们所具特性的成长和消灭，才能把握住整个农村生活的"来路"和"去处"。很可惜的，我们虽然愿意用这种方法，将本书所列几种重要材料改制一遍，以便探求更具体更有用的意义，只因原料无从找得，我们也就不能着手，这样"求全"的期望，只能落在卜凯教授以后的劳绩上了。

第三，我们要简单地指明卜凯教授在统计农业收支上的几个缺陷。本书作者毕竟是一个来自典型的资本主义国家的客卿，中国的一切事物一经他的目光便充分地"资本主义化"了。譬如，中国的农场经营还是由家长制的（patriarchal）形式统治着；换句话说，中国的农场差不多都是在家长的督促之下的家庭劳动的经营；这种经营实在由整个家庭共同负责。而一到卜凯教授手里，便把家主和其他家庭分子硬生生地对立起来（例如计算农场支出的时候，家庭的劳动当做支出，而家主的劳动却不在内。见20、75 页）。又如本书对于家工的工资，统用普通雇工工价折算。这种办法用于计算雇工和家工的比重是可以的，因为这里只要表示一种相对的量的关系。可是要将这样求出来的家工工资，加入农场支出计算，那么至少在现时的中国，不能认为合适。因为在目下中国的农村中，雇佣劳动还不是农业劳动的支配形式，普通雇工的工价还不能作为农业劳动价格的支配的表现形式。我们研究农业经济的目的决不在以大批动人的数字来歪曲地表现各种因素间的关系，倒是在具体地着实地把握着农业经营结构的真相。就此而论，本书所列劳动支出在全部农业支出中所作的成分，确有斟酌的余地了。

卜凯教授又将地主所有耕地的地价加入佃农农场资本中去计算（61 至 63 页），而得出佃农农场资本较自耕农和半自耕农的资本为多的结论。这种办法的缺陷，第一在将地主和佃农这两个完全不同的范畴的投资并在一起，抹煞了他们投资完全不同的性质；第二在夸张了佃农的投资成分，令读者对于中国一般非企业

性的租佃经营得到一种异常错误的观念。又如本书作者将 10%
作为农场的纯收入率（65 页），又是犯了将纯资本主义关系的标
准误为应用的弊病。作者又由统计的结果，指明农场全年平均投
资的利息率为 9.4%，并且说明此项利息率得为农民银行放款时
的参考。这种立论，因为作者统计和观察方法的多成问题，自然
难为读者苟同的。本书作者在分析农业以外的收入的时候，非但
将各种不同的农户，混同处理，而且将商人、地主等等收入，通
通加入（例如页 99 指明村户收入中平均有 1/3 由家庭以外寄来，
中间经商收入占 1/5，田租占 1/8，其他专业占 1/10），结果把
各类性质不同的村户的收入完全等量齐观，而将它们所有不同的
意义一概抹煞。这种错误的由来，是在作者将农村社会的结构看
成静的平面，而不知道它是动的立体。

讲到作者关于村户支出方面的计算，除掉上述一般的或根本
的问题之外，还有各种较小的特殊的问题。例如作者在货币支出
中列有钱租一项，而在非货币支出中却无田租、分租等等的支出
（页 78—79）。又如作者对于生活费用的分析确乎很用力量，不
过一方面因为材料的不足，另一方面因为未能按照各种村户的阶
层来从事分析（作者虽另立一节，讨论租佃与生活程度，指明佃
农的生活程度较差于自耕农；但这些还是不够），因此很难使读
者得到更为具体和明确的概念。

四 关于本书作者所提建议和意见的讨论

一般说来，尽管作者所用的方法还不能完全无缺陷，尽管作
者在运用各种正确的方法的时候，还不能全无弊窦，然而作者在
本书中所有最辉耀的贡献，却还在其较高度的处理材料的技术上
面。至于作者用以摆布各种材料的立场，以及由各项统计所引申

出来的结论，从中国农业经济彻底改造的观点看来，那么非但是颇见薄弱，而且是异常有害的。

作者虽然也曾高唱中国的农村社会制度和多数西方国家完全不同（422页），可是我们绝对不敢相信卜凯教授已经了解了中国社会的特质，以及它和"西方各国"在本质上的差异。比方我们在上面讲过的作者对于农业雇佣劳动的看法，农业投资的计算，硬将家主和家庭人员对立起来，所有这些都足以表现卜凯教授对于中国农村社会理解的薄弱。这种缺陷表现得最显著的，要算作者对于中国租佃制度的理解。他对于中国租佃制度一切先资本主义的特性和形态——如经济以外的剥削、物租的统治、租额的过重、工价制的保留，以及永佃制的存在等等，简直连一些支离破碎的了解都很缺乏，无怪他会说出中国的"田租制度和别国十分相类"的话来了。

卜凯教授既然还没有把握得住中国农村社会的本质，换句话说，他既是时常对于中国这样的病人"按错了脉"，那么我们自然不能苟求他做成一个对症发药的良医了。我们在以下所要简单说到的，就是卜凯教授对于中国农村社会所开的几种主要的脉案。

第一，卜凯教授认为中国惟一的，至少是最主要的大毛病，就是人口太密。照他的意思，中国农村的贫困固然在农场面积零细，生产力的薄弱等等，而这些贫困之源的总泉源还在农村人口的过剩。他说，"因为人口的稠密，和资本花费的昂贵，所以中国伟大的资源便是人力。中国所需要的，就在学习怎样去利用这种大量的资源（指人力）"（423页）。他以为中国农村因为人口过密，劳力过剩，因此劳力便成为农场投资中最主要的成分（423页）。他又指明中国农民生活程度低劣的原因，第一在人口太密，第二在教育不足（420—421页）。他在讨论补救细小农场经济问题的时候，又说"解决这个问题的最好的治本办法，似乎在实行人口节制"（424页）。这种见解在卜凯教授和乔启明先生合著的 The Composition and Growth of Rural Population Groups in China（工商访问局出版）书中也同样表现过（225页）。

卜凯教授这种见解在中国学术界看来自然并不会感觉新鲜，反之，它不过是承袭了马尔萨斯人口论的陈旧的衣钵。从亚当·斯密、李嘉图、弥尔，特别是马尔萨斯以下，绝对的人口过剩一向是被看做永久不变的范畴。实际上，土地的容受能力，或是土地所容许的人口密度，都是由生产力和技术的水准来决定。关于这一点，我们可以引用 Ratzel 氏的数字来说明。据 Ratzel 的推算，每平方公里所能养活的人数在原始狩猎经济和渔捞经济时代只有 0.0017 人；在农业有相当发展的原始狩猎经济是 0.2—0.7 人；在原始畜牧经济时代为 0.7—1.7 人；在西欧农业国家为 91—109 人；而在欧洲具有大工业的地方则为 300—318 人（见廖钦珂：《农业经济学》日文译本，476页）。

决定土地对于人口的容受能力的，除掉生产力和技术水准以外，还有一定社会内社会生产物的各种分配条件。只有在私有财产制度存在的社会，换言之，只有土地作为少数人所私有的社会条件之下，才有得不到工作（是饭或面包）的过剩劳动。我们在原始社会，或是在有可以自由使用的土地的殖民地，或是在社会主义的经济中，断然找不到绝对人口过剩的现象。

卜凯教授和他的先生们以及他在中国的同志和门徒们，在固定的生产力社会分配条件的前提底下，来悬想着一个解决农村过剩人口的根本办法，自然会差以千里的。他们虽然也曾想到工业的发展，荒地的开垦，以及移民等等，都能或多或少地减轻人口过剩的苦痛；可是因为他们只能把这些办法孤立起来考察，没有在它们和社会关系的根本改造间的联系中去找寻其正确的功能，因此不能不认为这些都不是办法，只有实行人口节制才是根本的出路了（424 页）。在这里，我们似乎有做下述补充的必要：不错，在现存条件底下，即在帝国主义的统治和半封建生产关系支配的条件底下，我们的民族工业决没有发展的余地，荒地的开垦只加增了少数军人官吏的财富，至于移民不是只落得一句空话，便是充当了少数地主酒肉的资料，其他像农业生产力的改进等等更是不敢想望；结果只有人口自然的节制可以解决眼前人口过剩的苦痛。卜凯教授在这里是对不怕麻烦地追随着他的先生们，替自然的过程作有意识的注释。中国接连发生的天灾，以及作为此种天灾的基本成因的里应外合的人祸已经扫荡了全国的农村，绝灭了千千万万的农民大众。死的已经死了，活着的又在等待着死亡，大自然（社会的因素占支配的地位）的规条不是已经用了最有效的方式在最广泛的规模之内执行了卜凯教授们所倡导的人口节制政策了吗？然而卜凯教授觉得还是不够。他拼命要抨击孙中山先生在三民主义演讲中，应用了 Rock kill 氏的统计材料，说明了中国的人口并不在增加，而且有减少的趋势。他觉得这种误用材料和错误见解（Misconception）是十分不幸的（详见卜凯教授和乔启明先生合著：前引书，219 页）。而我们仁慈的作者却以一个热望中国能"自己改进"（Self-improvement 见本书 426页）的导师的资格，渴望着更残酷的人口节制呢！

　　第二，我们要谈到细小农业经营补救的问题。卜凯教授认为中国农场的零细显然不像初看那样的细小（因为多数耕地能种作物两熟，见 422 页），他终觉得这样细小的经营决不及大农场那样有利（143 页）。那么"为什么农场不变得大些呢？""农民供给的过多"，"就是它的答案"（143 页）。这样，卜凯教授就将零细农场的问题和人口过剩的问题紧紧地联结起来，而且简捷地说明了它们中间的因果关系。他在讨论细小农场补救方法的时候，虽然也列举种种步骤，像垦荒、殖民、去除坟地使农民转业工业运输业、用更集约的耕种方法、增加劳力和资本（内有改良土壤、利用多量肥料、改良灌溉排水系统、防治病虫害、改良种子等等）以及创设合理的信用机关和改进运输组织等等（详见143—144页），而归根到底还是一个"人口节制"。他曾说过："解决这个问题（指细小农场问题）最好的治本办法，似乎在实行人口节制；而目前最好的治标办法，乃在用更集约的方法来种植那些在每个单位面积上能够生产更多食物的作物"（424页）。

卜凯教授在这里似乎也丝毫没有把握住细小农场经营的核心问题。大家知道小农经营也和别种人类的赘疣一样，是一种社会的历史的范畴。它的产生的前提，并不是"人口的过剩"，而是先资本主义关系的统治，换句话说，是近代经济方式的发展的薄弱，农业和农业以外各个生产部门内资本累积的狭隘。细小农场经营不仅如卜凯教授所指出的那样并不有利（Not profitable），而且它在本质上是排斥劳动生产的发展、资本的累积和合理农耕的采用。陪伴着这种细小经营的不是像一般人所想象的那么自足、稳定和"经济"（卜凯教授在别的地方又指明那里适应着全家劳动量的农场面积 Family-sized farm，是最经济的单位，页142），而是非人的愚昧和惨苦。重压在这种细小经营之上的负担，并不是什么万恶的过剩人口，倒是高昂的地价、过重的地租，以及那些和土地所有凝结着的商业资本、高利贷资本和一切苛杂的剥夺，我们在这里不必详细说明，所有这些统治的因子都以土地所有为枢纽；而其目的乃在直接地剥夺一般小农的细微农本（卜凯教授也曾以中国农民缺乏资本为虑，并且说中国农民根本需要之一，是在以合理的利息借钱；不过他于农本缺乏的原因是不大明了的。424页），间接地榨取农民的血肉，令其冻馁，而实行其人口的节制！此外，在中国再加上帝国主义者强烈的压榨，小农经营的面貌便更加憔悴得可怕了。

一般讲来，这种细小的农场经营在大工业的发展迫令农村手工业破灭的时候，在土地的生产力趋于竭度贫弱的时候，以及在资本主义的大农业产物带来了猛烈的竞争的时候，就会渐趋没落，而让位于技术较为高度的经营。不过在今日的中国，一般地因为小农经营所具有的本能的黏着性和世界资本主义经济的落后性，特殊地因为中国民族工业和资本主义的农业生产的无从发展，因此中国的细小农场经营更加易于沉淀，而且执拗地残留着。

我们只有这样在理解中国细小农场经营的一般性和特殊性的过程中，才能发现解决这个难题的根本途径。我们已经了解，这个问题的治本办法，决不是什么人口节制，而是与排除外资的统治和土地所有的支配分拆不开的。

第三，我们还来谈谈卜凯教授关于田租的建议。租佃问题虽是中国农业改造的核心问题之一，而卜凯教授正和别的外国来华的顾问一样，对于这个问题可说绝无了解。比方他曾根据了 17 县的调查，大胆地断定全国的"农田一般地由自耕农耕种，此外佃农所耕种的约占 1/5，半自耕农耕种的也占 1/5"（423 页）。他对于租佃形式和性质的认识是模糊的（如谷租和折租的混同 Cropper system 和 share rent 的不加审别，其他租佃形式和永佃制的抹煞等等，详见 147—149 页）。他以为佃农的农场能得到较大的利润，原因是"经营的较为优良"（156 页）。他又以为田租的额数"往往对于佃农或是地主不甚公允"（423 页）。所有这些已够显示本书作者对于中国租佃制度的了解是何等贫弱！

卜凯教授所提"公允地租"（fair rent）的办法，就建立在这些不正确的了解上面。所谓公允地租是按照这样的原则来分配田内的收入：地主应得的是所投资本的利息，佃户所得的是劳动和管理能力的报酬。他再详细地规定地主所收资本利息的利率，以及佃农所应得到的"劳动的价值"。末了，他一再声明，实际上田租的额数多半还要看土地的供求来决定（159—161页）。

在此，我们不得不郑重指明，卜凯教授提出这种办法，一面似乎在巧施其惯用的手腕，一面又表露其不可恕的滑稽。第一，谁都知道卜凯教授这种办法是根据于资本主义的田租法则（地价是资本化了的田租），而有意地忽视中国的地权还保持着"社会的特权"（卜凯教授也曾指出过）的性质。谁能相信，在半封建的土地关系没有崩坏的今日，田租的高度实际上会由一般的利润率或利息率来决定呢？其次，假如佃户所能得到的真是所谓"劳动的报酬"，那么在农业生产过程中真正能够产生新的价值的也只有人类的劳动，那么佃户所得到的应当是他全部的劳动生产物，换句话说，应当是农田产物的全部。那么田租又何在呢？自然，卜凯教授决不会作这样愚蠢的解释，而我们在这里也只想质朴地指出教授的用心罢了。

第二，卜凯教授这种手段再用最滑稽的形式表现出来。他说实际上就是这种公允地租的额数，多半还是要看土地的供求来决定。换句话说，农民的数目愈多，他们对于耕地的需要愈急，这样田租的额数也就应当愈高。这是一方面。另一方面，按照教授的人口理论，中国的人口正在急速增加，他们对于耕地的需要也在日益加强，而地主得到佃户也更加容易（见卜凯教授和乔启明先生合著：前引书，225页，第15项）。这样看来，卜凯教授的全部理论不是在证明中国的地租应当不断地增高吗？无怪他要说中国的地租对于地主往往也不公允了。可是，卜凯教授所提倡的"公允地租"又在何处呢！

以上我们已将卜凯教授最主要的意见和建议稍加检讨，其他较为琐碎的地方（如他以为中国灾荒的原因是平日水利不修、森林太少、缺乏信用组织、交通不便，乃至平时积蓄的贫乏，绝没有指明帝国主义者和半封建的剥夺是造成中国农业恐慌的基本原因。见 425 页），将略而不谈。

总结起来说，卜凯教授在这本"中国农场经济"中，因为所持的观点并不在中国农业经济彻底的改造，而在提供"西方人士"以"可靠的"材料，以为进行国际"和平合作"的基础（426 页），因此所得的结论往往和中国国民经济自身的要求大相凿枘。我们虽在可惜卜凯教授所用比较高的方法和技术，因为上述的关系，不能得到我们所盼望的结果；可是教授在这方面的努力对于落后的中国学术界已尽了推进的作用，却是无可置疑的。

[《中国农村》第一卷　第一期（创刊号）1934 年 10 月 10 日；

《中国农村》第一卷，第二期（续完）1934 年 11 月 11 日]

现阶段中国农村经济研究的任务

——兼论王宜昌韩德章两先生农村
经济研究的"转向"

一

我们开宗明义第一句应当是说，研究中国农业经济者的研究对象，是中国农村的生产关系，或是在农业生产、交换和分配过程之中人与人间的社会关系，而不是别的。

文化之与政治和经济一般地总是采取相应的步调。目下中国社会经济的各个方面，都有落后的因素"蠢蠢欲动"，以捞取它们理想之中的"复兴"。在中国农村经济的研究领域里面，最近也发现了这种"风烛残年"式的挣扎。这种挣扎虽然力量还不算很强，然而它所表示的倾向却够我们注意。因此我们在这里有正面提出我们的任务，和对于上述倾向加以批判的必要。

作者在本刊上期《评陈翰笙先生著现今中国的土地问题》文内，曾有这样一段话："现阶段的农村研究，其总的任务乃在对于中国的农村生产关系，在其发生、成长和没落上面去探讨，从而规定一种新的能使生产力更进一步发展的社会形态。"同时作者在同文指明：

这种研究有别于前阶段的农村经济研究者三：

第一，它的出发点是农村生产关系的彻底改造；而后者乃从旧秩序的持续和局部改良出发。

第二，现阶段研究的对象是农村社会的生产关系，而前阶段则着重于生产力的技术的分析（并非生产力发展的社会形态）。

第三，现阶段的研究方法，是从农村生产关系与生产力相互适应和矛盾的过程中，全面地把握其本质与归趋；而前此的研究则把事物的片段孤立起来，仅仅从事于静止的观察。（本刊上期，97—98页）。

所有这些，作者在此都愿继续肯定。同时，作者在本刊上期曾更进一步指出了前后两个研究阶段的代表作品。这里我想补充说的，便是前北平社会调查所韩德章先生的《河北省深泽县农场经济调查》，可以看做金陵大学卜凯教授所著的《中国农场经济》的"具体而微"的承续。

现在且让我们简要地分析我们目前的任务。

我们敢这样断言：假如我们研究的出发点是在旧秩序的持续和局部改良，那么我们一定会以片段的、静止的对于生产力的技术的考察，作为我们的主要任务。反之，假如我们的出发点是在求农业彻底的改造，那么我们一定会以对于农村生产关系在其发生、成长和没落的过程之中全面地把握其本质与归趋，作为我们的主要任务。

二者必居其一，而我们是站在后者的一面。

重复说一遍：我们研究的对象不是农业生产技术，而是农村生产关系。我们在农业经济研究领域中的任务，是在从农村生产关系演变的过程中，全面地阐明其本质与归趋，从而"规定一种新的能使生产力更进一步发展的社会形态"。

首先我们应当指明什么是中国农村生产关系改造中的核心问题。据我们的意见，土地问题是中国农村问题的核心。何以故？因为，1. 土地是农业生产最主要的生产手段，而根据我们的估计，中国全部的耕地，大约有70％集中在占农村人口10％的地主和富农手里；而占全部人口90％的中农、贫农和雇农，却只有30％的土地（见《中山文化教育馆季刊》第一卷第二期）。2. 中国目下农村资金的累积与剥夺，主要以"土地所有"这一种财产关系为根据；换句话说，农村资金运用的可能和方向，一般地还是附属于地权上面。同时，商业资本和高利贷资本的活动是目前农村资金累积的主要杠杆，而这些活动，一般地也以地权为基础。谁不承认地主和富农是目前中国农村商业高利贷资本的主要活动者呢？3. 农村劳动力的荒废起因于农民的失地，而完成于大土地所有者的不致力于大规模的经营（工业不发达的条件除外）；因此使这一种最主要的"生产力"——即劳动力走上颓废毁灭的途径。

很显然的，在上述意义之中的土地问题主要的是指土地的分配问题。关于这个问题，我们至少要阐明下列几点：

（一）中国现存各种土地所有的形态和性质

关于这方面的研究，不仅可以帮助我们了解中国地权分配的性质，而且可以指明中国的土地所有在怎样适应农村资本主义的成长与停滞，而采取其各别的形态。即这种研究可以帮助我们对于中国农业资本主义发展的了解，虽然它对于这种了解并不是最基本的条件。在这里我们不想详细地指出那些以土地所有的性质来决定中国农村社会性质的人们所犯的错误。我们只需知道，近代的土地所有不一定包孕着资本主义的农业生产，而封建和半封建的地权形态却能充当资本主义的奴才。这里我们可以看出，有些人以为中国大部分的土地既然可以自由买卖，那么中国农村自然已经资本主义化的主张，不是意存"曲解"，便是要想"贪懒"。

（二）中国现存地权的各个阶层之间的分配

这点就是土地分配问题的本身；而且也是我们研究和解决土地问题的基本着眼之点（自然，我们必须补充，假如我们只注意于这一点，那么非但完全不够，而且会发生错误的结论）。这里，我们应当首先研究各个农村阶层的涵义和如何划分的问题。几年以来国内学者在划分农村阶层的时候有分为自耕农、半自耕农和佃农的；有分为大农场、中农场、小农场的；有分为大农、中农、小农的；有分为地主、富农、中农、贫农和雇农的；最近还有人提出分为农村生产者与非生产者（农民与地主）和企业家与雇佣劳动者的办法（王宜昌先生，见本期附录），等等。至于我们，至今还是赞同将农村社会的组成分子，分为地主、富农、中农、贫农和雇农的办法。因为至今日为止，只有这种办法才能全面地显出社会全体的机构，只有这种办法才能把握今日农村中生产关系的核心（租佃关系和雇佣关系），同时将各种主导的和副次的因子，有机地联系起来；而且也只有这种办法才能正确地估定各个农村阶层的地位、性质以及他们对于农业彻底改造运动所保持的态度，及其所能尽的任务（关于这方面的讨论，请参看本刊第一、第三期读者问答，及本期附录《答复王宜昌先生》）。

我们对于农村阶层既然知道如何划分，接着便要观察土地在各个阶层中间的分配。这里，我们不仅要注意到土地的面积，而且要规定各种土地的质量。山地和川地，水田和旱地，土质既然不同，肥瘠也就大有差异。因此它们所能生长的作物也就不同，而且就是同一作物，产量也有很大的差异。这里我们须要对于中国耕地的土质，详作技术的检讨；然后（一）可以决定各种肥瘠不同的土地，到底怎样分配在各个阶层里面（例如陈翰笙先生在《广东农村生产关系与生产力》一书内指明地主所有的田地质量较优，而贫农所有的质量最劣）；（二）可以帮助说明中国水田区域（长江及珠江流域）和旱田区域（北方各省）土地所有的面积乃至农业经营的面积，因为土地生产力强弱的不同，因而有显著的差别（例如淮河以北每户农户所耕种的面积，一般地较大于长江及珠江流域）；因此我们在说明农业资本主义在中国各个区域发展程度的时候，不致会犯只把各区农田面积作机械比较的错误。

这里我们必须郑重地指明，我们对于各区土地的土质详作技术分析的要求，和把这种技术工作当做基本的、"自我满足的"任务的主张，丝毫没有相同之点。我们之要进行这种技术工作，为的是要更进一步阐明土地分配的社会意义；在农村经济的研究领域之中谁要把这种技术的分析作为最后的任务，谁就是阻碍了这种研究工作的发展。

（三）土地的分配固然是土地问题的基本着眼之点，可是决不是土地问题的全部

余霖先生曾在本刊上期指明，"研究土地问题，主要的任务是在阐明在土地所有形态之下所隐藏着的人与人之间的社会关系"（2页）。同时作者本人更具体地指出，"单是土地分配的研究决不足以说明农村生产关系之全部；我们一定要加上农业经营方式的研究，然后可以全面地确定中国农村生产关系的本质"。"因为土地的分配只能说明那种最重要的生产手段的所有关系；而农业经营的分析却能更进一步地阐明就在此种生产手段的分配状态之下，农业生产力在怎样地发展"（本刊上期，第100—101页）。

关于农业经营的研究我们一定要注意下述几个方面：

1.商品经济的发展和农村市场的机构这种研究的任务主要的在看：（1）商品经济的发展如何使自给自足的农民经济转变成为市场而生产的商品经济；这里手工业与农业的分离自然是应当注意之点。（2）观察中国农村市场的机构主要地受农业生产者统治呢，还是由那些完全和生产脱离的商人们所支配。这里，我们对于目前商业高利贷资本的活动自然要当做主要的课题。

2.农业经营面积的消长和农业成本的构成，作者在评《卜凯教授著中国农场经济》一文中指明"农场面积的大小是农业经营广度的指标，而农业成本的构成是农业经营深度的规准"。关于农场面积大小的研究，主要的要阐明目前中国各区农场的面积对于近代生产的发展是否有顽强阻碍的作用，同时最重要的，要指明目下农业经营的面积是否跟着农村中资本主义的发展，在作相应的消长。

至于农业成本的分析，第一要看农业成本集约的程度。"在一般场合，农业愈是发展，经营的方式愈是进步，那么每个农场所投下的农本也就愈多"（拙著《评卜凯教授所著中国农场经济》）。第二，我们要研究农业成本有机构成（即人类劳动与劳动以外的成本之间的比例）的变化。一般说来，农业经营愈是进步，劳动以外的成本，特别是改良农具，改良肥料，甚至机器等等所占的成分，必定相对地提高。

3.雇佣劳动是资本主义农业最主要的指标，因此我们要研究中国农场经济的方式和发展的阶段，必须注意中国农村中雇佣劳动的成分。一般说来，资本主义在农业部门愈是发展，那么雇佣劳动的成分也就愈大。我们在从事这种分析的时候，一面固然要观察农业经营本身之中，家工与雇工的对比，同时还需要观察那种雇农——农村无产者在整个农村中所占的成分。前者的目的在看资本主义经营发展的程度，后者除掉上述一点之外还能测量农村阶层分化的深度。

这里我们须要特别指明农业劳动的形态与性质的问题。一般研究者常把雇工分为长工和短工、男工、女工和童工，等等，以为已尽农业劳动之质的分析的任务（如陈正谟先生，见陈著《各省农工雇佣习惯的调查研究报告》，《中山文化教育馆季刊创刊号》冬季号）；更有人以为我们"应从农业生产劳动上来决定雇农的质与量"，而且"我们要研究雇农的质与量，应注意其在农业劳动上与家族劳动的对比，而不应注意其在农村人口数量上与全村人口的对比"（王宜昌先生，见本期附录）。我们以为，第一种办法根本没有顾到农村雇佣劳动的质量问题，而第二种办法也没有搔着问题的痒处。我们知道，规定农业劳动质量的要素，固然不是什么劳动者的性别、年龄和劳动时期的长短；同时也决不是"农业生产劳动"本身。它的决定要素乃在农业劳动者之有没有生产工具，乃至劳动者与雇主之间的关系。两个农业劳动者尽管同样是壮年的男子长工，他们所从事的"农业生产劳动"尽管相同，然而假使一个是自带农具同时由雇主用"农田使用"的形式来支付工资的"雇工"，而另外一个是全不带农具，由雇主按年给货币工资的雇工，那么他们之间显然有"质量上"的差别。我们在观察农业经营的发展，统计雇佣劳动成分的时候，假如忽视了这种质量上的差异，结果会得出万分错误的结论（例如广西思恩一带是全省最落后的区域，而"雇农"成分特多，假如我们不弄清楚那里的雇农是具有"家属奴隶"的特性，那么我们要说，那里资本主义的农业在广西全省要算最为发展的了）。因此，我们上节的话应当如此补充：我们观察农业经营的发展，不但要注意雇佣劳动的成分，而且要鉴别农业劳动的性质。不过此"质"并非那"质"，我们所指农业劳动的"质量"是由劳动者在生产过程中对于他人的社会关系来决定的，决不是由农业劳动的自然的和技术的因素来决定的。

我们对于中国一般商品经济的发展，农村市场的结构，农场面积的消长，农业成本的构成，以及农业雇佣劳动的质和量加以分析之后，对于以现有的土地分配为基础的中国整个农业经济的动向，一定会有个一般的了解。换句话说，我们对于中国的农业生产在向资本主义之途迈进呢，还是逗留于"饥饿"的零细经营上面的问题，必能有个一般的解答。然而，这样我们能说，我们研究土地问题的任务，已经完全尽却了吗？显然不能。何以故？因为我们对于使那种农业经营趋向发展或衰亡之途的内在的主导的原因，还没有加以研究。

（四）我们对于租佃关系的问题，是必须加以透彻的研究

一般说来，在地主所有的土地占到全国总面积极大成分（在中国竟达半数）的国家，租佃关系即地主与佃农之间的关系，应当看做农村生产关系的核心部分，特别是在农业资本主义还并没有十分发展的中国现阶段上。在这里我们所应注意的中心问题当然是全国千百万的佃户，怎样在各种交付的形式之中（钱租、谷租、力租），在长短不同的时期之内，以及在经济、社会乃至政治的势力之下，受极少数土地所有者的宰割。这样宰割的结果，在佃农方面是生活条件的更趋恶劣，农业资金的格外枯竭，或变为城市和乡村中间的无产者和苦力，或是滞留在半封建剥削的泥淖之中。在巨大的土地所有者呢，他们完成了或多或少的资本的累积，或则扩大其生产的规模，或则继续置田买产，苛收田租，同时经营着商业高利贷活动。农村资金的累积既是以"土地所

有"为主要的杠杆，而租佃关系乃是这种杠杆作用所赖以完成的框子；所以租佃关系的研究是土地问题的重要部分。

关于土地问题的研究除了上述四项之外，再应指明下述两点：

第一，中国的土地问题和民族问题可称息息相关。一般说来，中国现存的土地关系还是由列强的资本直接间接地维持着。我们舍广泛的间接的关系不说，单说列强如何直接地占夺中国的土地，那么日本人之在满蒙，法国人之在陕北绥远和云南等等都极明显。这些都能更加明显地表示，中国的民族解放问题和土地问题是有密切的关系。其次，中国少数民族如蒙、回、苗、瑶等民族的土地时常被汉族巧取豪夺，这种情形常是历次各民族"叛乱"的主要原因。因此，中国的土地问题除一般对于帝国主义的统治有关以外，还跟少数民族的解放问题息息相关。

第二，目前横行全国的农业恐慌，也应当作为我们研究的主要课题。中国农业恐慌的形成主要地因为中国的国民经济已被引入世界市场，而成列强资本的俎上之肉。因此我们所要注意的第一点，便是目前呻吟于经济恐慌之中的资本主义列强，如何在凭赖其雄厚的资本，以倾销过剩农产的形式，以侵夺中国输出原料的国外市场的形式，使中国的农业恐慌越发深刻，同时使中国的土地问题格外严重。第二，我们要注意到目下农业恐慌越趋尖锐期内新近加入的因素，那就是中国金融资本，以救济农村的名义，深入了农村。我们知道，中国的银行资本无非是外国金融资本的附庸（见吴承禧，《中国的银行》，1935年），它所尽的任务多半是买办的作用。这里我们所要特别注意的，这种附庸性质的中国银行资本，在怎样利用新的形式，驱逐农村之中旧有的高利贷商业资本，而直接地在农民的血汗上，建造其堂皇富丽的金字塔。中国的金融资本确乎逐渐在用了这种形式，增强其对农村直接的统治；而各地原有的豪绅地主也就在这种过程之中，跟"近代的"金融资本结合得更加密切，完成了两者之间的"农村合作"。同时旧有的土地关系也在这种过程之中，更加巩固，或者逐渐地隶属于金融资本的统治之下，在形式上走向和日本相仿的途径。

二

最近王宜昌先生在《天津益世报》的《农村周刊》上（48期，1935年1月26日）发表了一篇《农村经济统计应有的方向转换》，提出三点重要的意见：

（一）"中国农村研究的第一方向转换，便是在人和人的关系的注意之外，更要充分注意人和自然的关系"。

（二）"中国农村经济研究的第二方向转换，便是注意农业生产内部的分析，从技术上来决定生产经营规模的大小，从农业生产劳动上来决定雇农的质与量，从而决定区别出农村的阶级及其社会属性"。

（三）"中国农村经济研究的第三方向转换，是在注意农业经营收支的情形，资本运用的情形和其利润分剖的情形。这里，不仅要注意到农业主要业务；而又要注意到副业的作用"。

当我拜读王先生大作的时候，就向朋友说起，不管王先生本人的意向如何，他这篇文章很够做成一般落后分子重起挣扎的幌子，因为它能相当地用前进的言辞，来掩盖其后退的内容。后来，薛暮桥先生便把他个人对于王先生那篇文章的意见，逐条批判，寄给《天津益世报》发表。

王先生的大作发表之后，《益世报农村周刊》四十九期接着登载了韩德章先生一篇《研究农业经济所遇到的技术问题》。据周刊编者的声明，该文"是响应上期本刊王宜昌先生的《农村经济研究应有的方向转换》一文而作的"，而且"韩君的论点在好多方面都比王君更深一层去讨论了"。韩先生在那篇文章中间开首就说，"在本刊上期里，有《农村经济统计应有的方向转换》一文，深深的给传统的（？）中国农业经济研究一个棒喝。在那里原著者很明确地指出中国农村经济的研究应当从人和人的关系的注意转换到人和自然的关系"。于是他开始讨论他那"土壤、农作物、家畜、农具、肥料、度量衡"的全套。

这里的韩德章先生便是作者在上节推为前一阶段中国农村经济研究后起的代表的韩先生。韩先生看到了王宜昌先生的大著自然会恨相见过晚，拍掌大呼它能"深深的给传统的中国的农业经济研究一个棒喝"，而且更会将王先生所谓"在人和人的关系的注意之外，更要充分注意人和自然的关系"语，一口气改成"中国农村经济的研究，应当从人和人的关系的注意，转换到人和自然的关系"。我们不问王先生本人的意向如何，王先生的文章已经做了人家的幌子，已很显然的了。

所可惜的，韩先生的文章虽然在主观上是响应了王先生的大作，而且"在好多方面都比王君更深一层去讨论了"，然而王先生本人对于自己的大作却有其真能代表真面目的"续响"。那就是王宜昌先生在《中国经济》月刊（本年2月号）发表的那篇《从农业来看中国农村经济》。王先生在这里确能毫无保留，毫不晦涩地（王先生在《益世报》上所发表的那篇文章，有几处是令人看不懂的）把要说的话都说了。王先生全文分六节。他在第一节"技术"和第二节"农业经营"里面，用农业机械、改良肥料以及农业经营形态（据他分法有赋役制、雇役制、资本制）"推知中国有资本制农业经营存在的"。他在第三节"农业商业化"里，指明农产的商品化与专门化，以及"农民网入于市场"。第四节"农业副业"中间，说明家庭手工业与农业的分离，各种副业的独立化与专门化，并且指明这是"中国资本主义的创始"。第五节是"商业金融与农业"，王先生在这里指出农村中商业资本、高利贷资本、货币制度，以及苛捐杂税对于中国农民的影响，而使农业资本减少。王先生再在第六节"市场上的中国农业"里面，说明"中国农业依赖于世界市场，而世界市场上的农业又依赖于中国市场"。因此在市场上开始了资本制农业商品的竞争，而导来了中国农业的恐慌。我们在此，不能不说，无论王宜昌先生的论点与所得的结论对与不对，他对于中国农业经济处理的方法，是和韩德章先生迥不相同的。

王先生和韩先生的论点既迥然不相同，为什么韩先生又能这样和王先生"桴鼓相应"呢？原因很简单，那是因为王先生在方法论上犯有跟韩先生同样的错误。

王先生和韩先生方法论上的基本错误在哪里？

第一，两位先生对于中国农村经济的研究，都从人对自然的技术关系出发。韩先生的"中国农村经济的研究，应当从人和人的关系的注意，转换到人和自然的关系"，以及韩先生"平日想到的"土壤、作物、家畜、农具、肥料、度量衡等等问题，我们固然不必说它；就是王宜昌先生本人在本质上也正坚持着这种主张。他说"中国农村经济研究的第一个方向转换，便是在人和人的关系的注意之外，更要充分注意人和自然的关系"；他又说我们要"从技术上来决定生产经营规模的大小，从农业生产劳动上来决定雇农的质与量，从而决定区别出农村的阶级及其社会属性"；他又说"笔者曾企图从旧有中国农村经济统计中，就生产的范围来分析农业经营的大小，生产的规模，并由此以研究资本主义地租"，同时他在《中国经济》月刊发表的论文，第一先从技术出发讨论，而那篇文章的题目就名"从农业来看中国农村经济"。

在这里我们不得不及早指明：农业经济的研究决不是农业科学（如土壤学、肥料学、病虫害学等）的延长，而是理论经济学的分支。农业科学研究的对象固然是有关于农业生产的自然因素的配合与组成，而农业经济所要研究的却是在特定的社会发展阶段之上的农业的生产关系。不论王先生的本意如何，我们以为他所提出的办法，终究会将一切人与人间的社会关系还原到人对自然的技术关系，因此会将农村生产关系这一种历史的范畴，把它从具体的社会环境脱离出来，变成空洞而永久的范畴。这样，这种办法才会适合于一般"以旧秩序的持续和局部改良为出发点"的研究家们的口味，也只有这样，王先生自己在客观上才充当了近世已经没落了的正统派经济学的尾巴。

自然，我们在研究农村生产关系的时候，并不就会排斥对于"技术"的研究；相反的，我们对于技术也是十分重视。所不同的，我们对于农业技术的研究，第一，并不是将那种研究看做最后的目的，而是作为阐明社会关系的必要步骤；第二，我们所要研究的技术，乃是在某种社会经济关系之中活动着的人对自然抗争的形式，而不是孤立的关于自然因素的分析。

由于这种基本的差别，我们和王先生之间对于所谓生产关系与生产力相互关联的了解以及对于它们的处理方法，也就很不相同。据王先生的意见，"旧日中国农村经济研究中，只注意到生产关系的一面，而未注意到生产力的一面"。实际说来，中国前阶段的农村经济研究，其主要的工作却在生产力的技术的分析（并非生产力发展的社会形态），而现阶段的特点乃在廓清这种流弊，注重于农业生产关系的分析，同时对于在某种特定的生产关系之下的生产力发展形态的研究，也并不放弃。这种实例在陈翰笙先生的近著《广东农村生产关系与生产力》，以及拙著《评陈著现今中国的土地问题》文中已可看到。这里我们一定要指出，现阶段中对于生产力的研究，决不是对于几种构成生产力的自然因素，加以孤立的纯技术的分析；而是在与生产关系的关系之中来分析社会生产力的发展形态。

我们不能否认，目下对于农业生产力发展的形态，即农业经营形态的研究，还是完全不够；同时，我们又不能否认，对于生产力的研究只有在特定的生产关系的制约之下，才有阐明的希望；因为只有这样才能把握生产关系与生产力在矛盾之中的全貌。

第二，王、韩两位先生都有以私经济的研究为主要工作的倾向。王先生在指明所谓第三个方向转换的时候，以为我们要"注意农业经营收支的情形，资本运用的情形，和其利润分剖的情形"。同时说明"Chinese Farm Economy 的著者 Buck（卜凯教授）曾于我们所指出的方向转换，特别是第三方向转换之一部分加以注意"。我们在这里并不想指明王先生在研究态度上跟卜凯教授有什么血统关系；我们只想说明卜凯教授的研究，可以说完全从私经济的分析出发。卜凯教授所重视的是何种个别的经济形式最为有利（Most Profitable）的问题；换句话说，他所注意的是农业生产者在何种技术的条件底下，对于自然能作最有效的利用。因此，我们可以说，作为那些私经济的活动内容的基础的不是人与人之间的社会关系，而是人对自然的技术关系。因此，旧有农业经济研究的任务，就在详细分析农场收支以及资本运用的情形，求得何种农业企业最为有利。

我们在上节已经指出，韩德章先生的作品可说是卜凯教授典型的继续；而王宜昌先生过分重视农业经营的收支、资金的运用，以及农业生产劳动等等技术的分析，结果也会陷入私经济研究的泥淖。

自然，我们并不主张对于私经济的活动内容可以置诸不管。

我们对于这种个别的经济现象，是要把它们当做实际的具体的材料，从而在它们身上抽出一般的形态和性质。换句话说，我们不以这种个别经济内容的分析为满足，而要更进一步观察它们所代表的社会经济的意义。王宜昌先生鉴于目下关于农业经营的正确分析的完全不够，而要求特别用力，可说十分正确；可是他说卜凯教授已经满足了他所要求的一部分，那却错了。何以故？因为前一句话，是要求我们循着现阶段的既定方针继续发展，而后一句话非但要人家"转换方向"，而且要人家大开倒车；换言之，他要拉人倒退到中国农村研究的"卜凯阶段"。

王宜昌先生和韩德章先生的论点既有上述两种基本的缺陷，因此他们对于农业技术的观察，对于农村阶层的划分，对于资金运用以及收入分配的研究等等，都显得杂然并陈，茫无中心。这在王宜昌先生那篇《从农业来看中国农村经济》里面表现得最为明显。关于这些薛暮桥先生对于王宜昌先生大作的批评，已经说得相当详细，本篇也就不再论列。

总括说来，我们研究的对象是中国农村的生产关系。我们对于人与自然的技术关系，社会的生产力，以及私经济的活动的分析，固不应放弃；但是，所有这些在我们的研究领域之中都是处于从属的、辅助的、初级的地位；我们对于它们的分析，无非是要加深我们对于人与人间社会关系的了解。现对于农村生产关系的全部，特别是农业经营发展的形态，了解得十分有限，我们须要遵循现阶段原有的方针，继续努力。我们认为王宜昌先生的"方向转换"至少在方法论上是个很大的错误，而韩德章先生的开倒车运动，其意义且在方法论的错误之上。因此我们目前所要求的是继续地向前发展，而决不需要方向的转换，更不许大开倒车。

（《中国农村》第一卷第六期，1935年3月1日）

中国农村经济性质问题的讨论

（一个"老"的问题的诠释）

问：最近市面上又掀起了一个关于中国农村经济研究的论战。这个论战的中心问题似乎不很确定，你的意见怎样？

答：是的，这次论战开始的时候，论争的所在是农村经济研究的对象的问题。甲方的意见以为研究农村经济主要的对象是农村生产关系，而乙方的意见以为研究的对象应当是农村生产关系和生产力并重。在论争的过程之中，甲方固然已经表示农业生产力当然不是绝对不要研究，不过他们所研究的却是在某种生产关系制约之下的生产力；同时乙方所指的生产力往往是意义最广泛的生产力（有时连甲方认为是生产关系的，也给乙方包括在生产力里面）；所以一到论战的第二个阶段，论争的中心很显著地从生产关系与生产力的问题转到中国农村社会的性质问题。这里，我们不能说关于农村经济研究对象的问题，已给论争本身解决；事实恰恰相反，甲乙两方关于研究对象的差异，却已归结到他们对于中国农村经济性质的不同了解之上。

问：照你说来，目前甲乙两方争论的焦点就在中国农村经济性质的问题上面。那么，他们具体的主张到底怎样呢？

答：这个问题本来也只算"旧事重提"，几年以前的中国社会史论战，早就碰到了这个问题，而且这个问题至少也曾是当时论战的中心论点之一。1933 年，《新中华》半月刊又发起了这个问题的讨论。如今这个问题却又在以新的力量显现在我们眼前了。甲方的意见以为中国的农村还逗留在半封建的阶段，因此今日中国农村最重要的问题还是一个铲除封建秩序的土地问题。乙方的意见以为资本主义的生产方式在中国农村中间已经占到优势，因此今日中国的农村问题已经是一个资本问题。这便是双方主张的主要之点。

问：我明白了，甲乙两方意见的差异主要的是在他们对于中国农村社会发展阶段的认识的不同：甲方以为中国的农村社会还处在半封建的阶段，而乙方以为它已经发展到资本主义的阶段。但是，什么叫做半封建的阶段？

答：你第一段的归纳可说完全正确，因为他们对于农村社会发展的阶段有不同的认识，因此他们对于农村社会的性质也有不同的了解。至于半封建的意义，一定是指那种封建经济已在崩坏，资本主义经济已有相当发展，可是它还没有占到优势的过渡阶段说的。

问：甲方的意见认为中国农村有封建的和资本主义的经济成分同时存在；乙方以为资本主义生产方式已占优势，当然同时也承认中国农村中有封建残余存在。那么，问题的关键似乎在"资本主义在中国农村中是不是占到优势"的问题了。你看对不对？

答：是的！上述复杂的问题固然可以归结到这样一个单纯的问题；然而这个问题的本身却并不"单纯"，因为单就研究范围而论，它正包含着认识论和方法论上的大问题呢。

问：是的，我也觉得这个问题非常复杂，甚至觉得非常模糊。你说，"资本主义在农村中占到优势"这一句话，到底是什么意义？

　　答：你这个问题确乎异常重要，许多"有谓""无谓"的纠纷，就因为对于这个问题没有共同的了解，所以闹得不可开交。当然，我不是说一切论争都是起因于此；反之，我们要考虑到：一般研究这个问题的人，因为他们在主观上有种种不同的要求，所以他们对于这个问题的解释和看法，就可以截然不同。

　　问：你说，目前对于这个问题有哪几种不同的解释呢？

　　答：第一种相当流行的见解以为：商品经济的占到优势，就表示资本主义的占到优势。坚持这种主张的人以为中国的农民生活大部分已经依赖于市场，商品经济已经统治农村，所以资本主义经济在中国农村已经占到优势。

　　问：这个看来好像很有道理，资本主义的发展确乎会扩大商品的交换；商品交换既很普遍，似乎可以说表示资本主义的发展呀。

　　答：你的话一部分是对的，可是主要的却是错的。你对的部分是：资本主义的发展会扩大商品的交换。坚持上述主张的人的主要错误就在于认为商品经济就是资本主义经济。谁都知道，商品经济发展的第一个阶段是单纯商品经济；直到劳动力也变成商品的时候，商品经济才完成其更发展更成熟的形态，即资本主义的商品经济。这样说来，看见商品经济就以为看见资本主义经济，那就像看见动物就以为看见了人一样的糊涂。我们没有否认，在自有生产手段的小商品生产者统治的——即单纯商品经济时代，已经孕育着一切走向资本主义经济的可能；可是这种可能的实现却要由某个社会的历史的条件及其周围的环境来决定。大家晓得，古罗马曾经有过高度发展的商品经济，可是那时所有的不是资本主义经济，而是奴隶经济。在18世纪的俄罗斯，商品经济已经相当地发展，可是那时所有的也不是资本主义，而是"古典的"农奴经济。这样看来，资本主义经济是商品经济最完全的表现，这是完全正确的；可是单是商品经济的存在，却不够决定资本主义之已经发展。

问：我明白了，中国农村虽然自给自足的经济已给外力摧毁，商品交换的关系已经相当发展，可是这种商品经济还滞留在单纯商品经济的阶段；并没有更进一步发展到资本主义的商品经济。可是，这是单就正常的情形来说的。我觉得中国的情形有些特殊。比方说吧，中国的商品经济主要地是由外货的销售来促成的。商品交换关系的扩大，就表示着列强在华经济势力的扩大，你能否认中国的农村并没有受列强资本的控制么？假如你承认这点，那么主要由列强来促成的中国商品经济的发展，还不是表示资本主义在中国的发展么？

答：你这段话恰巧牵连到目前流行的关于资本主义占优势的第二种见解，所以你提出的问题可以在讨论这种见解的时候，顺便地解决。

问：第二种意见怎么说法？

答：主张这种见解的人说：目前的世界是资本主义的世界，中国只是这种资本主义世界之中的一环，而且是受人支配的一环，那么中国的农村经济还能不是资本主义的么？这就是他们主要的命题。

问：我觉得这话说得很对。中国既是资本主义世界中的一员，它能逃出资本主义的范围么？

答：尽管你这样说，然而事实还会告诉你：这是一种机械的见解，因此也是一种错误的见解！我们分开两部分来讲。第一，今日的世界，除掉苏联以外，谁都不能否认是一个资本主义的世界，在这里资本主义的秩序是占着绝对统治的地位。各个资本主义列强都把落后的国家和半殖民地殖民地国家，紧紧地抓在手里，用了各种各样的方式，来巩固并且扩张其资本主义的体系。

全世界 5/6 的领土都在少数金融资本家的掌握之中。中国当然不是一个例外，相反的，中国恰是各个列强都想加紧宰割的肥肉。

问：我们绝对不能否认这件事实，中国已经完全受资本主义列强的支配了。

答：是的，我们绝对不能否认这件事实。然而不否认这件事实，跟只承认这件事实是相去几万里的。只有形式逻辑，只有机械论者，才教我们"即此留步"。真正想理解问题解决问题的人，一定会更进一步去探索的。所以，第二我们要讲一般中的特殊。中国是隶属于资本主义世界的一般，这是无疑的，然而中国正跟其他各个资本主义世界的组成国家一样，是有它的特殊性的。资本主义发展的不平衡性，帝国主义时代的腐化性，特别是资本主义总危机时代宗主国与殖民地之间日益深刻的矛盾，决定了中国（跟多数殖民地和半殖民地一样）经济发展的落后性。所以，尽管中国晚近整个的经济行程，替世界资本主义体系的扩大再生产，尽了"施肥"的作用；尽管中国的国民经济已经是世界资本主义中不可缺的一环，中国国民的经济生活跟世界经济已经息息相关；然而事实的另一方面却还"客观地"存在着，即：资本主义生产方式在中国的发展还是极不充分；中国大部分的人民正在受着资本主义已经发展，同时资本主义又不充分发展的苦痛。更简单地说，中国是不是已受世界金融资本的支配是一个问题，而中国的生产方式是不是已经资本主义化了，那是另外一个问题。这两个问题实在是事实的两面；只抓住两面中之一面，或把两面混淆起来，非但无裨于问题之解决，间接地会使问题更加严重起来。

问：你说"中国已受世界金融资本的支配"，可是这并不就是"资本主义生产方式已在中国占到优势"。这种分别我还不十分清楚，请你更详细地说一说吧。

答：资本之征服某一国家的国民经济，本来有两条不同的途径。一条是自由的通畅的康庄大道，一条是迂回的惨痛的羊肠小径。前者是创造出多数自由的工资劳动者和少数拥有生产手段的资本家的资本主义生产方式；而在后者则资本利用古旧的（即商业资本的、高利贷资本的，甚至封建地租的）剥削形式，直接地支配其整个的经济生活。英国的资本在殖民地的美国建立起跟母体完全一样的资本主义的秩序，这是前者的例子；与此相类的有加拿大、澳洲等处的开发，在那里，封建的残余已给资本的铁拳打得粉碎；在那里，广大的群众主要地只在资本的鞭策之下生活。至于走第二条路的，我们可以英国资本对于印度的统治为例，在那里英国的独占资本虽已掌握了整个的经济命脉，而且资本主义生产方式本身虽然也有相当的发展，可是所有这些并没有妨碍英国采用纳贡等等办法，维持当地封建的跟半封建的秩序，而令印度的大众喘息在高额地租跟"高利贷主"的践踏之下。在那里，资本之于国民经济的支配，无疑地已经确立的了；可是当地的生产方式却还没充分地资本主义化；因此那里的大众一方面既受资本主义发展的痛苦，同时又受资本主义不充分发展的痛苦。与印度相类的，有不少殖民地和半殖民地，像朝鲜、台湾、波斯、阿富汗和西阿非利加（在那里英国资本的统治是利用"间接统治""Indirect rule"的方法，由当地的氏族领袖、封建地主——在北日及利亚称为 Emir——来实现的）等等；中国也就是其中的一个。

问：资本的支配与生产的资本主义化，这两者的区别，我已经明了了。在你刚才所说的两条路径之中，在任何场合资本取得支配的地位是共同的现象。我们站在大众生活改善的立场来说，我们在无论何种场合都要排斥资本的统治；换句话说，只要是反对世界资本主义，我们对于上述两种场合，又何必加以区别呢？

　　答：这正是问题的重心所在。我们正是为谋问题之可能解决，才认为这两种场合，有分开的必要。那些赞成国际资本支配中国，就是资本主义方式已在中国占优势的人们，根本上没有注意到问题解决的可能；换句话说，他们除刚才所说的，只注意到"一般"而没有注意到"一般中之特殊"以外，他们又只注意到"客观"的和"外在"的力量，而不注意到"主观"的和"内在"的矛盾。这在哲学上便是机械论的特色，这种特色除掉阻滞社会的发展之外，是毫无足称的。

　　问：我要求你说得更具体些。

　　答：关于这，详细的情形且待下面再讲，我们在这里，只能简单地提一提。中国国民经济作为世界资本主义附属的一环，这件事实要求着中国民族的进行脱离帝国主义羁绊的斗争，以求自身自由独立的发展。可是假使我们的观察只止于此，而不去研究中国的国民经济本身是否已经资本主义化的问题，那么，我们对于中国经济结构的性质，对于中国国内各种阶级力量的对比和相互的关联，以及对于国内统治势力和外国资本之间的关系等等，都是无从识别；结果，对于国际资本怎样支配中国的问题，就无从了解；因此对于如何具体地执行脱离帝国主义羁绊的任务的问题也就无从解决。我们知道，帝国主义之统治中国虽然是"外铄"的力量，可是列强资本为要实施其支配起见，一定要利用中国社会内在的矛盾。金融资本所要征服的对象决不是中国的地主和资本家官僚买办资产阶级，因为后者本身所能给它的只有媚笑，没有别的；所以它的对象只是中国工人和农民的血汗。帝国主义要完成这种任务，必须利用中国的上层分子，令其恪尽买办的任务，然后大众的血肉才能变成银块和金条，落到他们手里。在这里，我们自然要提出这样的问题：国际金融资本到底和国内哪些阶层勾结着呢？或是，它要造成或维持着哪些阶层的优势，才能满足它自己的欲望呢？这个问题的解答便要求着对于中国国民经济的构成（因而也是国内阶级的构成）问题的研究。这里，我们单就农村关系说罢。在这方面，我们一定要找出帝国主义之侵入中国农村到底是以什么为附着点。在这方面我们一定要研究外资支配农村的结果，农村生产方式的本身有没有起了变化，这种变化发生到怎样的程度；这样，我们才有办法决定中国农村中间，到底哪种性质的阶层是给帝国主义者直接间接地维持了，同时也就直接间接地加强了帝国主义的统治；而哪些阶层才是这种狼狈式的统治之牺牲品，同时也就是要求摧毁这种统治的主力军。找出国内基本的矛盾，以及这种矛盾与国际资本主义统治之间的关系，才是我们主要的任务；只了解世界资本主义对于中国一般的支配，而不更进一步地研究这种支配究竟如何完成，究竟发生何种结果，那一定找不出否定这种支配的真正的动力。事物的运动是事物内部矛盾之展开。只知道外在的客观的关系，而忽视了内在的主观的矛盾，结果就会得出这样的结论（事实上也真有一部分人这样说着）：中国的问题只能等待着世界先进资本主义国家的问题已告解决之后，才能解决。那也无怪他们朝等着德国问题的解答，暮等着法国情势之展开了。

问：刚才你说过了两种见解：一种以为商品经济的优势就是资本主义占优势；另外一种以为，中国身受国际资本的支配，那就是资本主义生产方式之在中国已经占了优势。这两种见解的错误，我都了解了。那么，"资本主义在中国农村中否已占到优势的问题"究竟应当作何解释呢？

答：我个人以为，这个问题的提出应当以中国农村生产方式的本身为关键。资本主义在中国农村中已否占到优势的问题在这里应当看做：在中国农村之中资本主义的农业生产方式是否已占优势的问题。资本主义之征服农村固然可以有不同的途径，而资本主义的农业生产方式却只有一种基本的形态，即一面是农业企业家，而另一面是工资劳动者的近代农业生产。所以我们说资本主义的生产已占优势，就是说这种近代的农业生产在中国农业生产中已经占到优势。

问：那么，什么叫做占优势呢？

答：我们所谓"资本主义生产占优势"首先是指资本主义的经营（不论是地主的或是农民的），它们所有的生产手段和所生产的生产物，在农业生产手段和生产物总量中已经占到多数的意思。这是仅就数量而言。同时，我们还要观察，这种资本主义的生产方式本身，在农业生产的整个进程中间是不是扩大地被再生产起来。我们对于这个问题的研究，就是这样着手。

（《中国农村》第一卷，第九期，1935年6月1日）

二、对抗战时期中国经济政治问题的研究

中国国防经济建设

插话当引言

当我去年 9 月 4 日下午在比京布鲁塞尔参加世界和平大会的经济委员会，做了下面的报告之后，我曾经碰到一个难于解答的疑问。我当时曾经这样说：

一切侵略战争的制造者，他们主要的目的就是要霸占人家的原料，侵夺人家的市场，攫夺人家一切的资源。是的，我们今天在这里研究造成战争的经济原因，这可以说是走了研究战争祸根的捷径。

我应当在这里唤起各位的注意，东方的侵略者是我们 4700 多优秀的代表所代表的全世界和平势力的最丑恶的敌人。我们今天在具有光荣抗战历史的比利时开会，然而我没有权利来隐蔽一件最无耻的事实：东方的侵略者已经掠夺了我们 800 多万方里的土地，你们知道那有多么大，——它有 80 个比利时那么大！它有 4 个法国，5 个德国，10 个英伦那么大！（各代表愕然）就经济资源讲，我们邻国的军阀和财阀们已经攫夺了我们 70％的大豆生产，80％以上的铁矿储藏，40％以上的煤矿生产，以及 70％以上的煤油生产。而在最近两年以内，他们还想占夺我们中国的北部，在华北 5 省，铁矿的藏量约占全国总藏量的 50％以上，煤矿的藏量约占全国 53％，棉花的产量约占全国 50％以上，羊毛约占全国 1/4，豆类约占全国 20％。他们在我们的交通系统上，已经完全握有满洲和华北的铁路和航空的支配权，在那里的航运轮船，也都已挂了太阳旗。他们把我们面粉和棉纺织品的市场完全霸占住了。

"……刚才我曾经说过，研究侵略战争的经济原因，我们确乎走了探讨战争祸根的捷径。不过我们应当认清，要解决战争问题，要消弭战争，却不是单从经济上想办法可以完成的，我们一定要用政治的途径；而在我们中国这样的被侵略国讲来，我们还得用自卫的战争来制止侵略的战争。就经济而言，我们如果对世界和平真要有所贡献的话，我们一定要实行国防的经济建设，那就是说，一定要进行那种适应于对我们的侵略者抵抗的经济建设。"

5 点 45 分，当天的委员会散会了，有一位捷克斯拉夫的代表找我谈话，他说："你刚才说你们中国要以自卫的战争来消灭侵略的战争，这一点我很同意。不过，你一定知道，现代的战争是整个国民经济的战争。你方才告诉我们，你们大部分的资源已经在日本手里，交通事业有一部分也被日本控制了，那么将来你们要和侵略者作战的时候，你们不要说在军事上，就是在经济上也是处于劣势的地位。你们将用什么办法来补救呢？"

恰巧谈到这里，有一位阿比西尼亚的代表走来，他听了那位捷克代表的话，也提出了这样的问题："是的，我觉得这问题太重要了。我们阿比西尼亚在军事上暂时挫败以后，墨索里尼最近拼命在开发我们的经济，他要霸占我们一切的资源和市场，这样使我们正在进行的武装抵抗，真受到很大的阻碍呢！"

我当时怎样回答呢？我说："不错，侵略者把我们的资源一步步占夺，的确会使我们抗战的实力一步步削弱。然而我们这些被侵略者能怎么办呢？我们只有尽可能地运用留在我们手里的一些资源，拌上我们的热血，和侵略者拼命。我们希望在我们的拼命的过程之中，能够逐渐收复我们的领土和资源，这样我们抗战的实力又会逐渐充实起来；要不然，我们就没有路可走。同时，我们还必须注意到，我们在向侵略者抵抗的时候，对于留在我们手里的资源和一般的经济生活，都要沉重地加以开发和整理。当贵国国民英勇抗战的时候，"我回转头来对那位阿比西尼亚的朋友说，"不消说是赢得全世界，特别是我们中国人民的热烈同情和赞誉的。我们也不消隐蔽事实，贵国的军事抵抗已经暂时地受到顿挫了，这当然是墨索里尼毒气战略的结果，可是另外有个原因，我们似乎也应当指出，那就是贵国政府在人民抵抗的时候，对于经济生活的改善恐怕也注意得不够，结果人民在抗战的时候热烈和忠诚的程度也就差得多呢。"

一　今日中国国民经济建设的基本任务

（一）在抗战的前提底下，完成适应国防需要的经济建设

先建设？还是先抗战？

当然，我当时那种说法并没有把问题解说得清楚，而且在我们国内，同样的问题还是以不同的形式存在着。

——我们应该是在国民经济建设中间争取民族的解放呢？还是在争取民族解放之后，才能谈得到经济建设？

在眼前国内提倡国民经济建设运动的人们，似乎多数是主张由国民经济建设中间去求得民族的解放的，而所有主张"以建设求统一"的人们，至少在口头上也是以国民经济的建设做救亡图

存的先决条件。现在让我们来看看这种主张对不对，实行这种主张的成绩好不好？

只要是一个中国人，不管他住在通都大邑也好，住在穷乡僻壤也好，他应当感觉到他真正的主人固然不是他自己，但是也不是在南京，倒是在伦敦、纽约和东京。近来东京的主人越来越凶，他要把全中国的人民干脆变成他老人家一个人的奴才。

在这种情形之下，有人提倡要在维持现状的条件之下，进行国民经济的建设，美其名曰充实国力，准备御侮，那结果一定是肥了人家，瘦了自己；国力不但不能充实，反而会进一步受着敌人的破坏；外侮非但不能排除，国难反而越弄越深。在理论上讲，这样的经济建设，是用了半殖民地大众的血汗，替帝国主义主人谋利的建设，是替帝国主义扩充资本和商品市场，增厚超过利润的经济建设，同时又是在近代化的外衣底下，毁灭民族经济的经济建设。

在事实上呢，虽然有些先生们能够大胆地承认近年来国内的经济建设已经有显著的进步，尤其是在国联的讲台上，在伦敦金融家和一般外国专家的嘴里，中国经济的进展似乎已经博得额外的赞赏。是的，中国近几年来公路和铁路已经增筑得很多了，金融和币制已经有很大的改进了，然而这种没有国防的建设，对于人民大众究竟有没有好处，固然不必多说，它们对于国家民族的安全是不是有所裨益，也是不能令人无疑的。在相反方面，我们的民族敌人却用中日经济的提携来迎合我们的经济建设，于是他们越提携，我们越建设，结果我们华北的资源和铁道都被他们"提携"过去，全国的纺织业和火柴业也都被日本"建设"了去。

根据上面的话，我们可以肯定地说，在军事和政治上维持现状的经济建设，是替人家培养国力的建设，这种建设只能使得我们自己民穷财尽，当然说不上什么国力的充实，更说不上什么争取民族的独立。这样我们对于上面提出的问题得出第一个结论，那就是说：我们决不能从单纯的国民经济建设来求得民族的解放，恰恰相反，在一个主权日损，国土日蹙的半殖民地国家，所有维持现状的经济建设只是替帝国主义谋利，便利敌人的侵略。

——那么是不是中国的国民经济一定要等到民族完全解放以后，才能从事建设呢？

对于这个问题，我们的答案应当有两个：第一个答案是"是的。"我们认为中国未来的真正的国民经济建设，应当是建筑在合理的社会法则上面的建设，一个合理的社会机构，必然要排斥一切帝国主义的统治，只有在这样的社会机构里面，我们才能从事于有计划的经济建设，求得大家生活真正的改善。

然而单是这样的答案是不是已经够了呢？不，我们还应当有第二个答案，一个否定的答案。不错，在民族没有完全独立之前，事实不容许我们作有计划的国民经济建设，然而，惟其因为我们的民族还没有独立，惟其我们要用自卫的军事行动来争取我们民族的独立，我们就必需从事于部分的经济建设来巩固我们的国防，加强我们的抗战力量。不消说，这里的经济建设决计不是为建设而建设，也不是从单纯的经济建设，求取民族的解放，而是把国民经济建设的工作从属于国防的需要，把经济建设的任务从属于国防建设的任务。

有人要用"现代战争不是武器的战争，而是国民经济战争"的名言，来辩护他们先建设而后抗敌的主张。这不过是用"经济上的安内攘外论"来糟蹋和污浊上述的名言而已，对于他们自己的论据，可以说是毫无所补的。因为我们知道，在一天天殖民地化的中国，如果在不攘外的条件之下进行经济建设，那么这种建设不仅不能有助于我们自卫的战争，反而有利于敌人对我侵略的战争。同时我们必须指出，所谓现代的战争是一种国民经济的战争的话，在我们这样的国家，也只有以国防为前提的经济建设，以经济建设来加强国防的力量的情形之下，才算得到适当的运用；否则便只是次于"唯武器论"的"唯经济论"，这种理论的破产是必然的，而且过去的事实已经指明这种理论早已破产了。

在另一方面，我们也不得不郑重指出，在我们国内，至今还存在着另外一种不正确的论调。有一部分朋友因为要排击"长期准备"的理论，有意无意之间就以为我们的对敌抗战，真正可以不必准备。是的，一切不抵抗的准备只是为敌人的侵略准备，并不是为我们的自卫准备，关于这，过去东北和华北的悲痛的教训，已经再不容许我们有所怀疑。然而是不是说，我们的抗战是完全不需要准备的呢？

我们坚决地回答：我们是绝对需要准备的。谁要以为我们的抗战只是热情的儿戏，而不是血与肉的力量的对比，那便是犯了天大的错误。我们决不能容许这种错误继续存在，尤其当我们看到了阿比西尼亚军事抗战的暂时挫败，和西班牙人民的艰苦奋斗之后，我们更不能容许这种错误存在。我们知道，阿比西尼亚暂时的军事失败，在它主观上固然是因为犯了战略上的错误，弄到一切可能的巨大的胜利都不能成为真正的胜利，而一大部分可能避免的失败，终于变成无法避免的失败。然而在另一方面，阿比西尼亚因为它原有落后的社会结构关系，因为国内统治者在事前并不能顾念大众生活的改善和整个民族的安全关系，他们对于巩固国防和动员抗战的努力是完全不够的。换句话说，他们并没有把一切可能的准备都准备好，结果就不能把一切胜利的可能都把握住，而失败倒成了必然。

在西班牙的这次内战中间，政府军和人民义勇军在初期的确惨败过几次，这种惨败主要的原因一方面是双方武器的优劣和多寡，简直相差得太远；另一方面，保卫民主政府的人民义勇军，他们平素的军事训练和纪律，的确也是太不成了，因此在战争中间曾经吃过几次很大的亏。这一点告诉我们些什么呢？它告诉我们，当我们在向敌人作全国规模的抗战之前，我们必得尽可能地做种种军事上和其他方面的准备。这是消极的一面。在积极方面，西班牙的合法政府，他们为要保卫光荣的民主共和，为要使全国人民不做法西斯侵略者的奴才，他们在经济政策上尽量地给予人民以各种各样的优惠，以鼓励人民的勇气，使他们知道他们的奋勇作战，为的是保护他们自身的利益，而不是替人家去当炮灰。所以，如果我们说：在今天，西班牙人民之所以还能坚守着京城玛德里，使德意侵略者不能为所欲为，这主要是由于政府实行最适当的经济政策的话，那么我们也不妨说，明天我们中华民族一致对敌作战的胜利，也一定要由正确的经济政策来做坚实的保证的。

完成国防的经济任务

所以，我们今天单有救亡的热情是不够的，我们要预先估量到中国的对敌抗战将是一个长期的苦斗，在这时期，我们必须有坚实的相当有计划的建设。在今天我们不谈抗敌救亡的国防则已，如果要谈国防，那么我们就千万不能忽略了经济的国防，因为这是国防工作中非常重要的一环。同样的，我们今天不谈国民经济建设则已，如果要谈经济建设，那么我们就绝对不能忽视国防的经济建设，因为这是今天经济建设顶顶重要的任务。

所以我们认为今天中国国民经济建设的基本任务，第一就是在抗敌的前提底下，完成适应国防需要的经济建设；换句话说，就是要完成国防的经济任务。我们在重工业的建设中主要的就是要开发各种军事的资源，和部分地创造军火的生产；在轻工业的生产中，就要完成战前和战时前线和后方人民生活资料的自给；在交通运输的建设中就要积极提高我们的运输效率，而在消极方面，就要排除敌人及其帮手的阻碍；在金融财政的建设中就要觅取货币流通更坚实的保证，和获得战时财政可靠的来源；在农业的建设中，就要保证粮食和原料的充分供给。脱离了这些而谈软性的国民经济建设，那一定是敌人经济的滋长，我国国民经济的崩溃和破灭。

（二）巩固和扩大独立的民族经济

外资压迫民族经济

现在我们要说今天中国国民经济建设的第二个基本任务。

上面我们已经讲过，今天中国的主人不是我们中国人自己，而是住在伦敦、纽约和东京的财主们。这些远在千里万里以外的财主，他们的一言一动，才能牵动我们的全身。也许说来不信，我们可以举个实例来证明。当前年伦敦的银行家愿意用改革中国币制来加强其对我金融财政上的统制的时候，我们各人袋里雪白的银元便着了慌，上海的市民就都不得不到银行里去换法币，苏州一带的渔民不得不用银元按照较低的价格向天主教神父去换法币，而四川的农民也不得不向小军阀们领换法币，使这些军阀大发其财。请你告诉我吧，全中国 4.5 亿人民中间，有哪一个逃得了那些伦敦绅士的作弄？

这还不算，今天日本的财主和军阀们却要教我们全中国人民都要直接受他们的指挥。他们要强夺我们的土地，使我们种田人没有田可种；他们要挤倒我们的工厂，使我们做工的人没有工可做；他们要占夺我们一切的资源和交通运输机关，使我们要失掉一切而替他们做牛马，当奴隶。这样，他们才算心满意足。而我们呢，到那时我们已经没有民族经济，只有帝国主义侵略者的经济了。

你如果以为今天我们还没有沦落到这般可悲的田地的话，那么请你记住下面的事实吧：

在今天，我们的金融财政，在华北的部分已经完全由日本方面控制，而在别的部分，就由英美的资本统治着。我们的重工业——主要是矿业，那差不多完全在日本人手里；我们的轻工业——尤其是棉纺织业、缫丝业、火柴业等，不是被日本资本吞噬，便是受日本生产的严重威胁。我们的交通和运输机关，在华北部分已经完全落在日人掌握之中，在华中和华南也差不多都在英德美几国手里。而我们古老的农业呢，也决不能过他"不知秦汉，无论魏晋"的淡漠生活，日本也已经用了"农业中国，工业日本"的政策，使它变成日本工厂的原料生产部门了。记得从前拿破仑一世的军队里面曾经通行着一条规律说，"你用被占领了的敌国的费用去生活吧，"这句话从今天战争技术的水准讲来，虽然已经是一句历史上的陈话，可是日本军阀们却偏偏要使他们的兵士们用中国的资源来养活他们，同时进一步来侵略我们。

在这些悲惨的事实之前，也竟有些聪明人在做这样冷酷的打趣：他们以为中国经济的确比以前进步多了，封建的死水已经被资本主义的暖流，冲洗得精光，我们只要问我们是不是过的近代的经济生活，我们又何必管它是外国的资本主义，还是本国的资本主义呢？

表面上看来，国内愿意弄这样无情的打趣的人并不多，不过打开天窗说亮话，这类聪明人才不算少呢。有人常常以为帝国主义可以促进民族经济的发展，甚至可以改善殖民地人民的生活，这些人的聪明程度不消说是够得上面所说的标准的。此外，国内一大批抹煞了中国半殖民地的条件，开口闭口经济建设的人们，在他们的心头难道还有所谓帝国主义经济压倒民族经济，帝国主义主人压倒殖民地奴才的"野蛮行为?!"

然而这种野蛮的行为毕竟是历史的事实，而且这种事实在这半世纪来，不仅有千千万万人身受过，而且有千千万万人曾经用血来洗刷过。

这个历史的事实在我们中国，无论是在正的方面，或是反的方面，都是逼迫我四万万人民必须另找途径的最有力的杠杆。帝国主义经济在中国的统治，在帝国主义方面确乎延长了它自身的生命，而对于我们中国，却像一条毒蛇围住了脖颈一样，使我们无从呼吸。具体说来，可以指出下面三点：

第一，帝国主义对于中国国民经济的统治，主要的是斩断了我们民族经济的发展，它攫夺了我们的资源，侵占了我们的市场，最后还统制了我们的人力，这样使我们完全没有可能发展我们独立自主的经济，而使我们的经济生活完完全全变成附属于国外金融寡头的奴隶生活。

第二，帝国主义斩断民族经济发展的生机，这并不是一种名义上的损失。我们知道，民族经济如果能够独立地发展，那么一切财富和利润，都不会流到别人的荷包里去。现在呢，中国人民所流的血汗却都转入伦敦、纽约和东京资本家的收入账上去了。

第三，帝国主义控制了我们的经济，同时也就控制了我们的政治。我们的南京和上海，往往会变成白宫，唐宁街尤其是霞关的支店。在这里我们特别应当指出的是，帝国主义因为对于我们的财政、交通和其他经济部门的控制，他们就直接间接控制了我们的国防，使我们在物质上完全解除了对外御侮的武装。比方说吧，煤铁石油都是重要的国防资源，而我们多数的矿藏却已经落在日本的手里；铁道是军事运输的利器，然而我们的铁道，东北固然不必说它，就是华北的铁道也已经受日人的控制，而华中和华南的也都在英国和德国资本手里。这样，对于我们的抗战，还不是加上一重致命的障碍？

发展民族经济是完成中国近代化的基础

所以，我们在今天要进行国民经济的建设首先就要酌量目前国际的情形，考虑各国对我的关系，分别重轻，对于帝国主义在华的经济加以适当的处理，而确保我们民族经济顺畅发展的前提。更具体点说，在今天中国的对外关系里面，我们应当没收至少是限制民族敌人在华的企业，使他们没有存在的余地；同时对于英美法诸国的企业，在平等的基础上面，加以适当的调置，使他们在消极方面不致大大妨碍我们民族企业的发展；在积极方面，甚至可以相当地有助于我们国防财政与国防经济的建设。

我们要用一切力量来培植，巩固和扩大民族经济；因为要使我们中国人有真正独立的主权和政治文化生活，就必须先要具备独立的经济基础。而近代的民族经济——即近代化的工业和农业，才是我们的经济骨干，只有民族经济的发展才能使我们有独立的经济基础。帝国主义经济势力的侵入，虽然能够在我们破旧的经济废墟上面，盖上一件近代的外衣，然而本质上只使我们过一种近代奴隶的生活，而没有给我们以近代的文明。同样地，国内古老的地方经济也和近代的民族经济处于对垒的地位，那种封建和半封建的经济单位，它们在本质上是中世纪的遗物，而在我们中国就是几千年来农业社会生活的骨干。在今天呢，它们不但不能促成近代的民族经济的发展，而且直接阻碍了民族企业的独立的发展，间接做了帝国主义经济势力的附着点。

所以，我们规定中国国民经济建设的基本任务之一就是巩固和发展独立的民族经济，没有民族经济就没有中国的国民经济，更没有国防经济。

（三）建立国家资本主义

中国建立国家资本主义是必要的前进的工作

那么我们为什么要说我们的国民经济建设目的又在建立国家资本主义呢？

首先让我们看看中国经济生活的组成部分吧。你放眼看去，就可以看到除掉帝国主义的经济成分以外，中国的各个生产部门中，（尤其在最主要的生产部门即农业部门中），自给自足的家长制的生产和小的商品生产还占绝对的大多数；除此以外，便是私人的资本主义生产。在极少的场合，比方说吧，在交通运输矿业和金融的部门，我们还见到一些国家资本主义的踪迹。不过我们应当指明，在目前中国的国家资本主义成分中，帝国主义的资本和它们间接的支配力量，显然是占着优势的。

一个国家只要还是农业生产占优势的国家，同时就经济的成分上讲，还是自足自给生产和小商品生产占绝对优势的国家，那么它的经济发展的水准如果和一个近代的资本主义国家相比，一定是差得很远。在这样的国家里面，资本主义生产就是一种进步的经济因素，因为资本主义比起自足自给的经济和小商品生产来，还前进得多呢。同时使自足自给的经济变成小商品的经济，使小商品的经济变成资本主义生产的这种过程，也是一种进步的历史过程。

一世纪以来中国的经济生活当然已经起了很大的变化。在列强资本的推动之下，中国自给自足的生产逐渐破坏了，它们有一部分变成小商品生产。这个过程虽然是惨酷，可是要算是进步的。在另一方面，自足自给经济和小生产的破坏，也造成了一些规模较大，气象较新的近代资本主义企业。可是，这个过程在这世纪来，除了在第一次世界大战期间表现出一个"跳跃"以外，实际上就进行得很慢；相反的，帝国主义自身在中国的企业，无论在工业、金融业、交通运输等等方面，都发展得很快。这样，中国旧有经济的破坏，一面当然是列强经济势力的侵蚀的结果，另一方面，却又变成了帝国主义经济在华发展的"垫脚板"，对于民族经济本身显然不但没有使它逐渐上进，反而使它平添了几重障碍。

因为帝国主义的侵入，中国旧有的经济生活急速地崩溃了，同时又因为帝国主义资本的钳制，中国进步的民族资本主义生产非但得不到顺畅的发展，反而做成了列强资本的牺牲。结果，中国经济发展的水准也只能始终逗留在半野蛮的阶段，国民的生产事业，始终只能由原始的劳动支配着，而不能由钢铁的牛马来代替瘦坏了的肉体的牛马。

要中国成为一个真正近代的国家，要中国的人民真正能过一种近代的生活，而不仅是在口头上说说的话，我们就必须使中国的经济推进一个阶段，使中国社会的生产力真正能够进步到"资本主义"的阶段。

然而在目前的状况之下，中国民族资本主义却绝对没有发展的可能。这主要是因为帝国主义的资本在逐渐吞噬我们的民族资本，在逐渐剥夺我们民族资本的出路。所以我们为了要保卫民族资本的发展就必须具有革命的民主政府来经营我们自己的经济生活，有效地排击一切外来的打击和压迫，适当地运用国际间各种有利的因素，来发展我们的民族经济。在这里，我们需要一个由革命的民主政府所统制的经济体系，一个由强有力的国家政权所推动所发展的民族资本经济体系。在目前，少数的私人经营，它们的命运只是帝国主义经营的买办的后备军，它们即使能够对于帝国主义的侵凌有所抵抗，它们抵抗的力量也是异常微弱的。我们却需要一个强有力的抵抗，这种强有力的经济抵抗，只有由一个为广大的各阶层的民众所拥护的革命民主政府所主办的国家经济体系，才能产生出来。

其次，国内相互隔离，甚至相互绝缘的地方经济，它们在政治上是割据局面和不能统一的基础，在经济上也是阻碍民族经济独立发展的一大因素。在这样的环境里面，我们看到无数自足自给生产变成小商品生产的过程。这种小规模经济的发展在本质上讲也就是小资产者的发展，换句话说，也就是资本主义的发展。然而这种发展在目前的环境之下，不仅异常迁缓，而且异常惨痛。尤其是在帝国主义支配之下，这种发展简直是使列强资本进一步无情宰割的预备的步骤。

我们必须排斥割据性的地方经济，这种经济是以自足自给的自然经济为基础的。我们同时又必须排斥小商品生产的迁缓的发展，这种发展只能扩大帝国主义势力的"半径"，加深国内大众的苦痛。我们必须以强有力的统一的民主政府，建设全国性的经济，来消灭割据的地方经济；同时我们必须以同样有力的政府，建立巨大的国营经济和被集中了的私人经济，来抵制小经济的零零散散的发展。

所以，总结起来讲，我们对外因为要抵抗帝国主义的侵略，尤其在今天，我们要削减民族敌人在华的一切势力，我们必须以强有力的国家政权，建立巨大的国家资本主义，以国家强有力的统治力量，来抵抗帝国主义庞大的竞争和侵略力量。在另一方面，因为我们要使中国的经济向前推进一个阶段，因为要迅速而有力地削减割据性的地方经济，同时要减除小生产发展的迂回的苦痛，我们也必须以集中的统一的国家政权建立巨大的国家资本主义，以集中的经济解消分散的经济，以国营的大经济和集中了的合作经济，来减少私人经营的小经济。

所以，在中国这个历史阶段上，我们的国民经济建设必须以建立强大的国家资本主义为主要的内容。

第一个疑问

一定有人要怀疑：目前资本主义不但已经到了最后的阶段，而且已经到了快要崩溃的阶段；同时苏联的社会主义经济却欣欣向荣。那么我们中国的经济建设为什么不走社会主义建设的路，而一定要走国家资本主义的路呢？

这样的疑问是非常有道理的。我们将怎样解答这疑问呢？我们说：第一，当然啰，如果我们把国家资本主义和社会主义相比，那么社会主义自然比国家资本主义前进一步，而且一个国家的建设也的确只有在社会主义的纲领之下才能有真正有计划的建设，才能有绝对有利于人民大众的建设。因为只有在社会主义的社会里，人类才没有剥削与被剥削的现象，才没有人吃人的现象；也只有在社会主义的社会里面，人类才有真正的平等，才能过真正"人类的"生活；同时也只有在社会主义的建设过程之中，人类的才能才有被充分运用和充分发展的机会，而全人类也就成为友谊的大家庭。所以如果在这一方面我们要把国家资本主义和社会主义相比，我们简直还不能说它们之间只有 50 步与100 步之差，它们之间的距离应当还是天与地之间的距离啦。

人们能够具有高尚而合理的理想，这终是人们所以能够永远地高出于其他动物的地方。然而如果人们仅仅沉迷于理想，而不能计划和实行要实现这些理想的具体步骤，那便是天大的傻瓜了。

聪明而能干的中国人今天所碰到的问题并不是：我们要不要实现社会主义的问题，这是很显然的。今天他们眼前的问题恰恰是：在帝国主义，尤其是日本帝国主义急着进攻之前，中国旧有的经济在破坏，新的独立的民族经济却不能发展，中国人民大众的生活一天天接近于名义上也快要变成奴隶和牛马的生活，在这样的条件之下，我们将怎样获得我们生命的力量呢？我们将怎样完成我们独立的存在呢？我们将怎样免于沦为奴隶而死，而求得我们光荣的生存呢？或者更具体点说，我们将怎样维持我们抗敌战争中前方和后方的给养，前方和后方的运输，以及保证前方和后方军事上胜利的前途呢？

今天的问题是这么些噜苏而悲惨的问题，至于漂亮而舒服的社会主义问题呢，那还是明天的事情。如果人们能够跳开今天不过，而直接去过明天，如果中国人都能藏身"桃花源"里，滑过了秦汉魏晋，那么请舒服地畅谈社会主义的建设吧。

要实实际际地过活，也只能这么实实际际地想，而且也只能这么实实际际地做。

我们有绝对的理由说：社会主义比国家资本主义进步；然而我们同样有绝对的理由说：资本主义或国家资本主义比封建或半封建的经济和小商品生产也要进步。我们站在社会主义的前面，有这样的权利说：资本主义是丑恶的东西；然而站在封建经济和小商品生产之前，我们却只能说：资本主义或国家资本主义比起你封建经济和小商品生产来要"美丽"得多呢。

上面已经说过，中国到今天为止，还是一个自足自给经济和小商品生产占优势的国家。在今天的中国，如果我们只是说：社会主义应该是我们建设的目标，那不是一句大而无当的空话，便是一种过于急躁的主张，因为这样说法并没有指出从中国今天的经济结构到社会主义的结构之间到底要经过什么中间的连锁。

我们应该有这样的了解，我们还没有这样的力量，使我们由家长制的经济和小商品的生产直接过渡到社会主义的经济。我们必须在小生产与社会主义之间找出一座桥梁来。换句话说，我们必须运用资本主义，特别是利用国家资本主义，使它成为提高生产力的手段，而使我们的经济生活，脱离半野蛮的散漫的水准进展到接近于近代的水准。

那么，我们对于刚才提起的疑问——中国为什么不走社会主义建设的路，而一定要走国家资本主义的路的问题，大概可以这样解答了吧：是的，中国经济的建设最终是要走上社会主义的路，然而从今天到明天，我们必须有个过渡，必须由国家资本主义来做桥梁。我们瞧吧，在1921年的苏联，国民经济中已经有了社会主义的成分，然而在苏联的新经济政策，却要求以国家资本主义来把落后的小生产过渡到社会主义的大生产。在我们中国，更加需要找到一座过渡的桥梁。

第二个疑问

其次，又有些人要怀疑：中国在帝国主义的支配之下，尤其是在资本主义没落的今天，决没有发展资本主义的可能，因此你所说的国家资本主义也决没有建立的可能。

这样的疑问也是非常有道理的。我们将怎样解答这个疑问呢，我们说，是的，就全世界的范围而论，资本主义早已不是历史的进步的因子，反之，它已经是历史发展的障碍物。单就这点来说，中国好像早该不问其可能不可能，就不要走向资本主义的道路。然而我们刚才已经说过，资本主义在中国还是一个进步的东西，所以资本主义的本身尽管已经在崩溃，而在中国就其社会发展的阶段而言，资本主义还是应该发展的东西。

成为问题的是：中国在帝国主义的支配之下，有没有可能发展自己的资本主义？我们的答复是绝对没有的。中国要发展民族的资本主义，或者说，中国要肃清一切封建残余而成为资本主义的独立国家，首先就要和帝国主义斗争。

在这里，问题又变成中国是不是能够和帝国主义斗争的问题。谁都知道，跟帝国主义斗争并不就是和帝国主义战争，而且在我们方面也是尽可能地要避免战争，然而在某一个帝国主义逼迫得我们不能不以自卫的战争，以争取自己的独立和自由的时候，我们也不惜以战争相周旋。那么我们今天能不能以这样的斗争方式来争取我们民族的解放呢？百分之九十九的民众都会回答说：可能的，我们是可能的！

这样说来，我们和此前的土耳其一样，以反帝国主义的斗争，尤其是抗日的斗争开始而建立独立的民族经济，不仅是完全可能，而且已经应当排在我们的日程上了。在这样的条件下面，我们就必须以强烈的国家统治力量完成生产力的相当于资本主义阶段的扩大过程；必须以强有力的国家资本主义建设，来加强我们的抗敌战事的力量。

这样我们对于上面的疑问，大概就可以这样解答了吧：资本主义在世界上已经在崩溃了，然而在中国还算是进步的东西。中国在帝国主义支配之下要想发展民族的资本主义是完全不可能的。反之，假如中国能够以全民族的力量（资产者和无产者农民共同进行的）完成胜利的民族解放斗争，那么自身的资本主义就可能发展；而且为了保证上述斗争的彻底胜利，同时保证中国国民经济的容易进一步发展计，就必须采取国家资本主义的政策。

第三个疑问

第三，一定又有人要怀疑：中国的国民经济建设如果采取国家资本主义的政策，这对于人民大众的生活，一定不见得有利的；因为既然叫做国家资本主义，国家的经济命脉还是操在资本家手里，那么资本主义的荼毒，怎样免得了呢？

这样的疑问的确也是非常有道理的。那么我们怎样解释这个疑问呢？我们说，是的，照一般的说法，国家资本主义原来是什么东西呢？它是这样的一个东西，它运用国家的权力，统制全国的企业，来更有效地完成资本主义的发展，所以，谁要把国家资本主义这个概念神化到像天堂一样，或描摹到像社会主义一样，那便犯了滔天的大罪。甲是甲，乙是乙，国家资本主义尽管是社会主义的前身，是社会主义最根本的准备阶段，国家资本主义与社会主义之间尽管已经没有什么中介的东西，然而国家资本主义决不就是社会主义，也决不等于社会主义。

三个不同条件下的国家资本主义

在一个大资本家和大地主们统治着的国家里，国家资本主义只能是巩固独占资本的基础，增厚大资本家和大地主们的利益，加强对于劳动大众的剥夺的制度。它决不会变成美丽的玫瑰花。在一个工人统治着的国家里，国家资本主义只能是强烈的国家政权，利用资本主义，扩大生产力和完成社会主义建设的准备，而在某种程度以内对于资本家给以局部和暂时的让步的制度。它不可能变成吃人的豺狼。

那么在一个革命的民主国家里，国家资本主义将是怎样一种制度呢？它只能是以强有力的民主国家政权，迅速地肃清封建残余，有效地抵制外来的侵略，从而建立独立的国民经济的制度。它不可能马上和平地过渡到社会主义，因为这还需要人民的奋斗，它也不可能成为只向资本"施肥"，而不顾大众苦乐的制度，因为这里存在着大众的奋斗。

这样，我们对于上面的疑问就可以这样地解释了吧：国家资本主义对于人民大众的利益，也只能是一种相对的说法。这第一要看，这种制度究竟在怎样一个国家里面实行。在大资本统治的国家里实行呢，还是在劳动者统治的国家里实行？在前者，国家资本主义保障了资本的利益；在后者，它又保障了大众的利益。如果这种制度在一个革命的民主国家，在一个对外抵抗帝国主义侵略，对内肃清封建残余的独立的民族国家实行的话，那么对于民族资本固然有很大的好处，对于人民大众也能提高他们的生活水准，这是无疑的。所以中国的国民经济建设如果在对外抗敌的前提底下，在民主的政治前提底下实行国家资本主义，那么人民大众的生活一定有些改善的。在这里，我们不可能避免资本主义的一切本质的弊害，然而我们却可以由此而使中国的经济推进到更高的阶段。让我们重复说一句吧，这种推进的工作，仍然需要人民的奋斗；这种推进过程的长、短、快、慢，仍然要看人民大众的奋斗的程度来决定。

让我们把解释疑问的工作告一个结束，我们来研究在我们中国要实现国家资本主义，应当怎样实现的具体方法。

在中国，我们至少要用下面几种方式，实现有战斗性的国家资本主义。

中国实行国家资本主义的方式

第一，国有国营。像一切重工业，尤其是军需工业以及重要金融机关的国营。在轻工业部门中，关于粮食的生产和改制，都须改为国营。其他像铁道，航运、航空和一切交通工具的国营。

第二，国有民营。在农业生产中，我们必须有急剧的变革。我们要使全国土地化为国有，然后分给农民耕种。这是肃清一切封建残余的彻底办法。

第三，私有经济的合作经营。由于国家的干涉和督促，大部分的小商品生产者都加入合作的组织。这种经营可以说是私营经济的资本主义和国家资本主义之间的过渡形式。这种合作的形式比较一般私营经济容易受国家的统制，因此它是接近于国家资本主义的经营形式。同时这种经营形式可能包括多数私人的经营，因此它对于经济向更高阶段的发展显然有很大的利益。

第四，国有经济的租让经营。国家把一部分资源租让给本国的资本家或外国的资本家经营。我们因为生产工具和运输机器的不足，可以把部分的企业、渔区、矿山和森林等等租让给人家经营，以扩大我们的生产力。在这种形式中间，我们当然有不少的牺牲，我们必须以高额的利润支付给外国资本家。然而我们也只有这样才可以从他们身上取得工业生产物，机器以及近代的技术。

二 经济建设的政治前提

问题的提出

我们在前节讲过，中国的国民经济建设如果要想完成适应于国防需要的各项建设，那么那种建设就必须以抗敌为前提，政府必须坚决执行抗敌御侮的政策，否则国防建设不是一句空话，便是不为自己，而为人家的建设。同时我们已经指明，我们要巩固和扩大独立的民族经济，要建立能够扩大民族生产力，有利于人民大众的国家资本主义，那首先就要执行与帝国主义斗争的政策，必须采取革命的民主制度，要不然，独立的民族经济非但无法巩固和扩大，"中国的"国家资本主义非但无从建立和发展，相反的，中国的经济命脉便完完全全操在帝国主义手里，中国将很快地沦为某个或是某几个帝国主义十十足足的殖民地。

因此，一切问题的关键并不在于经济建设的本身，而是在于经济建设的政治的前提。——我们在军事和政治上是要维持原状呢，还是不，我们对民族敌人要不要采取坚决抵御的政策？对内要采取民主共和，人民民主的政策？问题的关键在这儿，中国的前途也是由于这些来决定。

建设决不能离开政策

在这里我们特别要指出那些脱离了国家的整个政策，而侈谈经济建设的主张。这些主张当它们存在于纸面上的时候，我们说它们是学究的游戏已经够了，如果真的实行起来，那么就是"无以厚我，反以资敌"的计划，也就是危害民族国家的计划。我们必须郑重地申明，在国家没有确定的新的政策之前，适应于中日经济提携的国民经济建设，就是便利于日本对我侵略的建设；适应于英美对华政策和国联技术合作的国民经济建设，就是纯粹替欧美资本家争取利润的建设；适应于"防共"和"以建设求统一"的国民经济建设也不过是"劳民伤财""撑撑面子"的建设而已。

我们今天所要的建设决不是浮夸炫耀，而是朴素坚实的，决不是迅速完成，而是艰苦缔造的，决不是顺利进行，而是需要战斗的一种建设，国民经济建设是一种奋斗的过程，是中国人民为争取自由独立的生活而进行的伟大奋斗中间一个重要的部分。谁要把国民经济的建设从中国人民在军事和政治上的奋斗中孤立起来，谁要把经济建设只看做机器和技术家的总和，而把政治的因素硬生生地撇开不管，谁就是把中国的经济建设去了势，把中国的经济命脉斩断了，出卖了！

我们认为中国如果要有真正的国民经济建设，而且那种经济建设要能真正完成上节所说的任务的话，那么必须具备下列几种政治的前提：

第一个前提——抗敌

第一，国家必须坚决采取抗敌的政策，必须按照一定的计划与步骤，收复已失的领土、资源和主权。

这个政治的前提在经济上究竟有什么意义呢？它的经济意义是这样的：国家应当收回一切已经丧失，或者名义上还算保存而实际上已经丧失的土地（农业所必需的生产工具）、人民（劳动力）、资源、交通运输工具、其他财富和市场，收回过来作为民族经济的资产（assets），作为发展独立的民族经济的条件；而在另一方面，恰恰在经济上，而且在经济的主要命脉上，打中了民族敌人的咽喉。收回我们海关自主权，绝对禁止敌人的走私，这样可以有力地保卫我们的民族企业，而使敌人破坏我国民经济的阴谋完全破产。我们还必须无条件地抵制敌人的一切商品，这在经济上就可以部分地制敌人于死命，同时大大地发展我们民族企业所有产品的国内市场。——因为日本的制品多半和中国民族工业的产品是属于同一类别的。

这个政治的前提对于我们的经济建设还有些什么特别的意义呢？有的，它最严重的意义是这样：如果我们不采取坚强的抗敌政策，那么我们一切的建设都是为了敌人而建设，过去东北在军事上和经济上的建设，华北在交通和农业上的建设，到现在已经谁都清楚，它们早已落到敌人的手里，变成了对我民族经济积极进攻的利器了。这种惨痛的经验还不够惊醒主张"埋头"建设的朋友吗？好吧，当你有一天把你久久"埋"在泥堆里的头伸出来见见世面的时候，你却"连人带马"，跟着"葫芦岛"一起掉在敌人手里了。

只有坚强的抗敌政策，才有可能保证我们一切建设的成功是我们自己的成功，一切建设的胜利是我们自己的胜利；而且也只有这样的政策，才有可能使得一切愿意埋头建设的朋友，不致把头"埋"到别人怀里去。

第二个前提——联合友邦

第二，国家必须坚决地站在平等的地位上，实行联合友邦的政策，调整我们同它们的邦交，更进一步决定它们与我们的敌人的邦交。

这个政治的前提在经济上究竟有什么意义呢。它的经济意义是这样的：国家应当认识自身的优点和缺点，认识中国与帝国主义的斗争决不是机械地采取战争的方式，认识中国本身生产技术的落后，以及资金的缺乏，我们必须在某种限度以内利用先进的技术和国外的资本。因此我们必须本着我们革命的民族独立的立场，跟英国、美国、法国、苏联以及一切除了我们的敌人和敌人直接的帮手的国家，建立平等的友谊的关系，借用它们的技术和资本，以扩大我们的生产力量，巩固我们在战时的财政和金融。我们可以运用借款甚至租让的形式，虽然我们在这些形式中间，我们会遭受一部分的牺牲；不过我们为了增加生产力，为了学习技术，为了改善我们的经济组织，就不得不向人家纳些贡物。

除此以外，这种政治的前提还有什么特殊的意义呢？有的。我们的经济建设必须适应于国防和抗敌战事的进行。我们为了要保证我们有充分的军火，有充分的接济，保证我们在战时有比较健全和巩固的财政机构和金融组织，我们能够缺少国外的帮助吗？绝对不能的。不能，就得从一部分友邦方面想办法。而在目前的国防情势之下，尽管各国对我的关系可能有程度上的不同，而这种办法大致上是可能的。然而这种可能也必须用我们自己的奋斗来争取，来实现的。

从1931年日本积极向我们进攻以后，远东的国际关系已经起了很大的变化了。尤其是到最近，英美对于日本的态度，已经从原来的观望和求取妥协的态度，一变而为积极干涉和阻止的态度。就在这种国际关系的转变里面，就产生了种种可能，使我们中国能够使英美等国采取比较平等的态度来帮助我们的经济建设，而共同对付一个敌人——日本帝国主义。

第三个前提——民主政治

第三，国家应当是一个真正近代的国家，应当实行高度的有革命性的民主政治，政府应当是代表整个民族利益，而相当地代表国内各等级人民利益的政府。在这里应当有一个正式的代议机关，由国内各等级的人民推选真正的代表参加，讨论和决定一切国家大计，全国完全统一，没有封建的割据，也没有特殊的畸形组织，中央政府是一个集中的团结各方实力的中央政府，它的政令能够在事实上普及全国。

这个政治的前提在经济上究竟有什么意义呢？它的经济意义是这样的：只有一个革命的民主政权，对外才能排除帝国主义的压迫，保障民族经济的存在和发展；对内呢，只有这样的一个政权才算得上是一个近代的政权，也只有这样的政权才有充分的力量实行国家资本主义，才能统制全国人民的经济生活；同时也只有在这样的政权之下，国家资本主义的建立和发展才能不致只是代表资本和地主的利益，而对于劳动大众完全没有利益可言。

一般讲来，资本主义民主制度的胜利只能结束资本主义经济的进步的任务，然而在今天的中国，革命的民主主义恰恰是一种最有力的保障，这种保障可能保证中国民族解放的彻底胜利，同时可能保证我们独立的民族经济的建设。这是积极的一面。在消极方面，这种革命的民主主义可能排斥一切法西斯侵略者的力量，尤其是排斥日本军人法西斯对我的无耻进攻，而保障我们经济生活的完整和安全。

除此以外，这种政治的前提还有什么特别的意义呢？有的，谁都知道，一个革命的民主政权，在它所具有的力量上要比原有的政权大过好多倍，因为这样的政权必然地会得到全民族的拥护，由各个等级的人民为后盾。只有这样的政权才能动员整个民族和我们的敌人作战，动员各等级的人民为民族的独立和解放而奋斗。你能想象在一个脆弱的政府之前，国外的侵略力量便能"退避三舍"吗？你能想象民族的敌人在一个只为少数人所支持的政权之前，能够不进一步向我们进攻吗？这些事情我们是不能想象的。所以只有这样一个民主的政权，才能保证抗敌政策的坚决履行，也只有这样一个政权，才能使我们在平等的基础上面，和各个友邦建立友谊的关系，而获得它们对于我们经济建设的真正的帮助。所以，发展革命的民主政治，应当是一切政治前提的前提。没有这样的基本条件，我们便什么都无从做起。

而且最重要的，民主的政治固然可以保障胜利的国民经济建设；同时在这种政治之下，尤其是在全国各等级人民一致对外抗战的情形之下，我们的经济建设恰巧还能完成一种最神圣的使命，它能使各等级人民在政治上的联盟，进展而成为经济上的联盟，而使民主政治的基础更加巩固，更加向前推进。

第四个前提——内战绝迹

第四，国家应当使各种各样的内战完全绝迹。

这样的政治前提对于国家的经济建设有什么意义呢？我们知道，不论今天国内的内战具有何种性质，它们都能使我们的人力和物力大大地耗损。我们的生产给内战大大地破坏了，我们的劳动力给内战大大地毁灭了，我们的财富给内战大大地吞噬了，而我们一切生产，交通和商务的机关都给内战毁损了。这样我们就只有国民经济加速度的破坏，我们还能谈得到经济建设吗？内战只能加速我们国民经济的崩坏，只能毁坏我们的生产力，这终是谁都明白的事吧。

那么，停止内战在国民经济的建设上有没有特别的意义呢？有的，谁都知道，今天我们民族敌人的阴谋就是要加深我们的内战，促成我们的内战；这样才可以"兵不血刃"，而收"以华灭华"之效。所以，我们的内战一天不能绝迹，那么敌人的阴谋就有一天酝酿和完成的机会。今天我们全中国的人民在要求统一救国，而敌人却在迫令我们分裂亡国。今天我们全中国的人民都在要求停止内战，保障不再内战，实现和平统一，而敌人却在鼓动我们的内战，加深我们的四分五裂。所以，我们在内战的问题上，就处在和敌人正相对垒的地位。我们的内战如果能够消灭，那么我们的国力就能大大地充实起来，这样我们来制裁敌人的侵略，彻底执行我们的抗敌政策，才有充分的可能。也只有这样，中国国民经济建设的上述几种政治前提，才有可能实现。

三　各部门的经济建设

各部门经济建设的原则

在第一节里我们已经研究过国民经济的基本任务，第一是要在经济上完成我们国防的任务；第二要巩固和扩大独立的民族经济；第三是要建立国家资本主义。在第二节里，我们又研究了要进行这种国民经济建设，必须具备哪些对内和对外的政治前提。

在本节里面，我们却要研究经济建设的方案本身了。首先我们要了解在进行各部门经济的建设的时候，我们必须遵守哪几个原则？

我们以为中国在这一阶段上的经济建设，必须遵守下面四个原则：

第一，特别用力量去发展有关国防的企业部门，如军火工业、重工业、运输业、战时金融以及粮食的生产等等，在贸易上也完全以保证国防的加强为原则。

第二，尽量发展民族的企业，在消极方面，我们必须没收或限制敌人的企业，同时对于其他列强的企业，也一定要在平等的基础上，重新调整。

第三，一切重要的生产事业和其他企业，特别是有关国防的企业，必须完全国营。

第四，一切小的生产事业和其他企业，应当由政府的力量，使他们尽量地集中起来，完成它们之间的合作组织，这些组织可以看做国家资本主义的一种变相的组织。根据上述几个原则，我们建议中国各部门经济建设应当采取下述的政策。

工业政策

如果今天还有人来提出这样的问题：国民经济的建设究竟应当采取重农政策呢？还是采取重工政策？那么常识将会坦白地告诉他，假如我们的经济建设的确要使我们脱离中世纪的生活，而有一种近代的文明的生活，那么经济发展的关键，是在工业，尤其是在重工业。所谓重农政策和"以农立国"，早已应该变成历史上的标语了。然而如果有人又提出这样的问题：发展经济的关键既然是在工业，那么农业方面大概可以置之不理了吧？显然的，这又是一种偏颇的说法。我们说，经济发展的关键在于工业，是要说明整个国民经济的近代化（农业也在里边）完完全全建筑在工业化的基础上面，而并不是说除了工业以外什么都不要建设；恰恰相反，我们在国防的任务高于一切的今天，有关国防的工业固然要给以最大的注意，对于前线和后方有密切关系的粮食问题、原料问题，又都非致力于农业的改造不可。特别是农村社会关系的相当改善和对于农民生活给以一定限度的保障这一点，对于中国的自卫战争，尤其有决定的意义。所以我们绝对反对那种只管发展工业，不管改良农业的办法。

我们要以发展工业为建设国民经济的枢纽，为巩固国防的关键；因此我们在研究工业建设政策的时候，必须注意到工业对于国防和整个经济建设的关联。

在目前的阶段上，中国的工业建设应当遵守下列几个原则：

第一，凡是已经落在敌人手里的军需企业、重工业的企业和资源，以及和军事密切有关的粮食、纺织工业，必须一律无条件地没收。

第二，对于其他友邦在华的工业投资和企业，必须妥为保护；不过我们又必须在相互平等的基础上，对市场条件，纳税及其他有关国家利权的方面，重新加以调整。

第三，一切军需工业、重工业和粮食生产事业，必须全部由国家经营；由强有力的国家统制力量，作相当有计划的扩展。

第四，轻工业方面的各种企业，应当经过国家的统制完成若干集中的组织，小企业应当尽量参加生产的合作组织。

根据上述各项原则，我们对于工业建设的具体方案可以举例如下：

A. 重工业

1. 燃料生产

煤油和煤炭是近代工业之母，对于国防愈加重要。辽宁、热河、吉林、黑龙江4省所藏的煤油占全国藏油总量70％以上，这种重要的资源必须全部收回。目前国内煤油的产量每年不过二三千桶，和我们目前的需要量相差到千倍以上。近年来每年煤油进口额有4亿公斤到5亿公斤；汽油、石脑油等进口额有1.5亿公升左右。我们在东北未收回以前，政府必须从速开采陕西、四川、广东、湖南等省的油矿。同时我们对于汽油的生产应当非常注意，因为国防航空及陆地军运对此都有极大的需要。举例来说，在广东我们必须扩充从页岩油提炼石油的生产；在陕西、云南、山西等省要多多用低温干馏法，提炼飞机用的汽油。

在煤业方面，我们东北四省的煤炭藏量至少要占全国藏量的18％；同时中日合资办理的煤矿，其投资额数占全国煤矿投资的23％以上，这种生产实际上完全由日方把持。我们对于东北已失的资源和中日合资办理的煤矿，必须全部无条件地收回。

在目前中国煤炭的生产和消费相差得还不很远。比方在1935年中国煤的进口总额100万公吨，而出口数量也有80万公吨。不过在加紧建设，特别在战事发生的时候，那目前的煤炭生产实在差得太远了。所以我们对于煤炭的生产必须有大量的投资，有一部分不妨在平等的基础上和英美等国合资经营。

在这里我们应当重复说明，我们的经济建设本身就必须是一种奋斗，而且必须是中华民族为独立为解放而进行的伟大奋斗的一部分。譬如说吧，我们在东北已失去的煤油煤炭资源，我们是必须加以收回的，这一点就说明了经济建设本身战斗的任务，说明了经济建设和自卫战争的关联，更具体点说，这又说明了下面一个重要的命题：今天的国民经济是要巩固国防；而国防战争的胜利，又是整个国民经济建设胜利的前提。

2. 钢铁生产

钢铁和煤炭一样是制造武器的顶重要的资源，近代的战争如果没有了钢铁，就变成了猴子的打架；同样的，钢铁又是近代工业主要的推动因素，资本主义的全部历史也就是钢铁和利润的一部合奏曲。整个资本主义的世界在帝国主义时代，钢铁的生产更加突飞猛进，从1890年到1929年整个资本主义世界的钢的生产增加了43％。

中国有钢铁生产吗？有的。这正像问中国有没有资本主义一样，中国的确有些资本主义的气息。然而这种气息很淡很少，而且还带着极浓的"洋气"，反过来说，又带着极浓的"奴才气"。你看，中国的铁矿藏量照已有的估计标准说，不过有11.03亿吨；而辽宁和察哈尔两省所藏的铁矿已占85％以上，这些资源现在已经完全在敌人手里。同时长江一带的铁砂，也因为和日本订有长期售砂合同的关系，卖给日本的又有2000万吨之多。再就铁矿的生产来看，铁矿的产量跟日本资本有关或竟完全落在日人手里的已在80％以上；只有湖北的象鼻山和安徽的宝兴两处矿区还算纯粹由华资经营，然而每年产量只有30万吨左右，占全国铁矿产量的13％。

所以钢铁生产如果要想改进，第一步当然就要把已失的一切资源完全收回；把已经落在日人手里的企业和与日资有关（实际上是由日资支配）的企业完全收归自办；把长期出售矿砂给日方的合同无条件地取消。这是我们钢铁业建设的前提，也可以说是我们重工业建设的前提。

照目前的水准算，中国每年需要的钢铁大概为 60 万吨，这实在是个太小的数目。当我们一般的建设能够猛进的时候，钢铁的需要量至少要增加十倍。在最近期内我们还免不了要从国外大批输入钢铁（目前每年输入额在 7000 万元至 9000 万元之间），而且要奖励输入。

3. 锑钨等矿的生产

锑矿和钨矿都是军需工业的重要原料。锑矿是制造军器如开花弹等所必需的材料，而钨矿却是炼钢所不可少的东西。中国的锑矿藏量占全世界的首位，产量占全世界 60％—80％。钨矿产量约占全世界产量 30％—40％。然而可怜得很，因为中国本身没有大规模的炼钢业，更谈不到军火工业，所以我们所开采的锑矿和钨矿完全供给了各个帝国主义。比方在 1935 年中国输出的锑矿达 750 万元以上，输出的钨矿也在 700 万元左右。这些矿产的生产以后应当逐渐扩充，完全由国家经营，取消以前所订的包销某国或由外商包销的合同。

4. 机器工业

制造机器的工业部门又是重工业中主要的部门，同时也是整个工业部门中的重心。中国可以说还没有机器工业；以后我们应当由政府在内地安全地带如湖南、湖北、河南、四川等省，筹设大规模的机器厂，制造工业机器和农业机器。

5. 电力生产

目前中国的电力生产还可以说没有运用到生产部门去，同时目前的生产可以说在美国资本的独占底下。以后，此项生产应当跟美国在平等基础上重新订立合同，由政府利用外资办理。此外我们仍须建立规模较大的水电厂多所。

6.军需生产

此项生产当然是国防经济建设的中心，然而可怜得很，这种近代生产的奇迹在中国还只能算是一张白纸，要说建设，就要从根本做起。谁都知道，这种生产需要最高的技术，同时又需要其他工业，特别是重工业的高度的准备。所以，说到军需工业的建立，先得把上述各部门工业生产做到相当的阶段，要不然，只是一句空话。自然，我们并不是说现在就根本谈不到军需品和军火的制造，中国今天也并不是没有兵工厂。我们在目前的条件下，还得尽量利用外国的技术，制造一部分军火，同时以平汉路以西的地带作为总根据地，建设新兵工厂。原有在汉阳、成都、石井等地的兵工厂都须扩充，德州的兵工厂还需要斟酌地点是不是适当。是的，地点的问题多半还要看我们整个的政策来决定，比方沈阳的兵工厂规模是相当大的，然而因为政策的关系，就轻易落在敌人的手里了。所以我们讲，军需工业在国防上是最必要的事情，同时也是最危险的事情；保证这种必要，而完全避免那种危险，那完全要靠我们的政策来定。

B.轻工业

1.棉纺织业

中国现有的轻工业中，或者可以说在我们的民族工业中，稍稍像个模样的便是棉纺织业。第一次世界大战曾经做了我们民族棉纺织业的摇篮；然而第二次世界大战呢，如果我们自己没有办法的话，那么它将变成我们棉纺织业的掘墓人。现在中国棉纺织业的领导权已经不在我们手里，也不在英国手里，而在我们的敌人手里。

中国今天不谈棉纺织业的建设则已，要谈这方面的建设，则下面几点是一切的前提：

第一，我们必须立刻停止或限制日本在华纺织厂的生产；严格禁止日厂收买华厂，和华商纱厂向日厂抵押的情形；

第二，我们必须立即提高棉纱棉布的进口税率，绝对禁止走私；收回东北和华北的棉纺织品的市场；

第三，我们必须立刻收回华北的棉产根据地，要使"农业的中国"自身变成"工业的中国"，而不要沦为"工业日本"的奴隶。

此外，我们因为资本和技术的关系，要和英国合作发展棉纺织业。国内已有的工厂应当设法集中和合并，避免内部无谓的竞争。同时在棉花的区域应当发展中小规模的纺织厂。

2. 缫丝业

这也是民族工业中很重要的一个部门，在缫丝业的恢复和建设过程中应当设法促成各个私人企业的合作和集中，成立大规模的永久性的企业组织，减少企业的投机性质和季节性质。

3. 面粉业

面粉业对于战时前方和后方的粮食问题有极大的关系。现在面粉业每年的产量差不多有 1 亿袋，将来必须大大扩充。要扩充面粉业第一要恢复原有的东北市场——它原来是华粉最大的市场；第二要由中国自己的资本来独占华北的小麦——目前这个广大无垠的小麦根据地又快要给日方偷偷"提携"去了。面粉业的发展一部分必须用国营的方式，因为面粉的生产、运销和分配，在战时是非常重要的问题，这个问题必须由国家来处理。

4. 其他像原有的造纸业、茶业、桐油业和火柴业等都须由国家出资积极整理扩充。同时将来还得建立新的工业部门，像人造丝生产等。

农业政策

农业建设的目的并不在"以农立国",在今天提倡"以农立国"恰巧就能完成"农业中国""工业日本",完成中国沦为日本殖民地的全部工作。那么我们今天的农业建设的基本任务是什么呢?

第一,我们要扩大粮食的生产,使我们在前方和后方的粮食供给不感觉缺乏。最近绥远的抗战告诉我们,有些英勇的将士们在战壕里面甚至一两天吃不到东西,而他们的英勇未尝稍衰。是的,我们有充分的把握保证我们在前线的抗战兄弟决不会因为粮食稍感缺乏,而减少他们抗战的决心和勇气;然而同时我们却必须指明:抗战的彻底胜利,也决不是饿空了肚子的同胞所能完成的。所以,我们必须利用高度的技术与组织,运用国家的权力,扩大粮食的生产能力。

第二,我们要提供工业建设所必需的原料。我们还是就战时的需要来讲吧,在抗战的时候我们的棉纺织业和毛织业必须大大地扩充。谁都知道,在我们未来大规模的抗战中,主要的战场大概位于比较低温的地带,这里在一年三季中需要厚暖的棉衣和毛衣。百灵庙头的战士要求我们供给他们暖和的棉袄、皮袄和手套,这就是要求我们要发展棉织业和毛织业,也就是要求我们在农业方面供给更多的原料。

第三,我们要保证中国3亿以上的农民能够热烈地参加抗战,援助抗战。要得到这种保证,我们就得在农业上有种种的设施,这些设施可能减少农民所受的种种束缚和负担。

我们要完成上述的任务,必须要做下列几项工作。

1.实行"耕者有其田"的土地政策　国家发行公债,按照一定的计划和步骤,收买全国大地主和中地主的土地,然后由国家照合理的比例,分配给农民耕种。农民在最初几年里按照农田收获的 40% 向国家交租。国家就以此项田租作为偿付公债的基金。以后农民所缴的租额逐年递减到 10%（农民前此向地主所缴的小租、田鸡租和各种劳役必须一律免除）。公债的息金就由国家从田租金额内摊付。在此时期地主如有阻碍抗敌御侮工作的便没收他们的土地；农民如有同样的情形，就不得领地耕种。同时农民参加抗敌战争及在后方担任防御军事工作的，得领份地雇人耕种，或者租给人家耕种，自收田租。

2. 改进农业生产　由国家设立大规模的农业改良机关，进行农业技术的改良工作；政府在农民选种、播种和施肥各方面必须尽量加以援助。对于现有的农事改良机关和学校要重加调整，对于国外和国内的农业技术专家必须予以充分的和适宜的工作。在一部分区域内可以做集体农庄的试验，提高生产效率，同时增进农民在生产上的合作精神，加强经济过渡到更高阶段的准备。所种作物，全国须有整个的计划，关于粮食和原料作物必须有适当的分配。

3. 改进水利事业　用大量的资金完成黄河、长江筑堤的工程，和疏浚滹沱河、淮河、西江和其他成灾河流的工作。各省河渠和其他灌溉系统必须切实整顿，同时推进造林事业，增进水利。

4. 调节农村金融　用大量资金扩充农民银行。这个农民银行必须成为真正调剂农村金融的中心，各省各县甚至各区设立分行、支行或代办所。全国农村都要组织合作社，目前合作社十之八九都由豪绅官吏把住，大部分农民根本没有入社的资格，因此合作社者，只是少数地主富农和乡镇商人"合作"括削穷人的机关罢了。以后要设立的合作社必须是真正农民的组织。这种合作社和农民银行的联系必须非常密切，合作社对贫苦农民社员举办低利放款，利率不得超过年利六厘。

在这里我们必须指出一点，农民旧有的债务如果不能减少或豁免，那么大部分农民简直还得过奴隶的生活。因此我们在建设期内，必须豁免农民一部分的旧欠。

5. 办理移民垦殖　国内人口较密各省如山东、江苏、浙江、安徽、广东和广西的农民和各省的灾民必须大批移往我们自己的东北和西北去。据可靠的估计，东北的松辽平原可移民 2000 万；西北各省的平原，面积共 4.7 万方公里，还可容纳 800 万—1000 万人。

金融财政政策

我们的新金融政策要完成哪些任务呢？

第一，我们要完成比较健全和稳固的金融组织，使我们在战时资金的流转和货币的流通，都不发生严重的问题。

第二，我们要有那样的金融结构，使民族工业和农业的资金都有充分的供给。

要完成上面两种任务我们必须：

1. 和英美法等国在平等的基础上建立更密切的联系　英美法三国原来是世界三大金融集团的首脑，我们可以跟它们建立较密切的联系，以应付准战和战时金融财政上的急需。谁都知道，战争一旦发动，所需的经费非常浩大，中国如果向敌人作全国规模的抗战，正式动员的人数假定有 1000 万人，那么每月平均饷需和军火费用至少在 1.5 亿元以上。在这时候，我们对于资金的取给，必然有妥善的布置。此外，在战时法币的价格务必令其稳定，所以法币的准备必须设法令其充足，而透过外资的关系，使法币汇价相当稳定就非常需要。在这一点上，我们就更得和英美法诸国取得更好的联络。

2. 金融中心的布置　我们对于上海和其他沿海和华北的金融中心必须妥加保护；并且设法使它们逐渐移向内地。同时通货的现金准备也必须分散后方，"免以资敌"。

3.金融机构的改造　中央银行必须从速改成真正的中央准备银行，使其他银行把它们的现金准备，按照存款的法定准备金比率，存放在中央银行。中央银行应当完成其"银行之银行"的任务，它和其他银行之间的关系应当更行密切。实施贴现政策，调剂资金的市场，避免准战和战时的金融恐慌；同时实行公开市场政策，调节通货的供求。

此外，其他特殊银行也应当使它们发展它们的特性，完成它们特有的任务。比如目前的中国银行，原定是国外汇兑银行，我们要令其扩充，向外发展，而对于华侨经济的发展，必须特别注意。交通银行应由国家扩充资金，在国内各城市遍设分行，它营业的中心任务就在扶植民族工业，使各部门工业的资金都能顺畅地流转，以完成其全国实业银行的使命。至于其他商营银行，应当集中合并，避免无谓的竞争，同时避免一部分不一定发生的恐慌现象。

4.统制法币的发行　法币的发行必须按照一定的计划，这种计划是根据于商品和资金的流通额而确立起来的具体计划。应当用国家的力量排除法币流通的一切障碍，同时绝对避免随意增发纸币的现象。在战时，通货膨胀是不大可能避免的事情，然而膨胀必须是有计划的膨胀，而不是无计划的滥发。当然，在通货膨胀的过程中间，我们对于人民大众的生活，必须从他们的收入和物价上设法，补偿其因通货膨胀而受的损失。

我们再谈到财政问题。我们的财政政策要完成哪些任务呢？

第一，我们必须调度充分的资金以作国家总动员时必要的经费；

第二，在调度的时候，务使全国国民没有不平等的负担；相反地，这种政策还要积极地推进国民经济的建设。

我们要实现上述的任务，至少必须做到下列几点：

1．整理外债　据外人的估计，中国外债总额约 5.86 亿美元，其中日本占 38％，英国占 36.1％，法国占 16.6％，美国占 7.1％，德国占 2％。我们在整理这一大批外债的时候，第一对于敌人对我的一切借款必须完全取消。从 1904 年中日第一次借款成立以后，日本对华借款当在 100 种以上，其中没有清偿的，还有七八十种。这七八十种都是侵略者束缚我们的锁链，我们当然无条件地废弃它们。

至于其他各国的借款也必须根据平等精神郑重清理。在整理外欠之外，却又不妨碍以平等条件成立新债。

2．筹募内债　首先我们对于旧时公债必须清理，然后动员全国有钱人的资金，以公债形式，交给国家从事国防和建设。

3．增加税收　我国原有税收中间，关税一项占到总额 55％，而进口税又占大宗。我们必须运用强有力的国家力量建立起一个强固的关税壁垒，而这样的关税壁垒将是我们建设国家资本主义有力的武器。的确，中国关税的进口税率如果和别国相比，简直低到太不成话。所以我们必须一面根据我们的外交政策，而另一方面根据我们国防和经济建设的需要，把原有的税则完全重新改订。我们对于一切妨碍我们建设或是不必要的商品要用最高的税率征收进口税，同时对于国产商品如果认为在这期间不能输出（如粮食、食盐和国防资源）的也课以最重的出口税，这样税收自然增加了，而我们国防和经济建设的工作也能更顺利地推进。这是加税的一端；其他像所得税、遗产税、财产税等当然应当征收。另一方面对间接税减到最低限度，因为这种税收在国民收入和财政收入上固然是得不偿失，徒然苦了一般老百姓。

贸易政策

贸易政策的任务第一是调度战时所必需的物资，确保战时各种物资的接济；第二是促成民族产业的发展。要完成这两个任务，在对外贸易和对内贸易方面应当采取下列的步骤：

A. 对外贸易方面

1. 对外贸易一律改为国营，特设国际贸易的专管机关，禁止人民对外自由贸易。

2. 关税完全自主，绝对禁止走私。

3. 禁止或限制输出下列商品：和军事有关的及为民族工业所必需的原料和半制品如矿产、棉花、纤维、粮食、棉纱等。

4. 禁止或限制输入下列商品：我们自己能够生产的和那些不必要的商品如糖、棉织品、人造丝、玩具等。

5. 奖励输出无关军事和那些我们过剩的商品；这一方面的商品在目前讲还是很少。

6. 奖励输入下列商品：我们所不能生产或是虽有生产而产量不够的商品，如军火、军需原料、机械和一部分粮食等。

B. 对内贸易

1. 国内贸易政策主要要完成统一的国内市场，完成民族经济发展的最有利的条件。各项商品应当由政府统盘筹划，规定统一的办法和大致上统一的价格，妥为分配运销市场，排除一切省与省间贸易的障碍，废除一切变相厘金如过境税之类的苛捐杂税。

2. 发展合作社的组织，使全国小生产者的生产和消费，能够多半经过合作的组织，以节省成本，增厚利益。

3. 国内贸易的流通资金应当由交通银行尽量支拨。对于一般正当商人的利益，应当妥为保护。

交通运输政策

在战时动员的过程中间，海陆空的交通和邮电的通讯都占非常重要的地位。在这里我们只能大约举出几点来加以讨论：

1. 铁道的建设　战争要求运输机关的急激改进，尤其是对于铁道。在第一次大战时，法国铁道所运输的货物除前线所在的地带以外，也激增了40％。这说明战争对于铁道是何等的需要。当然在我们战前的国民经济建设中，铁道的建设也是很重要的一环。我们对于中国铁道的建设有下列的意见：

1）全国铁道必须集中在统一的国有系统之内。

2）对于已经落在敌人手里的一切铁道系统必须无条件收回，对于敌人想在我领土以内赶修的铁道，必须用实力来阻止。

3）对于其他借用外资建筑的铁道，必须停止下列的现象：(1) 外人参与路局管理权——这一点对于我们的国防大有妨碍；(2) 外人控制各路财政权——这一点破坏我们统一的财政制度；(3) 外人干涉运价政策——这一点能够阻难我们的经济建设；

4）全国已建成的铁路必须配置战时的准备，使随时能够供抗敌之用。

5）必须在最短期内完成下列方面的铁道：(1) 能够增进国防前线的运输效率的；(2) 联络国防前线和后方的；(3) 准备沿海被封锁以后通达国外的出路的。

2. 航运方面的建设　目前中国航运方面，日本资本所经营的倒占27％以上，这些航线必须立刻停止它的航行。同时我们必须筹设大规模的国营轮船公司，扩充内河航行和海外航行。国家对于内河航行权必须重加改订，使民族航运事业得以顺畅发展。尤其是和国防有关的航线，必须全部由华方轮船航行。

3. 航空建设要注意军用航空的扩展　特别要注意的，东北和华北的领空权也必须全部收回。民用航空方面必须注意自辟航线的增加和飞行场的设置。

4. 电信事业可以和英美法等国合作经营　不过我们必须保留最高的统制权和收回权。

改善国民生活

我们在上述各部门经济的建设政策中，尤其是在农业政策中已经说到一些关于改善人民生活的办法。谁都知道，改善国民生计是一切建设和一切奋斗的最后目标。我们在实行国防经济建设的过程中间，国家应当用最大的力量，进行改善民生的工作。这里最重要的，国家对于工人应当重新制定更能保障劳工利益的劳工法和工厂法，规定工人的最高工作时间和最低工资，禁止雇佣童工，规定男女工人有同样的报酬。工作时间如遇国防的需要，可以酌量延长，可是必须跟着增加工资。政府必须规定工人有自动组织工会，参加一切抗敌救亡运动的权利。

关于农民方面，除在农业政策一节所说以外，国家对于灾区的灾民必须有妥善的救济办法。规定农民有自行组织要求改善生活，和参加救亡工作的权利。

其他关于一般店员、苦力、知识分子和一般自由职业者，政府都要确定计划，帮助他们去改进生活；对于旅居各国的华侨应当由国家的力量尽量保障他们的生活。

建设的资金何在

我们要进行上列各部门经济的建设，不消说得需要巨额的资金。那么这些资金从哪里来呢？

有人说，建设的资金应当"书求诸己"，这句话大部分是对的。尤其是有关国防的经济建设，我们非用自己的资金不可；要不然，我们防盗又防贼，真是防不胜防。那么用我们自己的钱来做我们自己的建设工作是不是可能呢？我们说，这一部分是可能的。不错，我们中国资金的垒积非常贫弱，然而如果全国富豪都能把他们休闲着的资金，投放在各项建设里面，那事情确乎"尚有可为"。近据里文斯氏（Leavens）的估计，中国白银的贮藏共有25亿盎司，其中货币白银为17亿盎司，非货币白银为 8 亿盎司。不过据我们自己的估计，中国目前所存的白银因为近年来流出国外的很多，至多还有 18 亿盎司。此外，全国人民在国内和国外银行的存款大约估计有 40 亿元（据各方调查，上海一埠存款已达 21 亿元，汇丰一家存款不下 12 亿元，其中大部分是中国人的存款）。这样，中国人民可能投资于经济建设和国防建设方面的假定有 50 亿元。这笔数目虽然不能算顶大，然而也尽够一个时期和某些部分的建设用途。这些资金国家必须用种种方式，像募公债、招股款等，尽量吸收，从事建设。

显然的，这些资金要用来完成全部的建设，还是不可能的。因此我们还要利用外资。

关于利用外资的来源问题却有各种不同的说法，顶可笑而顶可怜的，竟有些人还在那里提倡中日借款，来做我们的建设工作。这不要说日本本身已经穷个不了，它自身的国债已经在 120 亿元以上，决没有什么余力来投资到我们这边来；即使它还要硬扮阔绰，向我们投一分资本，取十分利润，那我们还有这样的本领来受它的好意吗？所以如果今天还有人主张从日本怀里掏钱来开发我们的经济，那不是"寡廉鲜耻"的汉奸或准汉奸是什么。

还有一部分主张从德国借款和利用德国的技术来进行我们的经济建设。作这种主张的人们认为德国的技术高明，有时还价廉物美；至于借款的条件还能特别克己。这些都是事实。然而如果我们能够知道：德国已经公开宣言它是我们敌人的同盟者，它已经在军事和经济上给我们的敌人以种种帮助的时候，那我们还能相信德国高明的技术，价廉物美的商品，以及条件特别克己的借款，真的能够对我们有利吗？能够相信这点的人，也就是相信中日经济提携是真能够帮助我们的经济建设的人。然而我们相信，中国人能够这样相信的人还很少。更何况德国跟日本一样是个穷光蛋，它的国债在 300 亿马克以上，它也和日本一样只能假扮阔绰而已呢？

所以关于利用外资的来源，我们应当绝对确立这样的原则：我们决不借用我们敌人的资本，我们也决不借用我们敌人的帮手的资本。因为这种资本是吃人的资本。

然而我们却能借用英美法国的资本。这不仅是因为英美法等国有借债给我们的可能，而且因为这些国家借债不一定立刻要亡我国家，灭我种族。所以只要我们能够在下列条件之下，即：

1. 绝不损害国家的主权和利益；

2. 国家和地方的税收不作为利用外资的担保；

3. 一切事业的经营管理权不作为利用外资的保证；

4. 一切国家的富源和利权（特定的租让 concession 除外）不作为利用外资的交换条件；

5. 中国能聘用外国人才和采用外国原料，然而这不作为利用外资的交换条件。

这样借用那些国家的资本，那么利用外资的确可能增加我们民族的生产力，加强我们抵抗敌人的力量。当然，我们在利用外资的时候，一定要付以极大的代价，然而我们能有什么更好的办法呢？

假如有人回答说，他有这样更好的办法：

"你说英美法不是帝国主义国家吗？它们不想侵略我们中国吗？

"那么日德不也是和英美法一样的帝国主义国家吗？

"你说我们可以借用英美法的资本来建设中国的经济，难道我们就不能借用日德的资本开发中国的经济吗？"

如果有人这样说，那么必然有人会告诉他：

"聪明而孤寂的绅士呀，你难道已经放心到这般田地，以为人类已经丧失了一种本能——一种'笑'的本能吗?"

（1937 年 2 月 13 日）

（上海黑白丛书社，1938 年 1 月）

中国国民经济的总动员

我们在本刊第二期说过，假使我们的确能够向我们顶主要的敌人抗战，那么最后胜利的把握一定是在我们手里。我们在那里曾经指出某帝国主义在技术经济上的缺陷，特别是社会内部的缺陷，会最后粉碎他们一口气吞灭中国的野心。

但是我们绝对不是乐观的定命论者，我们决不会抄袭那些"中国民族无论如何不会灭亡"的呆子理论，来安慰自己，来欺骗别人。某帝国主义决计不是元代的蒙古游牧民族，它也决计不是十足封建的满洲民族，它之侵略中国在意义上跟蒙人满人"入主中原"根本不同。某帝国主义虽然跟我们"同文同种"，"谊同福泽"，然而为要满足帝国主义侵略者的欲望，为要延续和扩大他们军阀资本家的统治起见，他们是会"大义灭亲"的。所以，尽管中国具备战时的各种有利条件，然而倘若我们富裕的资源尽是躺着不动，或是被人家"鲸吞蚕食"，我们广大的人力，总是听便人家用毒物斩丧，用枪炮来轰炸；我们比某帝国主义好过百倍的社会基础，只是长此自己害下去，那么中国终有灭亡的一天。

要求我们的生路，而且要使我们中华民族"永生"下去。我们从此刻起，便要在各方面动员起来，对我们的主敌作殊死的抗战。我们立刻要动员全中国的物力、人力、财力，在一个集中的目标之下，有计划地有组织地进行决定我们命运的工作。

全部国力的动员应当包括陆海空军的军事动员，全国文武机关人员的动员，整个国民经济的动员等等。在这样一篇短文章里，我们当然不能说到全国国力动员的计划，这里我们所要说的，只是国民经济动员的计划，而且只想在原则上指出几点比较重要的地方罢了。

谁都知道，一个现代的战争，决不是单单前线士兵的战争，而是整个前方和后方的"拼命"。战争的技术愈是"新法"，战争的规模愈是广大，战争的时期愈是长久，那么决定战争胜败的重心，越是从前方移到后方，越是从前线士兵的厮杀移到整个国民经济的"交锋"。我们从"一·二八"的经验来看，从阿比西尼亚的长期抵抗来看，我们一定能够推想到，倘若全国上下决心抗战，那么未来的战争，一定是大规模的长期的战争。因此，全国人力和各部门经济的健全的动员，在未来的战争中间，的确是有决定的重要性的。

讲到全国经济动员的计划，我们要提出一个最高的原则，那就是说，一切人力、物力、财力的动员，应当以保证全国人民踊跃地有效地从事抗战，保证抗战在战略上最高的优越性，为其惟一的任务。下面我们略说各经济部门——工业、农业、金融、交通、运输、贸易、劳动力等——的动员。指出几个原则。

在前线应用的东西，大概可以分做下列三类：第一类当然是各种战斗用具，如军器、弹药以及一切作战用具。第二类是轻工业的产品和农产品，包括人和牲畜的生活用品和粮食等等。第三类是辅助用品，如各项辎重、卫生用具、燃料、机械油类、交通通信材料等等。

整个工业部门在作战的时候，应当按照战争的需要全部改造过。中国现有的工业，在供给上述第一类用具上，将表现出最大的弱点，因为中国军需工业可以说还没有存在。关于这一点，我们除掉动员全部现存兵工厂，制造军火以外，我们特别要维持并建立较好的外交关系，使得国外军火的供给，有确切的保障。

中国的工业在作战期内所能供给的物资，以轻工业的产品居多。至于各项最重要的辅助用具，如燃料（煤、煤油等）和各项战略金属（如锑、钨等）的生产，正要用最大的力量来发展。这里我们一定要确定一个原则，那就是说，因为我们主要的敌人在中国工业部门所占的力量实在太大了，所以当战争开始，我们就得把敌人的企业无条件地收归自己国营。比方棉纺厂在战时所起的作用，是非常大的，可是中国的纺织业却受日本资本的压迫，日本在华的纱厂把中国自己的工厂压得透不过气来。这里，倘若一旦战事爆发，我们为要巩固我们的经济阵线，同时为要削弱敌人的供应能力，我们能不把敌人的企业收归自办吗？在那时候，一切关于经济的不平等条约和协定，当然要全部撕毁的。比方，日本因为自己煤矿不够，在1913年跟汉冶萍公司订结协定，规定该公司必须供给日本铁砂3500万吨。那样的协定，只有愿做亡国奴的人们才愿意负担遵守的义务呢！

其次，重工业方面应当集中于跟军事直接有关系的各项生产，我们要用最大的力量开发我们丰富的煤矿、铁矿、油矿和钨锑矿等。在轻工业方面，要尽量改变装置，适合于战时日用品的制造。

现在来讲农业。农业生产在战时前方和后方都非常重要。首先，我们应当赶快提高粮食的产量，我们应当设法在最短期内弥补我国5％的粮食不足量。这里我们自然不是说，农民拼命增加生产，给地主多收点租子；我们应当规定，在作战期内，全国农民所生产的粮食，除开留下一部分，供给农民自身之外，应当由各地方设置战时粮食委员会，集中储藏，输送到前方去，一部分运到城市里，供给备战的和工作的大众消费。

除开粮食以外，我们要增加棉花和桐油等等的生产。这一着，可和目前日本替我们来"提携"、劝诱华北民众增植棉花，丝毫没有相同之点。恰恰相反，我们主张，中国棉花应当绝对要由中国人用，中国桐油绝对要由中国人用。这一点，我们不是要向各国的自足自给政策（autarky）学样，我们为的是要保证战略物资不被人家——尤其是主要敌人夺去，也就是要保证我们胜利的前途。

第三，讲到金融。这一点我在本刊二期已经指出，中国全国18亿盎司的存银，在抗战的前提之下，是有全部集中起来的必要；而且也只有在那样的前提之下，才有集中的可能。白银和黄金的国有，应当是战时经济政策的中心任务，到那时我们一面要用现金现银，买进外汇，作为稳定货币之用，同时可以向国外购办大批军火，从事抗战。那时候的财政一定发生膨胀的现象，然而事情毫不可怕，到那时候，我们为要维持市面的平稳，可以发行大宗纸币来救急的。

此外在财政方面，我们当然不能忽视各种健全的来源。我们一定要没收敌人和汉奸的资产，征收所得税和遗产税，以及征收从军代金（不参加作战便要出一定量的钱，充作战费）等等，增加当时的收入。

第四，军用交通的开拓，在战时是非常重要的。战争胜利有一个最重要的条件，就是军队能很快地动员和集中，这样才能进行迅速的袭击，取得最初的胜利；或是作出人意外的反攻，以转败为胜。这些都必须有便捷的军用交通。中国近年来铁道的建设大有进展，南京铁道部以及各省政府各商办铁路公司，共定有建筑 2500 公里新铁路的计划，1935 年已完成 3/5。全国公路建设更加可观，到 1935 年 10 月末，全国经济委员会所协筑的公路已在 2 万公里以上，已敷路面可通汽车的，约居半数。在这里我们应当提出两个原则，来统制全中国的军事运输。

（一）中国各项交通运输工具，无论铁道、内河及沿海航行，乃至航空路线，都受列强的控制和掣肘，在这一方面，我们在发动抗战之初就应当将敌人对我们的控制，全部解除；对各中立国的控制，应当成立友好协定，这样才可以保证我们自主的军用运输。

（二）今后一切军用交通运输的建设，应当集中在对敌作战的战略地带，如华北、邻近华北以及沿海各省。目前一切不必要的建筑应当全部停止，将经费人力集中到为抗战必要的建筑上去。

第五，现在要讲贸易。这里我们特别重视对外贸易，一旦战争发动，对外进口出口贸易，如果毫无统制，结果一定"一塌糊涂"。为什么呢？比方，我们刚才说过，我们战时对于粮食和棉花是非常需要的，然而像目前苏北、广东和河北等省的粮食，正由大批浪人收买到日本去，而我们中国老百姓反没有粮食吃，一定再要用高价向国外采办。中国的棉花许多都给日本用去了，中国自己的纱厂却因原料缺乏而关门停工。这样情况倘使继续下去，我们能够保证抗战时期不发生粮食和日用品的缺乏吗？所以第一我们必须禁止或限制必要品的输出。

其次，我们在战前和战时，需要大批的军用品和一切技术用品，这些我们在抗战的条件之下，必须规定免税或减低税率办法，与各中立友邦订结协定，奖励他们的进口。

最后，我们要说到劳动力的动员。这里我们一面要设法将全国的劳动力完全改编，使得一部分的劳动大众能够直接参加前方的抗战，而另一部分就得留在后方；一面受军事训练，一面积极从事上述各项生产和别种工作。

上面我们对于整个国民经济的战时动员计划，已经说了一个大概，详细的规则还得要靠大家的实践来完成。在本文的末了，我们还要重申过去说的话，我们在作经济、政治和军事方面动员的时候，虽然有种种困难，可是最后的胜利还是操在我们手里。中国的民众和军队在抗战进行的时候，一定能够像法国大革命时代的民众一样，不但表现出伟大的潜伏的力量，而且会完成伟大的创造，订正旧的战术，编制新式的抗战军队。这种优点是帝国主义的侵略者所梦想不到的，然而这却是决定我们抗战胜利最主要的条件。

（《永生》第一卷第六期，1936 年 4 月 11 日）

从中日财政经济观察未来战争

我们可以老实不客气地这样说：假使中国人民不向主要的敌人抗战，那么中国只有死路一条，中国的国民经济只有一直走向殖民地化！

同时，我们根据平素研究的结果，敢大胆地这样说，假使中国一旦抗战，那么尽管敌人的武器比我们强过几倍，可是最后的胜利一定是属于我们的。

为什么说，中国如果不抗战，那么中国经济一定要完全殖民地化呢？

中国目前整个国民经济的命运，差不多都掌握在帝国主义手里。我们先看工业，主要的重工业，像煤、铁等业，差不多都在外人，特别是日本人的手里。东北所藏的煤矿占全国40％，而现在已经成为敌人进攻我们的动力资源了；山西的煤矿，富甲全国，现在正由日方设法"协助"开采了。中国的铁矿可以说完全由日本执管，辽宁一省所有铁矿已占全国75％；全国铁矿资本日资竟占80％以上。

轻工业方面也何尝好些！丝业因为日方的剧烈竞争和垄断原料，终是奄奄一息；卷烟业也在英帝国主义的蹂躏之下，不能够动弹。素称"民族工业之王"的棉纺织业怎样呢？日本在华纱厂的资本大过华商纱厂资本总额3倍以上，连年华厂因为东北和华北巨大市场的被人占夺，原料的被日方强占，正在停工的停工，关厂的关厂；而日本资本却得意洋洋地在上海、天津、青岛添加资本，增设新厂；天津的华商纱厂几乎全部交给日本经营了。

我们不讲工业，来讲我们"以农立国"的本行——农业。殖民地的农村本来只是帝国主义资本掠夺的主要渊源。最近我们的"友邦"跟我们进行"经济提携"，他有系统地提出所谓"工业日本、农业中国"的计划。这倒并不是"友邦"一片好心，要替我们保全"以农立国"的金字招牌，他的目的恰恰是要教中国变做不折不扣的落后殖民地，我们供给他们贱价的原料，他们供给我们高价的制造品；这样，我们在经济上就永远隶属于日本。所以日本年来在华北厉行植棉，并且在我国沿海地带强制"收买"土地，种植棉花。这样，中国将来的农业便成为日本工业的尾巴，中国的农民也变做日本资本家的二等奴隶（头等奴隶是日本工人）。

再说金融和财政。中国的金融业在表面上是够堂皇的，然而在各大银行里，我们却能闻到浓重的买办气息，他们在经营外汇上，在调节进出口贸易上，都显出他们十足的买办任务。特别是当今金融和财经已经密切得分不开来的时候，中国的金融货币，因为财政上对于各帝国主义的隶属一天天加甚，他们更做成了外国资本的代理人，英美日对于中国货币权的争夺，特别是最近日帝国主义要在华北设立大规模"公库"，统制各省金融，都证明了中国的金融货币早已沦为帝国主义的附庸。至于财政方面，关税盐税收入，内外债的举行，桩桩都仰外人的鼻息；各帝国主义也都要凭藉这些来加紧对于中国的统治。

因此，假如目前的情况继续下去，那么中国的工业也罢，农业也罢，金融财政也罢，总之，整个国民经济只有走到完全殖民地化的路上去。

那么为什么说，中国假如发动抗敌战争，最后的胜利一定属于我们的呢？

兵家常言，"知己知彼，百战百胜"。我们先从财政经济方面，来做些"知彼"的工作吧。

大家知道，日本帝国主义有一个很大的特征，那就是它技术和经济发展的水平与军备现状之间的差度是非常之大的。日本目前陆军常备军有40万人，战时可以增加到300万。日本现有的军舰总吨数在60万吨以上；军用飞机有1700架左右，坦克车有五百余辆。

日本这样巨大的战备，实在不是他的能力所能担负的。日本资源的缺乏真不亚于意大利。就战时主要的动力来看，日本最主要的动力来源是煤矿，占全国动力总额43％；然而日本煤矿储藏量只有82亿吨（满蒙倒有44亿吨！）占全世界1％。石油的储藏量简直是不足数的；铁矿藏量也只占全世界2.1‰。至于各项战略金属（即非铁质金属），那么日本除钢以外，别的都要依赖国外输入；例如铅要靠加拿大输入，锌要靠加拿大和澳洲等地输入，铝要靠加拿大和欧洲方面输入。战时的粮食问题是非常严重的，日本最主要的农产就是米，最主要的粮食也是米，而米的生产只够供给全部消费量的3/4。

我们再来看日本的金融和财政。日本目前全国现金共有五亿元，全国目前流通的钞票有14亿元，现金和钞票合计共19亿元。我们照此来推算一下，在第一次世界大战期间，参战各国每天每国平均用去的战费为3700万元。假定日本用了目前的现金和钞票来支应战费，假定未来中日战争的战费也同欧战相仿，那么日本现有的现金和通货只能支持51天的战争；而1932年淞沪之役，还继续了 34 天呢！

目前日本的国富总额不过 133 亿元。根据第一次世界大战时的估计，各参战国所支战费，多的有达到全部国富 72％ 的。若按此计算，日本国富中所支战费得有 95 亿余元；现在仍以每日平均战费 3700 万元计算，那日本能维持 258 天的战争。

不错，日本政府在一旦战争发动的时候，一定会千方百计，罗掘战费的。第一，他要增加国内人民负担的税捐。不说笑话，日本战前的"景气"，并不会帮助了税收；相反的，根据 1936—1937 年度的预算，各种因为景气恢复而应该增设的税捐如印花税、酒税、交易所税等等，非但不增加，而且反见减少。日本民众的赤贫，已经跟日本的"社会倾销"一样名闻世界了，那么税收的增加，就不会有什么把握了。

我们东邻的聪明的军阀资本家一到战争发动，一定会学欧战时德国的样，大发纸币，来支持战争。这一点非但可能，而且是必然的。然而这却必然会闹坏了事情。那位见恨于军阀因此被杀的高桥老财相早已这样告诫军人了："假使单单注意国防，终至惹起恶性膨胀而破坏了信用，那国防也决不能巩固的……回头一看国内状态，却是一个天灾不断，民生憔悴的时候，在社会政策上，有许多地方值得考虑的"（1935 年 11 月 28 日高桥声明）。滥发纸币引起恶性膨胀，在社会政策上的确大成问题的，那时恐怕也要发生"攘外必先安内"的问题吧！

日本政府还可以发行公债来应付战争。然而可怕得很，日本的国债快要突破百亿元的大关了。老实说，日本的金融机关对于公债的消化力量已经异常薄弱了，特别是当战争期内，因为购办军需的关系，大批资金，将不断外流，银行对于公债的消化力一定格外变弱。退一步讲，假定日本政府还勉强发行公债，我们假定银行对于公债的消化率为 20％（对银行存款而言），那么日本全国银行存款为 125 亿元，他们每年所能接受的公债为 25 亿元，即仅能够支持战争 67 天。

最后一着，日本政府还得举借外债。然而情形并不如此简单，目前的国际关系对于日本并不有利，日本和美国、苏联之间的矛盾和冲突几乎不能避免，就是英国在未来中日战争中，也未必会帮日本的忙（至少在第一阶段上不会帮助）。所以日本举借外债的希望是非常微薄的。已故的高桥财相，他在日俄战争的当时，是亲往伦敦借过债的，他对于借外债的困难，是了解得非常真切的。

3 天之内，日本可以亡华，这句话是毫无根据的，假使我们能坚决抵抗的话。相反的，就整个社会经济而言，未来战争胜利的把握，倒的确操在我们手里。现在来看我们主观的力量吧。

中国地大物博，技术经济发展的可能是非常之大的，这已是大家知道的了。中国煤矿的储藏量仅次于美国、苏联和加拿大，其中 23 省的储量计有 248.287 百万吨。中国的铁矿有 11 亿吨以上；石油呢，至少有 3200 兆吨。其他战争金属都非常丰富，特别是锑矿、钨矿，差不多是世界上最主要的出产品。

中国目前粮食的生产，技术既极幼稚，又受各种人为和自然的摧残，因此已经大减特减。不过，就照目前生产而言，全国米的产量约在 4 亿至 5 亿石之间（消费量约在 4.5 亿石）；麦的产量约为 3 亿石（消费量为 4.2 万石）。据统计专家张心一先生的估计，全国粮食消费还缺少 5%（日本缺少 25%）。假使我们还能增加生产，那么战时粮食可以不成问题的。

再来看金融和财政。据一般估计，中国全国藏有现银 20 亿盎司，近两年来运出白银甚多，现在假定还存有现银 18 亿盎司。全国人民在一致抗战的前提之下，一定能够投珠掷环，把所有存银集中起来——而且也只有这样才能把现银集中起来，这 18 亿盎斯白银，大约可值 10 万美元，合中国法币 30 亿元（黄金尚不在内）。凭此发行钞票，至少可发 60 亿元。同时，在抗敌战争的目标之下，再多发些钞票也是无疑的。

在这里我们要特别指出，中国人民抗敌战费中，应当包括大众的所得税和遗产税；尤其是汉奸的财产应当没收过来充作战费。

至于作战的军队，我们把政府军队和各方面的武力加在一起，至少有 250 万人；假如全国动员起来，那么要超过日本不知多少倍。你看广西一省的民团假使动员起来，就有 300 万人，在数目上已经抵得过日本全部军队了。

最后，我们要特别注意，未来战争的胜负，主要的绝不是由你有几支枪，我有几架飞机来决定的；社会和民族的构造才是战争胜负的主要决定因素。中国一旦发动抗战，全国人民一定能够站在一条线上，一心一德对敌作战。敌人的侵略战争，却绝然不同，他们发动而且赞助这侵略的，只有少数军阀和资本家，至于一般大众，那非但厌恶这种战争，而且会从后方来反对这种侵略行动的。日本近两年来农村田业冲突和都市劳动纠纷的激增，最近全国总选举时政友会的惨败和无产政党的胜利，这些都是使日本在未来战争中压根儿失败的基本因素。何况中国民众在抗战过程中一定能够得到全世界弱小民族和广大群众（日本大众在内）的同情和援助呢。因此我们说，未来战争的胜利一定是在我们手里的。

（《永生》第一卷第二期，1936 年 3 月 10 日）

新币制的透视

一　英美日的争霸

自从 1935 年 11 月 4 日中国实行新币制以后，大多数的人们固然吃亏不小，但是也有许多人占了便宜。吃亏的人在埋怨政府，占了便宜的人则在颂扬政府。他们的埋怨和颂扬固然"相去千里"，可是有一点却是他们共有的毛病——他们都在"坐井观天"，他们都犯了"近视"的毛病。

实际说来，占了便宜的人，他们只歌颂自己的政府，实在是辜负了帝国主义"抱腰"之功；那些吃了亏的人呢，他们假使只怪怨中国政府，而不知幕后"指使有人"，那么也就忽视了最大的敌人。

谁不知道，半殖民地的中国，样样事情都有人家在牵线。我们不说别的，单看货币制度，各个帝国主义国家，特别是英美日 3 国，他们勾心斗角，要把中国货币权抢在自己手里的争斗，实在是早已开始的了。在 1930 年美国凯末尔顾问团建议中国改用金本位币，实际上就想把中国的币制，拉到自己怀里，大大扩充他的贸易和投资。不幸得很，这一着后来因为种种关系，终究没有成功。

接着1931年日本的大炮就发动了大规模瓜分（在日本是想独占的）中国的运动。日本运用他武装的力量占夺了东北四省，控制了华北五省以及其他。这样美国怎么能干呢？美帝国主义的利益主要的不是在太平洋上吗？好你日本能用飞机大炮来占夺中国，难道我不能用我雄厚的资本，来威胁中国，使他"就范"吗？

这样，美国就发动了他的白银政策，到1934年8月9日，他又公布他的白银国有令，向世界市场上大批购买银子。这种办法在美国资本家方面，当然还有种种动机；我们单就中国货币而言，他首先就混乱了中国的金融，危害了中国币价相当的稳定。美国资本家就想更进一步地把中国的银洋，联结到美元上去。那就是说，美国在白银收买到相当程度的时候，可能将银价稳定下来。假使白银对于美元能以一定的比率稳定他的价格，那么，中国的银本位币就可以完全跟着美金的变动而变动，中国也就自然而然地加入美元集团了。

美国这样"单刀直入"的做法，便引起了他主要对手——英国的嫉恨。英帝国主义不能眼巴巴看着中国这块肥肉给他的敌人抢去的，他也不能眼巴巴看着美国夺取中国的货币权，使美国在"镑""元"斗争中间保证他最后胜利的条件。而且，英国也估量到，任何国家在远东，尤其在中国的金融势力，都比不上他自己。这样，他能束手放弃他的已有的优势吗？不，决不的。英帝国主义的办法，恰巧相反，他利用了他的优势，最后就用了"以退为进"的战略，来向美元"迎头痛击"。他故意地收回自己在华的资本，大批运走中国的白银。这使得中国的金融市场和工商业遇到空前的危机。接着，中国当局便不得不向英国求援，对英借款的声浪，也就闹遍了世界。上海的英商大地产业家沙逊爵士还提出他的镑券计划，怂恿中国对英国借款，发行上海镑券，造成中国的银币英镑的并行本位制，而实际上便把中国拉入英镑的集团。

日本在中国的货币权争夺上虽然显不出多大本领，可是他也用着中日经济提携的口号，甚至提议日本自己改用银本位，造成中日满的银集团，来控制中国的币制。同时，他最凶的手段倒还不在这些"远路"，他是喜欢"直截了当"的"硬干"的。他有的是枪杆，那么他又何必"学步"呢？

二　究竟落在谁的怀里？

日本不必走软路和远路，所以他又来了。当国际借款闹得沸滚的时候，他就发动了"华北事件"，其势汹汹，有气吞黄河，直下长江之概。正在那个时候（1935年6月），英国政府就决定派他的财政经济首席顾问罗斯爵士，到中国来调查财政金融状况。罗斯爵士8月10日就从伦敦动身来华。他路过日本，要求日本当局的谅解，要求英日合作，实行对华政策。可是东京却始终反对英国对华借款，反对中国加入英镑集团；并且反对各国联合对华借款。英方几乎没有讲话余地。

罗斯爵士就这样忍气吞声地离开东京，光临他最后的目的地来了。在这里我们应当钦佩这位英国经济顾问的努力，他在短短一两月内，竟能完成一个凯末尔氏所不能成就的伟大功绩，完成一种"国民政府成立以来，对全国人民最有利之举措"（顾季高先生语）。

11月4日，财政部就公布实行新货币制度了。币制改革后的货币，就是所谓"管理货币"；这就是说，在国内流通的是纸币，对国际的汇价是由国家银行用营业手段把它稳定起来。照目前的情形说，汇价是以每1元中国法币合1先令2便士半的比率，跟英镑联系起来。

在币制改革之前，传说中国当局曾向英方借到1000万镑，后来又经中英当局力加否认，说借款实无其事；同时币制改革的办法，也未事前商量，不过适与罗斯爵士（所见略同）罢了。这些我们可以不管。事实上，我们看到的是币制改革一经宣布，在华英商银行对于把现银移送到中国国家银行一层竭力帮忙；而且伦敦方面对于新币制的观感，似乎也超过寻常友谊之上。这些我们也似乎可以不问。

最麻烦的，美国方面传来的电讯，竟一致认为中国已经加入英镑集团；而日本各界又在反对英国控制中国财政金融，攫夺中国币制，跟英国和中国打麻烦了。这还不算，日本报纸还在"友谊地"替中国民众分析，它说独立国日本之加入英镑集团，跟半殖民地中国之加入英镑集团，是完全不能相提并论，中国必然吃亏的了。

这样，中国的货币权，也就算落到英帝国主义的怀里去了吧！

三　产业能够复兴吗？

一国的货币跟别国发生一定的联系这本来不是什么丢丑的事情。无奈中国不能跟别的强国相比，中国的货币落在人家的手里，那自己就不能"多作主张"，结果吃亏的往往是我们大多数的中国人，占便宜的除了国内少数人们以外，主要还是外国资本家。

比方说吧，因为纸币价格比较以前的银洋跌低百分之四十，各项物价，就很快地提高起来。这样，一般小百姓就吃了很大的亏。他们原来一块钱可以买到一斗米的，现在只能换到七升米了。自然，要他们的肚子一天少吃十分之三是不大惯的；到真没有办法的时候，也就只得饿肚子，否则，他就不得不多花些钱去买米。可是，另一方面他的收入是不是增加了呢？并没有；恰恰相反，他的收入还有减少的可能，甚至他还会失业呢？这怎么办？

可是有些经济学家却认为物价合理的提高，对于产业的发展是必要的。好吧，我们就丢开老百姓肚子饱不饱的问题，来谈产业发展不发展的问题。

谁都知道，无论工业和农业的发展，需要一个广大的国外市场，和一个结实的国内市场。是的，有些经济学家告诉人家，新货币政策一定会扩充出口贸易，因为按照目前的汇价，中国商品在国外市场上的价格，一定要比以前更加便宜，因此销路也就会扩大了。我们认为这种说法未免太过乐观。谁都知道，目前世界贸易的不振，主要原因并不在商品价格的不贱，倒在一般购买力的薄弱，以及国外各式各样的关税壁垒。中国的商品再贱些，恐怕也难于跟列强的商品竞争吧。

自然，我们并不是说中国全部的输出品都没有增加的可能。实际上，在新币制实行以前，有些跟军事工业有关系的原料（像桐油、钨、锑等），他们销到别国去的已经很多。币制改革以后，他们的输出也许会很快的增加。可是，这些对于整个生产部门的影响，究竟还是很小的；假使中国也够得上称做"中国帝国主义"，中国的军事工业已有很好的发展，那么我们的资本家们才能真正乐观呢。

可是，中国毕竟是一个半殖民地国家，中国的民族工业还没有这样的福气，来享受一般资本主义国家实行通货膨胀以后的果实。我们退一步说吧，即使中国一般商品的输出，在币制改革以后也有增加的希望，那么得到出口增加的实惠的，恐怕也还是外国在华的企业呢。假使你能想象到中国的进出口贸易，多半由外商操纵；同时，中国的工业（煤、铁、棉纱、烟草等业）主要的是在外国资本之下，那么你一定可以想到，由币制改革所造成的对外贸易的有利条件，一定又会给帝国主义利用去吧。那么，这里我们能不能得出这样的结论：货币改革更加促进外人在华企业的发展，更加促成民族企业的萎缩？

从国外市场看是这样，从国内市场看又如何呢？刚才我们说过，一般大众因为币价跌落，物价高涨，购买的力量一定要不断低落。国内市场是由全国民众的购买力支撑的；购买力不断低落，我们就无法想象国内市场会逐渐扩充。国内市场没有扩展的希望，那么，主要销在国内的民族产业难道有发展的希望吗？

工业不能扩展，工人的工资就没有希望增加（实际工资减低了），失业的工人也没有办法减少；可是物价却还在上涨。这样的结果，产业就只有越加衰落。这就是为什么通货膨胀解决不了经济危机的原因；同时，这也就是半殖民地中国实行通货膨胀的结果格外凄惨的原因。

四　农村中的悲喜图

漆琪生先生在11月24日《时事新报》上发表了一篇"新货币政策与土地问题"。他以为新货币政策如能"在最确当的管理下推行"，那么"农村经济当然亦因农产品价格之上升，农产品之销路出现，农业生产利益增大，农民收入增多，农村经济富裕，农村资金充实，农民融通方便，则农民贫乏之痛苦减轻，农村中的对立关系亦缓和，因而土地问题亦可不似以前之紧急而险厉，解决较易。

漆先生几乎已经用尽了积极的动词和形容词如"上升，利益增大，收入增多，富裕，充实，方便"，重重叠叠的把新币制写得像"化地狱为天堂"，起死回生的灵丹一样。这里我们除掉惊叹漆先生怀有如此丰富的词汇和如此伟大的"阿谀"天才之外，我们再有什么话可说呢？

漆先生是读过许多理论的"学者"，尤其是，他曾实地视察过江西跟别的省份的农村。而且，他又知道农村中有什么"生产关系"，"土地所有的关系"，甚至，他又知道"对立的关系"。然而所有这些，只能叫漆先生说"斯种管理通货的政策，更能健全的畅行于农村之中，而为农民所爱戴，救济（？）农村金融，农民受惠无穷，于是中国土地问题之解决，更可简易而便利"。这一套听来是够腻烦的！

实际上，只要稍稍注意农村生活的人们，都会知道，现在中国的农民中间，贫富的程度已经相差得很甚，同时，地主跟一般贫农和乡村工人的生活，又是相差得很远的。这里就存在着漆先生所说的"生产关系"。这里就显出所谓"对立的关系"。上层的地主和富农要收人家的地租，收人家的高额利息，还要做生意赚钱，兼做大小官吏，向人家搜括"揩油"。下面广大的贫苦农民呢，他们要向人家缴租，还重利，得到极低的工资，他们要受商家的剥削，他们还要给胥吏们"敲竹杠"。这种就是"对立的关系"。

假使我们把漆先生揭示我们的"对立的关系""生产关系"牢记在心头，那么，我们在分析这次新货币政策对于农村所生影响的时候，就会得出跟漆先生很不相同的结论。

第一，是农村工人的收入因为纸币跌价的关系，实际上减少了。每年赚40块钱工资的"长工"，现在虽然名义上并不减少，可是因为币价跌落，物价上涨，实际上的收入，恐怕只能抵到原来的二三十块钱了吧。

第二，是一般贫苦农民，他们平常是很少有余粮可以出卖的（就是出卖也总在新粮上市，急求脱售，以应急需）。所以，说到因为币制改革，农产价格上涨的好处，他们是无福享受的。可是，另一方面，一般日用品价格的高涨，他们却有份挨到；而且越是没有钱的农民，越不能预先多办些货，避免将来更高的价格。

第三，地主和富农却不同了，他们有余粮可以出卖，他们可能等待最好的机会，出卖他们的农产；他们可以用低价买进贫农的农产，积储起来，以求高价出卖。总之，只有他们才能享受到通货膨胀以后，刺激出来的物价上涨的好处。另一方面，他们对于一般日用品，可以预先多买一些，免得将来吃亏。同时他们自己往往兼做商人，所以在物价高涨之中，又可以大赚一笔。因此只有对于这些上层的地主和富农，才能"因农产品价格之上升，农产品之销路出现，农业生产利益增大，农民（富农）收入增多，农村经济（？）富裕，农村资金充实"。漆先生的话，大致也只是替他们说的吧！

第四，从上面看来，币制改革以后，农村贫富阶层的分化，一定更加厉害。富有的地主和富农，他们自然会用他们的钱，添置他们的田产。贫苦的农民呢，假使他们还有些田亩可卖的，那又不得不更快的卖掉了。漆先生安慰人们说，那时"农民贫乏之苦痛减轻，农村中的对立关系亦缓和，因而土地问题亦可不似从前之紧急而险厉，**解决较易**"。我们看漆先生是多么卖力在粉饰太平呀。

由此我们可见新货币政策，即使像漆先生所说，确能在"最确当的管理下推行"，他在中国农村里面也已经引起上述种种结果。管理通货跟通货膨胀之间，本来没有多大距离；而通货的继续膨胀，又是必然的趋势。同时，也有人说，币制的改革，可以促成货币的统一。不过据金融专家章乃器先生的说法，"我们现在所看见的，还只有捐出中央白银国有的招牌，以推行封建割据的省法币"（见大众生活创刊号）。事实上我们所看到的，也是各地现银的准备分库（即无从集中的表现），和广东、广西等等省钞得到了最好的名义上的保障。在这样的情形之下，一面中央的法币将来因为财政的关系，会无限制的增发；在各省当局，也还是"我行我素"，同时仿效中央，拼命发行不兑现的钞票。到那时候，农民手里所有的只是些不大值钱的纸钞，那时全国贫苦农民的哭声，一定会比今天更响了。

所以，我们不敢像漆先生和别的经济学家们一样的乐观。

略论抗战中几个农村经济的问题

〔按〕在抗日战争时期，全国人民的任务是动员一切力量，争取抗日战争的胜利，而一些资产阶级"学者"却无视现实，空谈脱离实际的"理论"，本文对之给予了有力的批判。

一　两条道路

摆在全国人民（中间百分之八十以上是农民）面前的只有两条路：把中国变做日本帝国主义的殖民地，而使中国老百姓做日本鬼子的奴才呢？还是使中国变成独立自由的新国家，因而使我们做这个新国家的堂堂主人翁？从抗战以来，中间不曾有过第三条路，也不能有第三条路。

鸦片战争以后，中国就变成一个半殖民地半封建的社会。外国的资本冲杀了进来，它对于我们封建大老爷一面拉住他们的袖子，一面又戳破他们的裤子；它对于我们"阿斗式"的民族资本呢，则把它的喉咙扼得紧紧的。就是这样，它向我们老百姓实行文明的攻势近一百年。民族资本几经挣扎，要想脱出娘的怀抱，独立成长，但终没有成功。差不多一世纪了，我们只受到资本主义的害处，却丝毫没有受到过它的好处。我们比别的国家的老百姓特别吃苦头的地方，就在于这一点。中国既有了漂亮的资本主义，但又没有充分发展的资本主义。当全世界的资本主义腐烂到臭气直喷（请闻一闻张伯伦式和达拉第、雷诺式的臭气吧！）的时候，我们中国便越加倒霉了。

就在这样的基础上，日本鬼子要把中国从半殖民地的地位推到全殖民地的泥塘里去。"九·一八"这就是鬼子直接动手的日子。他先把我们的东北抢了去，把东北一隅改成他的殖民地。一九三七年他又发动抢夺全中国的战争。我全国军民不甘投降和亡国，便奋起抗战。如今打了已三年，日本鬼子只占领了我们一小部分的领土，而主要的还是些点和线。敌人一占领这些地方，也并不想便宜我们，他便"扫荡"我们的部队，开发我们的资源。"华北开发公司"、"华中振兴公司"、"台湾拓殖公司"，就到处干起来。王克敏，梁鸿志和汪精卫的傀儡戏也就唱起来。日本帝国主义用他的枪刺在占领区搭起殖民地的架子，进行其殖民地的经营。以此为根据，他们正进一步要征服全中国，把整个中国照现有占领区的模样，殖民地化起来。这就是奴隶的中国的前途。目前敌寇正运用国际间对他某些有利的情势，运用我们内部某些严重的弱点，不顾三七二十一地在向这条路猛进。而汪精卫和一切汉奸，投降分子，和怠工分子们就是他们最好的帮手。

毫无疑问，中国的老百姓真正所要争取的，决不是这亡国灭种的前途。他们要独立，要自由，要生存。为了这，他们已拼了三年的命，吃了三年的苦。他们和奴颜婢膝而煊赫一时的汪精卫、李精卫等完全相反，他们在沉默中更加坚挺了。他们和一切倒退顽固的"英雄"们相反，这些无名小卒们是更加团结，更加进步了。他们更加和那些对抗战怠工而大发其国难财的幸运儿相反，他们在最崇高的自我牺牲中完成了新中国人民模范的典型。

他们凭着中华民族近四五十年来战斗的经验与教训，正用着双手在创造一个独立的、民主的、快乐的新中国。虽然他们的工作岗位有所不同；他们有的在战场，有的在后方，有的在工场，有的在农田，但他们奋斗的目标只有一个：抗战胜利，建国成功。从华北到东南，从西南到西北，从后方到前线，从前线到敌后，凡是中华民族的真正儿女，心头只有一个主意，手头只有一个行动，把敌人打出去，建立三民主义的新中国。这就是独立自由的中国的前途，也就是全中国人民现在所争取的前途。

敌人和一切汉奸投降倒退分子要联合全世界的反动势力，打退我们，迫着我们走亡国的路，而我们则要联合全世界上真以平等待我之民族，来打退他们，建立独立自由的新中国。眼前的斗争只是这两条路的斗争。我们不能希望有中间的路，也不可能有第三条路。

极少例外，中国三万万以上的农民大众都在抗战国策的领导之下，为打退敌人，建立民主的新中国而奋斗。他们是进行这个战斗的基本队伍，他们最虔诚地接受正确的领导，而与这种领导的力量相结合。这种结合本身便是中国正确发展之最结实的保证。

二　目前中国农村经济的性质问题

日本帝国主义的武装侵略和我们的抗战，把中国社会推上一个彻底转型的历史阶段。其变动速率之快，范围之大，程度之深，在中国历史上都是空前的。在这熊熊的历史熔炉里，中国将被打成一把刀，或是打成一把叉，这只有动手打的铁匠自己才知道。中国将变成日本帝国主义的殖民地呢？还是独立自由的新国家？这不能求之于推背图，也不能问之于刘伯温。这里的决定权操之于我们自己的奋斗。所以，日本鬼子（及其帮手）与我们的剧烈斗争，使现在中国社会经济的结构处于迅速变动的过程中，因此也是使现在中国社会经济的性质也在迅速转变的过程中。这是研究目前中国社会性质时应该注意的第一点。

其次，抗战时期军事和政治的种种情况，使得中国经济发展的不平衡性越发加强了。因为敌人军事的攻占以及政治经济的侵略，因为我们军事的防御和进攻，以及政治经济之在某种限度内的改进，中国现在大致可以分成三种地域。在这三种区域里，社会经济的结构，特别是农村经济的结构，有着相当显著的差异：

（一）敌占区。这是指完全被敌占领，并无或较少我方游击队活动的区域而言。东北是典型的例子。这里是十十足足的殖民地经营。日本帝国主义"开发"东北的大本营满铁会社控制了整个东北的经济命脉。它通过伪满政府，实行血腥的五年计划，将东北四省的一切物品和资源全部掠夺，以供其军事冒险之用。农村里的土地财产多被强占，例如富锦、依兰、土龙山等处的土地，敌人多直接加以没收，但美其名曰商租。其他各处，有"日满拓殖公司"、"满蒙勘业公司"等强迫用低价收买，敌人在东区道和其他各地，厉行"并村"，保其"安全"，结果农民多流离失所。至于日鲜浪人的霸占农田，横行乡里，更是司空见惯。农民大批大批地离村，一部分到敌人开设的工厂里去做工，大部分则冻饿而死。同时敌人还强迫征兵，组织伪军；强迫征工，建筑公路铁路。另一方面利用少数土劣，维持傀儡政权，作为压制人民的工具。敌人在华北华中和华南的占领区也早就开始这样的经营。

由此可知，敌占区社会经济的特点，第一，是敌人已控制全部的经济命脉。这些区域已经（或正在）变成日本帝国主义经济之直接的附庸。它已从半殖民地的经营形态变成十足的殖民地经营形态。第二，原有半封建的经济结构在基本上，不但未经摧毁，而且由于敌人的控制和利用越发加强了。当地的土豪劣绅和奸商之流，除极少数外，多以奴才的姿态，参加敌人所设的统治机构（伪组织）和经济掠夺机关。这些奴才们今天在敌人的豢养之下，居然过着纸醉金迷的生活。他们就是溥仪，王克敏和汪精卫等傀儡政权的社会基础。农村大众与这批狗腿子的对立，已经和他们与日本帝国主义的对立结合在一起，越来越尖锐，越来越深刻。老百姓们要打倒敌人，同时也就得打倒他们。

（二）大后方。这是指尚未沦为战区的西南西北大后方而言。这里的条件是这样的：国际交通和贸易条件的困难，以及海岸各港口的沦陷，迫得我们必须建立独立的自给的民族经济；同时抗战的实际需要，也迫着我们要改善人民生产和生活的条件。我们在主观上确乎也曾做过很大的努力，来适应客观的环境和需要。不过因为某些基本条件的不健全，我们在这方面还做得不到家。当然，我们新的工业已经建立起一些了，交通运输也改善了不少，农业也曾设法增加，抗战军人家属和一般农民的生活也制定条例去改善。但因为我们实在做得不够，大后方的社会经济并没有起什么质量的改变。这里统治的关系依旧是半殖民地半封建的关系。英法美等列强对我的投资和贸易这些年头是大大减少了，但它们通过政治和军事各方面，凭着它们是我们的"友邦"的关系，对我们依旧保持着有力的发言地位。整个社会，特别是农村社会本身的关系没有起很大的变化。三年以前的农村有大地主大乡绅在作威作福，今天的农村还是有大地主大乡绅在作威作福。所不同的，他们的"威"和"福"今天已经戴上"抗战""国难"的帽子。三年以前的农村有穷苦无告的农民，在过着冻饿和死亡的苦日子；今天的农村也还是有穷苦无告的农民在过着冻饿和死亡的苦日子。所不同的，他们的冻饿和死亡，今天已有战时生活和"为国牺牲"等等光荣的褒奖而已。贪官们在搜括，土劣们在敲榨；农民们呢，在前线则和鬼子拼命，在后方则实行生产运动。经济外的剥削采取非常新颖和漂亮的方式，钻在大后方社会经济机构的每个毛孔里，不露声色。结果，我们的后方终于还停留在一个半殖民地半封建的社会的台阶上，呆等着历史的鞭笞。

（三）游击区。这是指那些已被敌人占领或尚未被占领，而我们民众的游击队非常活跃，甚至占着优势，我们已建立起游击根据地的地域而言。这些区域主要是在敌人的后方，尤其是在华北一带。这里的军民经常处于战斗的状态中，敌我战线犬牙交错。在经济方面其变动性极大，斗争性最为丰富，各项经济的设施和政治保持最密切的联系。紧急的战争任务催迫着广大人民的动员，和经济生活的改造。以民主政治的推进为轴心，游击区老百姓和战士的生活虽十分艰苦，但已在改造之途猛进。帝国主义的势力在这里已插不进脚。旧的破烂不堪的封建关系在逐渐消失。少数甘心投降的土劣们已经逃到敌人怀里去，他们的土地已给没收给一般农民（尤其是出征军人家属）耕种。合理负担的办法各处在推行。二五减租，一分减息，给农民生活以很大的改善。地方，商人和高利贷的剥夺已大为减轻；官府的压迫也快消除。农民和农村工人已在抗战救国的目标之下，普遍组织起来。雇主和雇工的关系，地主和农民的关系，已经大大地改善。农村社会内部的矛盾在团结抗战的旗帜之下，已经采取近代民主式的表现。总而言之，这里的经济状况虽然变动很大，很快，但基本上因为动员的急切需要，是向新的民主的道路走。这里的社会经济结构，在基本上，没有也不可能为殖民地性或半殖民地性的成分所支配。这些游击区域，正在和敌人战斗的环境中，在锻炼出独立自主的新民族经济的萌芽来，锻炼出新的民主的农村关系来。

这就是抗战时期中国三种经济区域的划分的大概情形。这也就是中国经济关系连续发展的三个环。巩固并发展进步的一环，牵引着全国，破坏落后和反动的环节，这就是战时中国经济改造的基本任务。抗战本身的逻辑就指向这条路。

最后，我们要说到这一点：敌人的进攻和我们的抗战，尽管使中国经济（基本上是农村经济）发展之不平衡性越发加强，但同时它们又巩固它的有机的一致性。敌占区的经济生活不能和大后方脱离关系；大后方的经济生活也不能和游击区脱离关系。同样，敌占区和游击区更加是息息相关的。它们之间是紧密地联系着。敌占区的生活成分可以渗透到大后方，大后方的生活成分又可以渗透到敌占区和游击区。这道理第一是因为中国的社会经济本来是有机的统一的体系，它是个不能分割的整体。第二，更重要的，是敌人的目的，不在征服中国的局部，而是要征服全中国；同时，我们的抗战，也不在恢复局部的自由，而要解放全中国。这样一来，敌人所加于我们的一切反动的步骤和因素，便不得不流向全中国了。你看，倾销的仇货为什么不但见之于敌占区，而且可以见之于大后方和游击区？同样的，我们在大后方和游击区所进行的各项进步的步骤，也不能不反映敌占区，或影响到敌占区。你看我们对敌人的货币战，我们在战区的抢购物资，以及我们各种改善人民生活的办法，哪一样不深刻地影响到敌占区的经济生活，使敌伪的统治发生动摇？由此可知，中国经济并没有因为发展的更加不平衡，而用万里长城把全国隔成好多各不相关的单位。中国还是一个有机的统一体。

但这个统一的有机体在开特别快车一样地发展，在孙行者一样地变花样。如上所说，日本帝国主义牵着我们的鼻子，走到殖民地的十八层地狱里去。而我们自己，则要把中国改造成一个自由独立幸福的天堂。日本鬼子把我们打了三年，有些成就没有？

有，它已把中国的一部分殖民地化了。我们把鬼子打了三年，有了些成就没有？有，我们已在大后方，尤其是在游击区，奠定了建设三民主义新民主国家的基础了（这里经济的结构是基本的）。只因为我们努力得还不够，所以新的民主的经济秩序还没有长得像模像样，更说不上在全中国占很大的势力。所以就今天来说，中国的社会经济还是由殖民地——半殖民地——半封建的关系占优势，因此中国在今天还是一个殖民地半殖民地和半封建的国家。中国的农村也就是殖民地半殖民地和半封建的农村。但千万不能忘掉这里已滋长着新兴的民主的生产方式，而这个新的生产方式恰巧是不可征服的和必然起来统治未来的生产方式。

目前中国经济的特点，因此也是中国农村经济的基本特点，大概说来就是如此。

三　所谓"以农立国"问题

上面说过，今天中国老百姓的生死问题是：做日本帝国主义的殖民地的奴隶呢？还是做独立民主幸福的新国家的主人翁？就农村的范围内说，就是使中国农村变成日本帝国主义原料和炮灰的供给场所呢？还是建立新的民主的农村生产关系，过着真正人的生活？这样一个严重的问题现在正用最严重的方式——打仗来解决。

正在我们用真刀真枪和敌人死拼的期间，有人却在研究室里悠悠闲闲地提出了这样一个问题来！中国应该以农立国呢？还是以工立国呢？这个问题之为闲适可餐，直不减于"今天天气好呀！"之类的通常应酬话。谁都知道这问题是个极老极老的老问题。今天老问题而重新提出，尤其在这样紧张的抗战环境中来重新提出，想来终不免别有一番意思在心头。且让我们来瞧瞧吧。

周宪文先生先在《时代精神》第五期，张起他剿灭以农立国的大纛，说："中国不能以农立国。"其后，中国的重农学派大将杨开道先生就阵头起处，窜出来还将周先生一手，说："过去的中国是以农立国，现在的中国仍然以农立国，将来的中国还是以农立国。"（见杨著《中国以何立国》，重庆《新蜀报》，一九四〇，一月七日）真是斩钉而截铁，佩服佩服。接着周先生又发表了一篇："再论中国不能以农立国。"而杜沧白先生、朱伯康先生等也群起而围攻杨先生。杨先生并不示弱，再在时事新报突起了一支异军，发表他的"现代农业国家诠释"，说明他不反对中国的工业化，"不过工业化的结果，机械化的结果，依我个人私见，仍然会只是一个现代农业国家"。所谓现代农业国家是科学的农业，机械化的农业。这个国家主要是输出农产品和人家相竞争，而在抗战时期，也是输出农产，去致敌人于死命。这里杨先生是用的空城计的手法，把工业化的战士们压根儿请进寨里来，哄他们一番，打他们一番。

为了本文范围的限制，我们当然不能在这里讨论以工立国的问题。我们在这里只想指明，今天的"以农立国"主义者和"以工立国"主义者，都是站在纯粹技术的观点讨论中国的经济建设之路，其社会的意义是一样的：他们都是代表抗战期内某些新兴的工业界和农业界的利益。一个要求工业之机械化，建设一个现代工业国家，另一个则想谋农业之机械化建设一个现代农业国家。同时如果他们两者的理想都实现了，我们相信今天的"以工立国"主义者可以把杨先生的"现代农业国家"称为"现代工业国家"；而今天的"以农立国"主义者也同样地可以把周先生等的"工业国家"称为"现代农业国家。"（可参看《中国经济建设之路》，《理论与现实》一卷五期）。但问题就在乎：他们理想之所在，都只是一个殖民地和半殖民地而已。

现在我们只能单来简单地说一说"以农立国"的问题。一般说来，中国过去一切"以农立国论者"，都是封建关系的代表，而就对外的关系来说，则是帝国主义在华统治的代言人。为什么？因为第一，中国之所以到今天还是所谓"以农立国"，还是一个农业国家者，主要就因为封建势力之被维持，帝国主义之压制民族资本不让它发展工业，和进一步发展现代化的农业之故。第二，帝国主义要使中国永永远远做殖民地半殖民地，供给他们以原料，让他们来畅销工业品。日本鬼子之所以早就提出"工业日本，农业中国"的口号者，以此。所以居今日而提倡"以农立国"，不论其主观要求如何，客观上总是帮帝国主义和封建势力讲话。

杨开道先生的摩登农本主义似乎也不能例外，杨先生把一个半殖民地半封建的农业国家，描写得像天堂一样，称之为："最伟大的农业民族"和"最优秀的农业民族"，并不是偶然的。你看他指点我们"经济建设的唯一途径，是组织原始生产的农业，控制原始生产的农业，去和工商资本主义抗争"。杨先生是受过高度的科学洗礼的，难道他忍心叫我们永永远远停留在这样一个原始的，落后的，皮肉做成的"天堂"里边，空口说向全副科学和满身武装的帝国主义"抗争"吗？这是"立"国之道呢？还是亡国之道？

在这里杨先生就摇身一变，捐起科学的盾牌，变为现代的农本主义者了。他赞成中国要工业化。他要应用"农业科学技术"，"农业科学设备"，和"农业科学人才"。他要使农业成为科学的农业，使中国成为现代农业国家。他理想中的中国是澳大利亚和加拿大一类的国家，在这个国家里面，工业至多只能自足，而农产物可畅销全球，而这个现代农业的中国就可以雄飞世界了，在这里杨先生是睡在农村中极少数新兴企业（即德国式的地主经济和一部分美国 farmer 式的富农经营，但可怜在中国实在是凤毛麟角呀）的枕头上，做了一阵非常之甜蜜而又非常之"科学"的梦。

但好梦毕竟是好梦而已。事实上中国的农业要科学化和机械化，是非经过下面两个阶段是不可成的：

第一步完全摆脱帝国主义的束缚，铲除封建的残余。没有这，整个中国国民经济之现代化和机械化是不可能的，而农业就只能保持其中古的零碎的反科学的经营形态。中国自己的历史和印度、朝鲜的例子就能证明这一点。

第二步集中力量，谋国家之工业化。没有高度发展的工业，决没有科学化和机械化的农业。等到工业有了高度的发展，农业用的机械，化学肥料和科学用具才有出处。而到那时，工业生产量已经逐渐提高，超过农业的产量，而使国家以新兴的工业国家的面貌出现了。苏联建设的过程，最好的证明了这一层。

杨先生到这里一定要说：我当然不愿中国做旧中国，做朝鲜，做印度；同时我的理想也不是苏联，而是澳大利亚、加拿大型的国家啦。假如杨先生一定要那么说，那么中国的老百姓都要来向你提抗议了；我们不爱你那个建议！为什么？

第一，澳大利亚和加拿大虽然多少保持其经济发展的独立性，但它们都是附属于大英帝国的自治领；尤其是加拿大，它在本质上可说是由英美资本统治的半殖民地。我们所希望的新中国决不是那样的附属国和半殖民地，而是呱呱叫的现代化的独立国家。我们决不愿再做帝国主义国家的原料供给所和商品销售场。我们要有独立自由的身份和经济体系。

第二，加拿大和澳大利亚在农业上讲是一个地主和富农的国家，多数的农村工人还过着穷苦的生活。它们虽合乎杨先生的理想，但中国人民却不喜爱他。因为中国老百姓所理想的中国，也就是真正的三民主义新中国。就农村的范围来讲，它是用"耕者有其田"的办法来"解放农民"，并用种种科学方法，增加农业生产的新国家（见《三民主义演讲集》民生主义第三讲）。

现代的农本主义者虽然披起摩登的外衣了，但在中国具体的历史条件之下还不能越过维持中国之殖民地半殖民地地位之雷池一步。至于那些抛开了政治军事的基本条件，而侈谈其以工立国的学者们，比起现代农本论者来，也只是五十步与百步之差而已。

在我们看来，今天就不应该有什么以工立国或以农立国的问题的。今天的问题只有一个，即抗战救国的问题。抗战胜利，国家得救，然后才谈得上以何立国。而那时的"何"，也决不是今天那些学者所喋喋不休的"工业"和"农业"的问题，而是以"资本主义立国"呢？还是"以非资本主义立国"的问题。因为那时中国无论违反中山先生的遗教走资本主义的路也好，或者遵照中山先生的遗教，由民生主义走上非资本主义的路也好，那时第一步总要实行工业化，这是对于经济发展过程稍具常识的人都能了解的，再用得到辩论吗？

至于今天在经济的范围内的问题，则是如何发展生产，改善民生，来充实抗战的力量，奠定建国的基础的问题。就农村经济范围来说，那么今天顶重要的还是尽可能地提高农业生产（这里不容许我们唱什么高调，建立机械化科学化的农业，以"立国"），尽可能地安定并改善农民的生活，向"耕者有其田"的新的民主的农村关系方面走。这个，也只有这个，才是今天顶顶迫切的问题。"以何立国"在今天是不应成为问题的；在将来是不会成为问题的。何必多为之费词呢。

四　战后土地政策问题

战后（！）的土地政策！又是战"后"而不是战时！

如果有人要批评我们中国人眼光不远，患近视病，那才是他自己瞎了眼睛。当"国破山河在"，人用血肉拼的时候，我们可贵的学者们就提出了"以何立国"的问题，来表示谋国之深远。现在大家知道是战时，但我们偏要提出"战后"土地政策的问题来讨论，表示我们眼光之远大！要知道跳过今天，而敢于正视明天，这才是我们所以在精神上能够战胜一切的道理呀。

中国的土地问题，昨天是严重的，今天也并没有失去其严重性。因为：占不到农村人口百分之四的地主们占有了差不多中国一半的耕地（天啦，假如他们自己经营了，那中国今天也成了德国了），而占农村人口百分之九十以上的中农贫农和雇农们却占不到耕地的百分之四十。从抗战爆发以来，这个严重万分的问题是被搁着不谈了，理由是今天中国土地问题的公式已经变了个样子：中华民国的土地将归之于日本帝国主义呢？还是属于中国人民？日本鬼子拼命地打我们，就是要打出一个："中国土地归于日本的军阀和财阀"的结果来。我们拼命地打日本鬼子，就是要打出一个："中国的土地属于中国的人民"的结果来。这就是今天我们解决土地问题的主要方式。

不过我们单单这样看今日中国的土地问题，还是不能了解问题的全貌的。根据三年来抗战的实践，我们可以知道：

一、敌人可以和那些最反动的最无骨头的封建旧势力妥协，可以把他们使做吃我们肉吮我们血的工具，可以把他们的反动地位巩固和扶持起来，作为进攻我们的爪牙。在这里封建的土地关系做了敌人侵略我们的帮手，这还不明显吗？

二、农村上层人物对于农村大众十分苛重和超经济的剥夺，乃以目前的土地关系为基础。而这种剥夺事实上已经表现出，它在怎样阻难着农民的动员，妨碍着农业生产之提高，减低着农民参加抗战的忠诚和热情。在这里封建的土地关系做了抗战胜利的障碍。这还不明显吗？

所以，中国的土地问题在抗战时期非但不能搁着不谈，我们一定要，在新的历史条件之下，提出问题之新的内容和新的解决办法来的。今天中国土地问题之主要内容，还是，中国的土地将属于日本鬼子呢？还是属于中国人民？这里我们必须特别注意"属于中国人民"的"人民"两个字。在今天不论你是地主也好，是富农也好，或是贫农也好，你都有权占有土地；但必须注意这些土地是属于人民全体的，我们一面当然不能没收地主的土地，但同时土地也不能为地主富农所独占。如果战时的中国土地依然由少数人所独占，中国原有的封建的土地关系依然照旧地维持着，那么第一，敌人在对我的进攻中就找到了很好的工具，傀儡政权就找到了很好的社会基础。第二，农民的动员就会受到很大的阻碍，农民的抗战情绪就会打上很大的折扣。一年多来我们国内所表现出来的某些极端严重的弱点，如果不从这些地方来研究其根源，那我们就有隔靴搔痒之嫌。

这就是我们为什么特别着重于战时的（不是战后的）土地问题的道理。战时没有适当的土地政策来处理土地的问题，而单说战后如何如何，那轻而言之，就是缓其可当急，急其可当缓；重一点说，那就是逃避现实，为落后的旧秩序预留地步。我们决不应当这么办。我们在这时，只有真正根据三民主义，实行民生主义的土地政策。前年国民党临全大会宣言说过："吾人谓民生主义之实现，当于抗战期中求之，且当于此求得抗战之胜利（注意！民生主义之实行是保障抗战胜利之必要条件）决非于抗战胜利之后，始从事于民生主义之开始。"可见抗战期内实行民生主义的土地政策之重要。

什么是民生主义的土地政策呢？是平均地权，是使耕者有其田。中山先生告诉我们："我们解决农民的痛苦，归结是要耕者有其田。这个意思就是要农民得到自己劳苦的结果；要这种劳苦的结果不令人夺去。"中山先生所手订的办法是照值收买，涨价归公，在抗战期内，根据战时的具体情形，我们特别需要做到：

第一，没收汉奸和贪官污吏的土地，分给农民耕种（抗战建国纲领规定对汉奸和贪官污吏，均须加以严惩并"没收其财产"。此项没收来的土地应先分给出征军人家属和无地贫农耕种）。敌人占领区内逃亡地主的土地也应当分给农民耕种，原承租人当然保留优先权。

第二，切实实行二五减租，取消一切田赋附加。国民党二全大会决议"规定最高租额"，决定减低租额百分之二十五，确定最高租额为正产物量百分之三七点五，抗战以后山西，浙江，广西等省，曾下令减租，收效极大。民国二十六年中政会通过土地法修正原则，规定："以减轻地租之负担，应明定地租最高额的登记后之地价之百分之八；但承租人得依习惯以农产物代缴。"这在原则上仍和二五减租相吻合，租额亦和百分之三七点五不相上下，故全国各地应普遍推行，对于田赋制度亟应实行政府所颁布的土地税法，取消一切杂税，税率必须为累进。战区农民，所负担的田赋税应一律豁免。

第三，奖励农民开垦荒地。这一面可以增加农产，一面可以让农民领有土地。其办法可遵照民国二十六年中政会所通过的土地法修正原则规定，即"承垦人于荒地垦熟后，应无偿取得土地所有权，并予以相当长期之免税"。政府应用低利放款等办法帮助农民垦荒。

以上就是战时土地政策的要点。至于战后的政策，就应当根据战后土地关系的具体情况和战时政策之利弊，详加厘定，现在单凭猜想，于事并无所补，反倒移转我们的注意力于捉不住摸不着的未来，把今天的紧急问题搁起不谈。

最后，我们要说到关于战时和战后建设中的地权性质问题。有人说，中山先生民生主义最后的理想，是土地国有（见关于社会主义的演讲），所以我们在现在就要实行土地国有。这个主张在现在说来是不是正确呢？是不正确的。为什么？因为在原则上说来，土地国有的要求当然是进步的，民主的土地政策之最高表现。但在目前具体情形下：

第一，土地国有在抗战过程中以及在中国现有条件下建设一个新的民主国家之过程中，它所表现于动员农民的力量远不如"耕者有其田"的政策来得大。

第二，中国现在要建设的是一个新的民主国家，还不是一个社会主义的国家。而土地国有的要求如果在这时候提出，倒使农民大众发生了建设社会主义的幻想（正像在目前提倡集体农场会唤起同样的幻想一样）。

第三，耕者有其田的政策，在新的民主政治条件之下，将表现为一扇有力的大门，使社会顺畅地向更高的阶段发展上去。所以，我们现在不赞成土地国有。在目前以及在新的民主的中国里面，土地是私有的，地权应该是属于"耕者"的，富农的经营，是可以自由地发展的。

孙夫人宋庆龄先生曾经正确地说过："三民主义是一个民族独立民主革命的纲领。在这个纲领范围之内，私有财产的原则是不会被攻击或废止的。"如果这点实现了，如果这个纲领真正实现了，到那时，周宪文先生等所理想的工业化国家，或者杨开道先生所理想的"现代农业国家"才能在正确的意义上实现出来呢。

（1940 年 6 月 24 日，白果屋基新址，敌机在头上隆隆中）

（《中国农村》第六卷 第十期 1940 年 9 月 1 日）

汪精卫卖国的理论与实践

一 汪逆叛国的社会意义和政治意义

在100多年前，即1832年1月5日，法兰西的卖国贼梯也尔（Thiers）在法国人民代表会议前公开招认：他和他的狐群狗党（即所谓的合法党者 Iesitimistparty）是"以外敌的侵入，进行内乱和扰乱秩序三者为其行动的泉源"。

100多年后的今天，中华民国的卖国贼汪精卫在全中国人民面前公开招认：他和他的狐群狗党也是以外敌的侵入，挑拨内乱和破坏后方秩序三者作行动的纲领和口号。这正是古今中外，无独有偶了。对于这样一个卖国贼难道还值得我们大费唇舌来斥责么？

当汪逆出走，被开除党籍之时，英国的每日工人报（Daily worker）就说："中国赶跑一只破坏统一基础的老鼠。"上海英文大美晚报也说："汪精卫已经死了，但还没有躺下去。"按理讲，对于这样一只讨厌的老鼠，（它比起重庆的大老鼠来，只是脸孔漂亮一些，若论胆量与识时务，则差得远了）也只消轻而易举地学重庆市政府的样，用铜元一大枚，收买了埋葬算了。对于这样一个鬼怪的"行尸"也只消赶快把它推到墓穴里去就算了。又何必由我们杀鸡用牛刀呢？

但这只瘟鼠却偏偏在到处钻营，这个行尸偏偏在到处作祟。特别麻烦的，敌人对它还非常之固执地在把死马当活马骑。于是我们就倒了霉。历史鞭策我们不得不把正经的事情暂时搁一搁，来做一件人间最无聊的事情：就是要把汪逆的汉奸理论和行动仔细检讨一下。这是多乏味的工作呀！但又有什么办法呢！

汪精卫是什么东西，郭沫若先生早已替他盖棺定论了。郭先生说："汪精卫是什么精呢？是卖国精，是卖国的妖怪精！"汪精卫的一生，照吴稚老的说法，是由革命青年，党魁，雄辩家，诗人而至于汉奸。如果用学术的说法，汪逆的一生是一个最卑污的小市民，用放浪的革命热情开端，用最丢脸的幻灭结局，他一开始就侧重于个人的恐怖和个人的英雄主义（中山先生在他去刺载沣的时候，已就这样批评他），随后因为他不能真正靠近于人民，所以必然地忽左忽右，终于变成最无耻的叛徒。这种的结局是中国一个非阶级化（Declassed）了的小市民之最卑污的结局之典型。他从社会和政治舞台上的退场，除了用他惊人的无耻来引起人们一些好奇的注意而外，就再也不会叫人们理睬了。而汪逆就在那么做。

很久很久以前，汪精卫早已变成中国社会的泡沫了。他用他纯粹官僚的活动，把自己从小市民的社会层里拨出来，开化而为漂浮不定滑稽不堪的泡沫。他左右摇摆，东西飘动，像苍蝇逐臭一样，利之所在，身亦随之。所以严格讲来，他早已不属于哪一社会层，也早已不能代表任何社会层。他远在国民党开除他党籍以前，已给中国社会"开除"掉了。当然，我们也不否认这个真理：社会上与汪兆铭同样糊涂、同样无耻的也不在少数。（扫荡报 1 月 9 日短评）但我们只能承认到这样的地步：即社会上类似汪逆或受汪逆影响的是"不在少数"，我们却不能承认汪逆是中国任何社会层的代表。如果一定要说汪精卫代表些什么，那么他就代表中国社会的糟粕。

一个社会的泡沫它本身当然并不代表某一个社会层，但它之生存却必须寄生在某一个社会层身上。从"九·一八"以来，汪精卫就逐渐明显地透过日本浪人和特务，透过他的爪牙的活动，在国内一步步和日本系的买办资本（即专做或偏重做日本生意的中国买办资本）相结合。这个极端无处的买办金融资本（当时主要在华北）和买办商业资本，百般贪缘，与汪逆的政治势力结合起来，在中日经济提携的口号之下，一方面自己发财，一方面开始卖国。于是汪精卫就凭着他"声望"之重，地位之高，公开变成了日本帝国主义（日本的金融资本和军阀）侵华的触须，变成了日本帝国主义在华的工具。

只有这样我们才能了解汪逆自就任行政院长和兼外交部长以后一贯的亲敌政策。这个政策可让吴稚老举个例来证明。他说："你在民国廿三四年做行政院兼外交部长时代，不是日本军阀要求撤换察哈尔宋主席哲元吗？你接到日本军阀的要求条件，就不问哪一个，……赶快连夜地下令，即将宋主席撤换，你就对日本军阀俯首帖耳，奉命唯谨地递办了。不到 24 小时，把我们察哈尔整个的主权奉交日本军阀了。"①

只有这样，我们才能了解汪精卫为什么老早就是汉奸和敌探的头子。抗战开始时，政府枪毙的敌探王溶就是汪逆的秘书。而现在跟着他去当傀儡的陈公博陶希圣之类就是汪逆的心腹和左右手。

---

① 吴稚晖先生：《为汪精卫举一个例的进一解》。

同时，也只有这样，我们才能了解为什么抗战第一期汪逆还在抗战阵营里厮混，而一到抗战第二期就不能不公开附敌去了。从抗战爆发以来，中国社会已经起了很多的变化。各社会阶层的关系已有局部的调整。各种社会力量已有局部的消长。[①]在这里我们特别要说到买办资本，尤其是日本系统下买办资本的情形。

抗战以来，"中国经济对帝国主义的依赖，换句话说，中国经济的附庸性，已经大大的减弱了。这不单是因为中国经济对日本的依赖已经完全断绝（指总后方的经济），也不单是因为中国与其他列强的联系（指贸易投资的联系）已经松懈了许多，而是因为我们在军事和政治上争取独立和解放，对外的关系已经能够逐渐地建立在相当平等互惠的基础上。"

买办资本的生命线是对外贸易和外人的投资。战争剥夺了安全和交通运输的便利，再加上敌人在占领区实行种种限制，我们的对外贸易大大降落，外资投到中国来的，几乎已经停滞。于是买办资本的活力就大大减弱。所以从总的方面说，买办资本的力量从它的绝对量来讲已经相当减弱了。当然，日本的侵略战不仅破坏了买办资本（我们毋宁这样说，买办资本因为具有靠外国牌子的优越条件，所以损失还特别轻），而且破坏了整个国民经济，所以买办资本在整个经济中所占的比重还是很大的。但是如果同时我们估计到中国今天的经济生活与建设主要是集中于离海岸较远的内地，而买办资本的重要根据地至今还不能脱离沿海的大城市（恐怕将永远不能），那么我们可以断定中国国民经济的发展已经多少解脱了一些买办资本的羁绊。同时如果我们估量到，目前我们的抗战主要是靠内地人力和物力的培养，那么买办资本对目前政治的控制和束缚力量，在某种程度以内已经减弱了。

---

① 拙著《论政治发展之路》，《国民公论》第一卷二期。

"从开战以来，日本资本在华的买办大概作如下的发展：

第一，因为中日邦交的断绝，日本资本在华的活动已经失去它一切的便利，同时中日贸易事实上是停止了，所以日资体系下的买办资本一部分就倒了霉，亏损很大，甚至停止了买办的活动。

第二，买办资本是非常敏感的，它看见日本的买办做不来，改行来做英美的掮客也无妨，何况有些买办本来不分英美日本，什么生意都做得，现在就看风使舵，专做了欧美资本的掮客。于是在买办资本中，跟英美法等国资本发生关系的买办就占了绝对的上风。

第三，日本占领区域逐渐扩大，日本资本在那些区域里的活动逐渐扩充，尤其是日货和日钞，它们在一部分沦陷区域已成泛滥之势。这种情形就便利日本资本的买办，这些买办实际上已经完全是奸商，他们是沦陷区域内傀儡政权的支持者。

归结起来说，寄生在日本资本体系下的买办对于中国的经济和政治上的影响在基本上可以说是绝对地减弱了，可是他们对于沦陷区域却已大大地扩充他们的力量，而成为日本在华经营殖民地经济的忠臣。"①

这里最可注意的，第一是日本系统的买办资本在我内地或总后方已完全失去了活动的地盘。第二，因为沦陷区域的扩大，特别是沿海商埠和内地大城市的被敌占领，敌人目前已经在那里积极开发，这样使得日系买办资本在那些区域大大活动起来。这一类汉奸买办，只顾自己发财，不顾民族利益。他们在沦陷区域，帮同敌人进行经济"建设"和"开发"，他们或用现物出资，或用现金出资，实现敌人的经济计划。除此以外，抗战两年多来，

---

① 拙著《论政治发展之路》，《国民公论》第一卷二期。

还有极少数人忍受不住抗战的艰难，离开民族国家，把资金拼命送到国外，或在上海香港做外汇投机。还有些人便利用抗战，投机取巧，去发国难财，例如私贩敌货，私运国产原料资敌，帮同敌寇搜刮我法币等等。此外，还有沦陷区域的最反动的封建势力，他们和敌人相勾结，乘机压榨我百姓，作威作福。所有这些都是民族之赘疣，社会的糟粕。而汪精卫者就是这些东西在政治上的代表。他所热望的是做官，是发财，所以敌人占领区域就心向往之。再加上中国社会各个基本的社会阶层，在日本帝国主义的致命威胁之下，在新中国创造的新生机运之前，已经严正的结成统一的民族战线，使汪精卫这类民族败类无容身之地。你看在我们"抗战支那"，有多少的新兴企业家在埋头建设，增加民族生产。有广大的劳工大众忍受着饥寒和失业的苦痛，在为民族流血汗。有广大的农民大众，一面忍饥耐寒，继续生产和参加抗战。这些真正的中国人是更坚决，更强大，更团结了。他们要驱逐一切社会国家的蟊贼。这样，汪精卫就不得不溜之大吉了。

由此看来汪精卫之出走和公开叛国实在是中国社会在民族革命战争中，向独立自主的大道迈进的必然结果。这就是汪逆公开叛国之社会的经济的意义。

再就政治方面讲。汪精卫在社会的成分上既是个漂浮的泡沫，那么表现到政治上来，一定如吴稚老所云是"妓女政客"。而这个泡沫一和日系买办资本结合，在政治上就必然很快地变成依偎于日本帝国主义怀中的"妓女政客"了（日本人的称呼）。

抗战的激流当要把这个日本帝国主义手膀里面的"妓女政客"漂洗掉。这位政治的妓女最怕我们动手打她的顾客，然而我们是发动并坚持抗战，予打击者以打击了。这位政治妓女最怕我们团结一致，使她的顾主和她自身不能展施挑拨离间的伎俩，然而我们是各方面密切合作，全国精诚团结了。这位政治妓女最喜欢琵琶半遮面，不见人面，好让她暗中捣鬼，然而我全国人民是挺身起来，无情地打击敌人了。

所以汪逆之出走和公开叛国完全是中国政治进步的结果。这些进步主要表现于下面几点：

第一，中华民族不仅已经违背着敌人和汪精卫等的意旨，在"七·七"发动抗战，而且能够坚持持久战。没有一次大城市的沦陷和重要据点的失守，不使汪精卫痛哭流涕，[1] 叩头求拜，向敌人求降。但中华民族这巨人的铁拳没有一次不把他的阴谋粉碎。最出汪逆意料之外的，武汉、广州失守之后，他终以为和平谈判的时机已经到了。"国内困难已经达于极点"了。但中国却以更大的力量和进步的战略、战术继续抗战下去。于是汪精卫绝望了，同时又"看透了，并且断定了：中日两国明明白白，战争则两伤，和平则共存"[2]。于是溜之大吉，"往共同生存共同发达之大路而前进"[3]。是的，现在该是政客妓女和他相好"共同生存，共同发达"的时候了。

第二，汪逆之公开叛国又是我全国精诚团结的结果。双"十二"事变后，汪精卫从法西斯的祖国遣返国内，原想猎取国内战争的果实。但不幸他失败了。"七·七"事变的爆发更促进全国精诚团结，共赴国难的机运。1926年9月22日中共发表宣言，声明取消推翻国民党和国民政府的政策，要求全国团结一致，抵抗日本帝国主义的进攻。次日，蒋委员长代表国民党和国民政府发表谈话，说明"在存亡危急之秋，更不应计较过去之一切，而当与全国国民彻底更始，力谋团结，以保国家之生命与生存"。全

①　吴稚晖先生"见汪氏于广州陷落后，若丧考妣，顿足号啕。我以为汪氏对敌国有此仇不报，难见祖宗之慨。哪里知他却悔恨屈膝磁迟。"（见进一解）

②　汪：《举一个例》。

③　同上。

国团结合作的基础予以确立。接着各省军政系统完全趋于统一，国内各民族也一致拥护中央从事抗战建国的伟业。民国27年4月12日政府公布国民参政会的组织条例，7月6日开国民参政会第一次大会，在这大会中充分表现出各派各民族和社会各界融融洽洽的团结精神。这种精神随着抗战的持久和更趋艰苦，就越加焕发。于是汪逆发抖了。他感觉国内的团结越巩固，他的"相好"之胜利的机会便越减少，同时他自身被挤出的可能便越增加。到最后，他深知抗战的前途和他个人的前途完全背道而驰，不得不另奔和敌人"共同生存，共同发达"的前程了。而我全国军民"年余以来，国民则精神团结，将士则踊跃用命，万众一心，咸集中于本党总裁——蒋委员长领导之下，坚毅不屈，有必达胜利之信心"。而汪逆则"处处为敌人要求曲意文饰，不惜颠倒是非为敌张目。就其行为而言，实为通敌求降"。"其为违反纪律危害党国，实已昭然若揭，大义所在，断难姑息，即予永远开除其党籍，并撤除一切职务，藉肃党纪，以正视听"（1月1日国民党中常会开除汪逆党籍决议）。中华民国就这样把那只"破坏统一基础的老鼠赶跑了"。而敌人千方百计造谣，说什么"汪精卫之出走是表示抗日统一战线巨大的裂痕"①。那只是阿Q的胜利，我们用不着多管。

第三，汪逆之公开逃跑又是我全国人民力量增长的结果。汪逆自己是个浮泡，他最怕群众的力量。然而民族革命战争在本质上，就要求全民的动员。国民党临时大会的宣言说："抗战之胜负，不仅取决于兵力，尤取决于民力。"抗战建国纲领具体规定，"发动全国民众，组织农工商学各职业团体，改善而充实之，使有钱者出钱，有力者出力"。沦陷区的农民纷纷参加游击战了，

---

① 如《时局情报》三卷二辑，页89。东京日报，大阪每日版。

大批的工人也纷纷参加和领导武装队伍了，商人也动员了起来出钱出力，文化界青年学生都热烈地组织起来参加抗战。于是汪逆发抖了。他认为中国人民的动员完全是共产党在作祟，因为照他的意见，"共产党是以捣乱为天性的"①。于是他再不能留在"容共抗战派领导下的重庆政府"②里面了。而国内外的民众团体也一致对他下讨伐令，要求政府通缉严办了。

最后第四，汪逆之出走又是国民党本身进步和团结的结果。国民党是主持和领导抗战的党。抗战继续不断地向前发展，自然使国民党的领导、组织和成分发生很大的变化。27年（1938年）3月临时大会通过的抗战建国纲领正确地反映着全民族的要求。4月30日，蒋总裁申令全体党员不得在党内树立派别小组织，"举凡以前种种小组织一律取消，以期统一意志，集中力量"。其后又成立三民主义青年团并广收党员，这样使国民党的成分向广的方面发展。于是汪精卫不安于位了。抗战建国纲领（包括对内和对外的政策），他是根本反对的，党内的小组织他是躬自领导的。而大批革命青年之被吸收入党更加使他害怕。于是汪逆不能不"自毁其革命历史，背弃全国国民党同志"而组织他的伪国民党，攒用他的伪青天白日旗去了。虽然"此固革命过程中不可避免之历程。如总理民元革命，一部分之脱离附袁者，以及此后陈炯明之叛变，皆属革命列车前进中所扬弃之尘屑也。"（见中宣部及政治部为汪逆叛国共同对外声明书）淘然！

由此看来，汪精卫之出走和公开叛国实在是中国国内政治在抗战过程中向前进步的结果。

其次，我们要看敌人的情况。敌人对我的基本政策是一战而

---

① 汪文《举一个例》
② 《时局情报》三卷二辑，页89。

胜中国。先则要想速战速决，他失败了。现在他鉴于国内军事、财政、经济、政治各方面的困难，一面提出所谓"长期战"（他说持久战不是"支那的专卖品"）和"国家总力战"来应付长局面（见敌陆军省纪念"七·七"两周年小册），另一面却想用以战养战，逐渐结束战争，或者拖入不战而和，不议而和的局面，这是表示敌人之弱，同时又表示敌人毒辣。

当敌人要速战速决的时候，敌人用得到汪精卫来分裂我内部，削弱我抗战力量。武汉广州失守，敌人就想用速和速了的手段征服中国，当然那时汪逆是讲和的最好工具。等到速和也和不了时，敌人着慌了，汪逆也着慌了，但不得不干下去，于是跟着敌人新政策的建立，汪逆也不得不行新的政策——公开投降，身为傀儡了（详见本文第六节）。

由此看来，汪精卫之出走与公开叛国又是敌人困难加深和阴谋加强的必然结果。

这就是从国内政治和敌国状况说明的汪逆公开叛国的政治意义。

中国社会状况和政治情势在抗战时期的进步迫得这位社会的泡沫和政治的妓女——汪精卫不能不出走，不能不做公开的卖国贼。

二　汉奸理论之最高和破产的形式

一个社会泡沫本身决不可能有它独立的立场，独立的理论，因为各种理论必然反映出各个社会层在实际生产关系中的观点和做法。社会泡沫只是随处漂浮，没有独立的生存，没有独立的人格。因此他决不能有独立的人生观和世界观。如果他也有所谓理论，那一定是东拉西扯，扩述拼凑的"杂拌儿"，而且往往是集各个社会层之最坏的传统和观点之"杂拌儿"。

汪精卫从国民革命以后，在中国社会上便是个无根的泡沫，在政治上便是个无耻的官僚。他绝没有独立的固定的观点。他也提出他之所谓"民主政治"，他之所谓"以建设求统一"，但只不过是进行政治阴谋的借口和投降敌人的进身之阶而已。

当一个民族的"社会泡沫"完全陶醉到民族敌人的怀里，而怡然自得的时候，那么他的一切就连代表本国各阶层的惠劣传统都说不上，他就干脆变成敌人的代言人了。这是因为他的生命线，主要地已经不再存在于国内的统治，而是存在于民族敌人的"枪头利润"和同胞的血泊中了。

"九·一八"后的汪精卫就公开地变成日本强盗的娼妓，因此他的理论也就或明或暗地采取日本帝国主义代言人的姿态，变成田中奏折（最近发展的形式是近卫建立东亚新秩序）在中国的翻版。

但我们对于汪精卫卖国的理论单是这样去了解是完全不够的。大家知道，汪精卫确乎有他的一套理论，一套戏法。而这套理论和戏法之卑鄙龌龊，荒谬绝伦，的确可说是前无古人，后无来者。汪精卫的卖国理论的确是集一切汉奸之大成，而成为汉奸理论之最高形式，同时又是最无耻的破产形式。在这里我们要追究汪逆卖国理论的根源。当然，他的主义就是大日本主义的中国版，但20世纪40年代的中国，他要出版他的汪版田中奏折，他必须顺乎天而应乎人，吸收各家学说之"精华"而自成一家言，才算够味。

汪逆卖国理论的主要泉源究竟有哪些呢？

第一，他扬弃了中华民族一切优秀的伟大传统，扬弃了这泱泱大邦的高尚道德（如真正的忠孝仁爱信义和平），而把中国古今所有最无耻最反动的理论、阴谋和品性，像旧货铺一样，一股脑儿收为己有。教单于进兵的管敢，劝不勒灭晋的张托，称契丹为爸爸的石敬塘，教金兀术灭宋的秦桧，率犬羊残同类的赵延寿，为元灭宋的张弘范，扶清灭明的吴三桂，所有这些奸细卖国贼都变成汪精卫在策略上和人格上的老祖宗。他要使梁鸣志、王克敏等的汉奸理论（这些东西今天正忙着提倡读经复古，拾我国古圣贤的牙慧和渣滓，教老百姓读百家姓三字经，为日本强盗替天行道）"科学化"，"近代化"，甚至"革命化"以提高骗人的效率，增加麻醉的作用。不但这样，为了要使他的汉奸理论近"群众"起见，他使用他泡沫的本色，把中国现社会机构中极少数动摇分子和最落后的分子的苟安偷身，贪生怕死的心理，完全剽窃过来，完成他铺张扬厉的"革命"词藻。

第二，40年代的中国，不幸而生于世界金融寡头资本采用最毒辣和最残酷的法西斯主义横行世界的时代。法西斯主义是世界一切黑暗野蛮，阴谋和屠杀的渊源。是人类罪恶的象征。而我们"伟大的"具有世界性的卖国贼汪精卫讨好法西斯主义，而至于五体投地。当其带了手枪，出国疗养之际，汪精卫便做了希特勒的好学生，兼带做了忠实的仆人。所以当他乘西安事变尚未结束，匆匆忙忙奔回中国的时候，他满想做一下现成的佛朗哥。不幸他失败了。于是为了报恩起见，只能在外交上凑凑数，坚决主张张德义路线。至于内政，"那真正抱歉得很，让日本征服了中国再说吧！Heil Hitley! Wiy Danke Hsi!"

第三，40年代的中国不幸而还处在法西斯主义的工具——托派阴谋家非常嚣张的时代。托派阴谋家在全世界范围内以其"左"得颇为好听的辞令和毒辣的恐怖手段，来摧毁各国的革命运动和殖民地的民族解放运动，在全世界建立法西斯主义的野蛮黑暗的统治。而我们"伟大的"革命卖国家汪精卫先生就从"人类茅厕"里抓出这些"革命"的垃圾来，加以粉饰装潢一番，便赫然成为破坏团结，促成分裂，最能煽动的工具。好在托派国际已经公开把中国和苏联沿海省让给日本，作为其整个纲领中远东政策之重要部分，这样当然更能和汪精卫的卖国纲领呼应了。

汪精卫就凭着这些世界反动势力最新的理论成果和国内最反动的传统，完成其帮助日本帝国主义征服中国的整套理论和策略。再加上日本强盗本身的侵略理论和浪人特务的诡谲伎俩，汪逆理论于是洋洋大观了。所以我们说，汪精卫的卖国理论比之秦桧、张邦昌等当然高超万倍，比之梁鸿志、王克敏等也是棋高一着。因为汪逆其人善变，他一生经验丰富，从中学到西学，从极"左"到极右，他都有眼福看到，都有本领去摄取，于是汪逆理论就集汉奸理论之大成，而以最高级的最成熟的形式表现出来。

但汪逆最高级的汉奸理论，其本身却埋伏着一切崩坏的种子。每个面对真理的朋友，你能以为中国历史上那些腐朽的传统和霉蚀了的人性，还能经得起历史巨轮的碾轧吗？你能以为那些法西斯和半法西斯的反动理论真能经得起历史烈火的考验吗？你能以为那种恶性的骗人理论——托派反动理论还值得人们来回忆吗？所有构成汪逆卖国理论之泉源的都是那些人类历史的糟粕和人类文明的垃圾，那么你能以为汪逆理论还有生存的余地吗？

汪逆理论之必然破产是无疑的。而且在事实上它已经完全破产了。什么作证明？全中华民族已经视汪逆言行如寇仇，此其一。汪逆行动已经从相当具有政纲的方式，完全变成敌人指挥刀下恐怖行动了。从理论与政策的方式一降而纯粹的个别恐怖行动，这就是宣布汪逆如果有所谓理论，也早彻底宣告破产了（参看本文第六节）。

三　反民族主义的民族投降主义

我们民族革命战争的最高准绳是中山先生的三民主义。我们要以自身的奋斗来建立独立自由快乐的三民主义新国家。

汪精卫要反对我们抗战，反对我们建国，所以他的全部理论是反三民主义的理论，全部纲领（假定有所谓纲领）是反三民主义的纲领。不错，汪精卫曾参加过革命，曾做过中山先生的信徒。但这丝毫不妨碍他变成绝对反三民主义的反革命叛徒。而且正因为如此，才使他变成最最毒辣最最乖巧的反三民主义的反革命叛徒。因为他曾经一知半解过三民主义，所以他对三民主义的曲解和污蔑就特别巧妙，特别严重。因为曾经参加过革命，所以对于反革命的方法和手段，就特别领会，特别娴熟。

首先他以他的民族失败主义，民族投降主义来对抗中山先生的民族主义。中山先生的民族主义目的在求得中华民族"国际地位的平等"，使中国脱离"次殖民地"的地位。独立自由存在于世界。而汪精卫却要我们忍受日本帝国主义的侵略，屈辱投降，不但使中国的国际地位永远得不到平等，使中国永远不能脱离"次殖民地"的地位，而且要完成敌人"整个吞并我国家与根本消灭我民族"① 的大阴谋。

且让我们来看看汪精卫的民族投降主义是表现得怎样无耻和巧妙吧。

汪逆民族投降主义的具体表现可以分三个阶段。第一个阶段是在抗战发动之前，这时期的特点是积极方面提倡睦邻主义，消极方面提倡民族失败主义。第二阶段是从抗战发动到脱离重庆，

---

①　蒋委员长驳斥近卫声明训词。

这时期的特点是口头拥护抗战，实际阴谋阻挠。第三个阶段是从他发表电直到现在。这时期的特点是公开主和，暴露真相。

汪逆在第一阶段是一生顶阔的回光返照时代。他曾主政，并且主外交。在那时汪逆就完全是日本军阀财阀的忠仆，日阀耳提面命，他无有不应。他曾听任敌军在我祖国领土内横行。他曾颁布敦睦邦交令，取缔抗敌救亡言论。他曾接受广田三原则支持中日经济提携，便利敌人的吞食政策。他曾受敌阀之命，撤换宋哲元，使"于学忠不能安于河北政府，将他调任甘肃；南震不能安于河北政府，将他调任河南"，而汪逆还假惺惺作态，"固然心里十分难过，虽不使其人之失职，及其所部之失所，这种苦心，也曾得到天下人的谅解！"[①] 这些就是汪逆当时睦邻主义在行动上的表现，也就是他的民族投降主义正面的表现。

从"九·一八"以后，国内民众的救国运动逐渐高涨，尤其是24年（1935年）华北问题以后，民气越发激昂，沛然形成广大的运动。他们要求国内团结统一，对日发动抗战。汪逆在旺盛民气的压迫之前，就发挥他的民族失败主义理论。有名的唯武器论便是这种理论的典型的代表。他特别夸张敌人的武器如何如何齐备，如何如何优良，为的得出他3日灭华的结论。这些已为大家所熟知，在这里不必多说。

等到全面抗战已经成为不可阻遏的趋势，同时一部分军民已经动手打鬼子的时候，汪精卫的失败主义便采取绝望的民族毁灭主义的形式表现出来。他聪明地发明了他个人的"焦土抗战"政策（注意他的焦土抗战和李白二将军一向坚持的焦土抗战是风马牛不相及的）。他故意曲解蒋委员长的"最后关头"和"牺牲"的意义。他说，"我们是弱国，我们是弱国之民，我们所谓抵抗，

---

① 汪在1937年7月28日庐山第二次谈知会致词。

无他内容，其内容只是牺牲。我们要使每个人，每一块地，都成为灰尘，不使敌人有一些得到手里"。又说，"无论是通都大邑，无论是穷乡僻壤，必使人与地俱成灰尘。我们虽挡不住敌人之杀进来，然而我们必能使敌人杀进来之后，一无所得"。又说"天下既无弱者，天下即无强者，那么我们牺牲完了，我们的抵抗也达到了"①。他甚至广播要中国国民贯行新式的"'自尽'。

这就是汪精卫焦土抗战的全部说明。谁都知道，我们之对敌抗战，目的正对着中华民族的生存。我们正为了生存才不得不抗战不牺牲。所以抗战的目的是积极的，抗战的意义是神圣的。而汪精卫所说的种种，决不是牺牲，而是自杀；决不是焦土抗战，而是民族毁灭。汪精卫这种"焦土抗战"的主张完全建筑在世纪末的哲学之上。这表示在他的一篇观点中已经失去了一切积极的奋发的因素。他在精神上在熔铸一种死灭的意识形态。但实际上，他是在做日本帝国主义最精确的代言人。因为日本军阀法西斯征华的目的，就要不费一弹，不伤一兵，灭我国家，亡我民族。而汪精卫就在这里提供民族自尽，国民自杀的政策，日本帝国主义当然欢迎之不暇了。汪精卫不懂得这个吗？懂得懂得！他之所以要这样危言耸听，曲解蒋委员长的英明抗战政策，无非要使全国老百姓对抗战抱极端的畏惧心理，认为抗战真正要使"每一个人，每一块地，都成灰尘"，由此而怕起来，不愿支持政府对敌作战，打断政府已经确定了的抗战国策罢了。②

在这里我们必须指明，汪精卫在那时这样发挥他的"焦土抗战"政策，一面是慑于政府政策和民气之不可抗御，而另一面却为他以后的政治阴谋伏下了根基。谁都记得长沙的大火曾被汪逆

---

①　汪在1937年7月29日南京广播：《最后关头》。

②　蒋委员长在1937年7月17日经宣布最后关头已到，即宣布了抗战的国策。

作为藉口，来反对抗战之继续。但实际上长沙惨案客观说来可以说汪逆焦土政策之具体实现，所以其负责人就给政府枪毙了。汪精卫反抓住这把柄，说，抗战是这样的坏事情，"使每一个人，每一块地，都成灰尘了"。"民众们，赶快起来反对抗战吧"。这些都是和汪逆目前在香港上海一带的宣传一贯的。

抗战全面地发动了。于是汪逆在第二阶段的民族投降主义不得不有新的表现。那时国内外政治情势的骨干是这样：第一是全国军民坚决主张抗战到底；第二是国内精诚团结日益巩固；第三是中苏关系急激好转；同时德意实际上帮助敌人，并企图调停战事，劝诱我对日投降。汪精卫的民族投降主义就适应着这个新环境，巧妙地发挥其作用。

第一，历史告诉我们，只有拙劣的反革命分子才公开站到反革命的阵营去；一切顶阴险顶毒辣的反革命分子，一定要伪装革命，混在革命的阵营里，从内部来破坏革命。汪精卫积中外几十年反动之经验，当然深知此中诀窍，所以他在表面上积极赞助抗战了。

让我们听他甜蜜地歌唱吧。

1. "一打就打到底曲"："在最后关头未到以前，我们就决定一句话：一打，就打到底。绝对不中途妥协。"这种态度完全变成与从前两样的人。最后关头以前，好像布放军事上的烟幕弹一样，把我们完全遮掩住在烟幕中做工作，绝对不敢说半句决裂的话。到了最后关头以后，全副精神通统用在抗战上，绝对不中途妥协。"中途妥协，只有灭亡"这八个字，不是恐吓的话，更不是鼓励的话，有深刻意义在。"中途妥协，除了屈服以外，还能得到什么？绝对得不到和平"。①坚忍而不拔。这是汪精卫在唱

---

① 《抗战建国同时进行》，汪在1938年长沙各界欢迎会上演词。

吗？谁说不是！

2．"不做傀儡曲"："中国历史上为外族所侵略，半之者数次，全之者两次。这些之不是侵略者能将我们4亿人杀尽，能将我400余万公里毁尽，而是我们死了几个有血性的人之后，大多数没有血性的人将自家的身体，连同所有的土地，都进贡给侵略者，以为富贵之地。侵略者因此极写意的便将我们大多数的人，以及全数的土地，得到手里。我们今日是不是仍然要做傀儡呢？不做傀儡，只有牺牲。"①光明恳挚。这是汪精卫在唱吗？谁说不是！

3．"义民曲"："天下只有顺民才会当亡国奴，才会以一己的生存而致国家民族于死；否则义民。"②短小而精彩。这是汪精卫在唱吗？谁说不是！

4．"最后胜利曲"："有了牺牲精神以为根本，军队方面虽然因作战而受到损失，但牺牲精神的提起，适足使强者愈强，弱者亦化弱为强。（注意！）民众方面虽然因战事增加种种负担，负受种种痛苦，但牺牲精神的提起，足使团结愈加坚固，能力愈加增进。（注意！）这次的胜利（指台儿庄的胜利），于国民的自信力是有深刻的影响。我们唯有遵照蒋委员长附电所示，本着这牺牲精神，闻胜不骄，闻败不馁，坚毅沉着，忍劳耐苦，以期竭尽责任，这样必然的可以初步的胜利，日益迈进，而得到最后胜利。"③坚定而切实。这是汪精卫在唱吗？谁说不是！

5．最后的压台曲："毒到尽头处"："敌人深知道对于中国的地方不难于攻陷，而难于攻陷之后，能安然占领，无所顾虑。所

---

① 汪在1937年7月29日南京广播：《最后关头》。
② 汪在1937年9月18日在中央党部演讲词。
③ 汪在1938年4月9日汉口广播：《牺牲精神之提起》。

以于攻陷之后，必使种种政策，以期达到要占领之目的，其一是麻醉政策，如近日所传制造傀儡政府即其一端。因为以中国的钱，养中国的兵，来杀中国的人还不够毒；以中国的钱养中国的士大夫，来治中国的人，才算得毒到尽头处。"①深刻而确切。这是汪精卫在唱吗？谁又说不是呢？

总之，一切好的、对的、美丽的、动听的话语，都给汪精卫说光了。如果伟大的音乐家贝多芬在世，他一定要继其颂扬拿破仑之曲而后，编一曲"十全十美"交响乐献给我们这位伟大的革命家了。

但白昼往往见行尸。光明的外套之下罩着丑恶和犯罪之极致。汪精卫之所以不能不这样冠冕堂皇，这一面是表现全国军民的意向究竟违抗不了。而另一面却表现出汪逆行径的"毒到尽头处"，从抗战爆发以来，汪精卫就无时无刻不在活动"中途妥协"活动"做傀儡"，活动"做顺民"，活动做到敌人的"毒到尽头处"。有证据没有呢？"证据何止千百，今且举一个例吧"②。

汪精卫的那篇大文《举一个例》就是最好的证据。他说："主和是我对于国事的主张了。这是我一人的主张么？不是，是最高机关，经过讨论，而共同决定的主张。"接着他举出 26 年（1937 年）12 月 6 日国防最高会议常务委员会议为例。汪精卫一口咬定主和是那次会议"经过讨论而共同决定的主张"，其为撒谎造谣，已由吴稚老痛加驳斥，不必再费笔墨。我们在这里所注意的倒是汪逆个人至少从 26 年（1937 年）12 月 6 日已经牢牢把握住："主和是我对国事的主张了。"但这决不是共同的主张，单是汪精卫一贯的主张罢了。

---

① 汪在 1938 年 1 月 1 日发表的《我们同志应有的决心和努力》。
② 汪在 1939 年 4 月 1 日香港南华日报《举一个例》。

还要举个例么？好，让我们提敌人上堂来作人证。

关于汪兆铭吴佩孚"和平运动展开"的座谈会：

时　　间　1939 年 2 月 15 日

地　　点　东京于芝，嵯峨野

出席者　井上谦吉（东洋协会），太田宇之助（东京朝日新闻），冈野增次节（前吴佩孚顾问），小室诚（报知新闻），佐藤安之助（陆军少将），藤田荣介（全权公使），鹫泽与四二（前众议院议员）

记者："现在请佐藤先生赐教。"

佐藤安之助："汪兆铭脱离重庆，突然发表声明……事出有因，并非突然。……汪氏从一年前起就频频策划和平。但表现在报纸上还开始于去年 10 月。那时广州汉口相继陷落，汪兆铭就对新闻记者大谈和平。……但我们在去年三四月间就已经知道了。……"

记者："汪兆铭的和平论究竟何时开始呢？"

佐藤："我在去年春天就知道汪兆铭是非常热衷的和平论者，而且知道他在拼命进行和平运动。我今附带谈其经过。去年二三月间我住在上海。我熟识一个朋友，他是汪系的人，我们时常谈论各种时局问题。此公如能参加维新政府，那确是非常有力的人呢。关于他，松井石根君也有许多话（这是对我讲的），但他并未参加。如果我们稍微活动一下，那许是会成功的；只因我们没有活动此举就像告了失败。相反的，那位先生说起要到汉口一行，他就去了。他到了汉口，就详谈谁是主战论者，谁是什么。他和汪兆铭在汉口同住了四个晚上，有两晚每晚恳谈了二三小时。汪氏担心着当时的时局，至于流起泪来。他说："中日两国这样火并下去，实是蠢事，双方都无好处，反之，都好像非常的损害。只让第三国来收渔翁之利。所以战争必须及早结束。他还说，像你那样有很多日本青年朋友的人，真要为着两大国的利益，求取和平而努力呀。……我那位朋友年纪五十五六。……所以汪兆铭的和平问题决不是突然而起的。"①

实际上我们的证据何必举得这样远呢。听他最后的自供已经完全足够了。他在本年4月8日发表的那封复华侨某君书内，就老老实实说出："我自从抗战开始以来，想到中国不得已而抗战，时时刻刻想到抗战怎样可以持久？怎样可以胜利？同时也想着怎样可以觅得和平？我对于觅得和平的意见，在会议里不知说过多少次了。到了广州丢了，长沙烧了，我的意见更加坚决，更加期其实现。"

汪精卫自己的供状和敌寇佐藤的人证，证明汪逆的主和运动早在开始。这还不明显么？老实说吧，汪精卫的主和策动已经明显到这样的程度使他在公开的言论里也露出了马脚。

当抗战一开始，汪精卫当然满肚子不高兴。他公开发牢骚了。27年（1938年）8月3日那天，他忽然广播他那篇有名的演说："大家要说老实话，大家要负责任。"他先曲解了历史来发他的乌气。他说："中国宋末明末曾两次亡国。其亡国之原因最大最实的在于（当然在于吴三桂之流的卖国贼咯一端）不说老实话，心里所想与口里所说，并不一样。"他骂人了，但不幸他却骂出了马脚来。他接着广播："在大战中，俄国败于德国，几乎亡了；德国土国败于协约国，几乎亡了。然足能保存，且能复兴，这都是垂亡之际，人人下了救亡图存的决心，人人肯说老实话。和呢，是会吃亏的，就老实的承认吃亏，并且求于吃亏之后，有所抵偿。""这种做法，无他巧妙，只是说老实话而已。"汪精卫从那时起已经公开提出和的问题，同时要大家"说老实

---

① 《文艺春秋》，本年3月号页37—38。

话，负责任"。当时大家说莫测其高深。直到今年当我们拜读了他的复华侨某君书才恍然大悟他所谓"老实话负责任"的道理。他说"政府则必须握着现实，不得不战则战，可以和则和，时时刻刻，小心在意为国家找一条生路，才是合理。……一般何苦自讨没趣？何况话一说出口，就被人指为汉奸，一般人心中想想，亡国是大家有份，汉奸的恶名却要我一个人承当，这更是何苦？这么一来，自然而然的，心虽知其危而口不敢言了。"这是不说老实话的原因，也就是不负责任的原因，也就是亡国的原因。但汪先生请听着：和战只在你个人成问题。你对此已经说了"老实话"而且又负了责任，他人是未便奉陪的。那么汪精卫之悻悻然对全国同胞生气，又岂偶然哉！这就叫做社会蛆虫的悲哀！

汪精卫看到单是生气是不够的。他必得对抗战本身加以抨击，始能收他"负责任"之效。他深深知道抗战是他最大的冤家。同时"焦土抗战"，是最能表现我民族的决心，游击战是最能消耗敌人的实力。于是他不惜用一切曲解和造谣，来打击长期抗战，打击焦土战和游击战。

长期抗战的具体口号是抗战到底。于是汪精卫及其一派就在"底"字上面用功夫了。谁都知道，抗战到底就是抗战要达成胜利之目的才肯罢休（见蒋委员长抗战二周年纪念告全国军民书）。更具体地说，是要打到恢复"九·一八"前原状为止（见陈诚对重庆文化界谈话）。但汪精卫却尽量宣传抗战是"无底洞"，是没有底止的。一打，就要一直打下去。谁都知道，这是骗人的话，同时又是吓人的话。因为历史告诉我们，战争终是有结束的日期的，西洋历史上所谓百年战争也有一定的时期，并非一直打下去，没有底止。照上次世界大战的情形推算，帝国主义列强决不能支持4年以上的战争。因为再拖下去，他们国内的经济政治必然发生危机，国内人民用国内战争来结束对外战争。俄国便是最好的例子。日本是个小的强国，他所能支持的时期尽管有军人法西斯的极端统治和对我物力财力之运用，但只要我们和它拼下去，就决不能超过 4 年。但是汪精卫等偏要说我们的抗战将无底止，这只是要恐吓一般老百姓，使他们对抗战胜利失去信心；对抗战前途发生畏惧。其作用正和他强调民族自杀主义一样。

关于焦土抗战，在中国也只有汪逆这类无耻叛徒才把它理解成民族的自杀和自灭。可是他偏要作种种谣言，污蔑我将士"不战而焦土"。他在这里又以蔼然仁者的面貌出现了。"民力必须爱惜"呀！接着又来无的放矢了："我们必须认识清楚，所谓焦土战者，是因战而至于焦土，绝不是不战，更绝不是即使不战也是焦土。……既然打算不战，则其决心先松懈了，其纪律也就随以废弛了，其秩序也就随之紊乱了。于此而犹言焦土，其结果只有老百姓晦气，而敌人则正如隔岸观火，真所谓亲厚者所痛，仇者而快，万万要不得的。"①但汪先生请听着：在五个月前教我们"所谓抵抗，无他内容，其内容只是牺牲的"决不是别人，而正是汪先生自己，那么汪先生到这时才"说老实话负责任"，要使我们"老百姓晦气"，使"敌人隔岸观火"。是不是？正确的严肃的焦土抗战是决不会因为你的污蔑而停止的。那么汪先生又枉费心思了。

关于游击战也是一样。汪精卫偏要诬蔑我们的游击战士为"游来游去，游而不击"："消耗民力，断绝了长期抗战的生命。"②不但如此，他还故意夸大这个问题，使一般民众对游击战发生军事和政治上的恶劣印象。他说"焦土战，游击战这两个名词，本

---

① 汪在 1938 年 1 月 13 日发表的《如何用民力》。

② 同上。

来是战术的名词,然而流行起来,渐渐成为政治上的名词了。"①又说,"有了共产党的所谓游击战,便不愁在地方上还会有一点子遗了。你读过历史,你知道共产党所谓游击战,不过是流寇的别名,人民如禾,流寇则是蝗虫,所过之处没有不食尽烧光的,从前的人听见流寇二字,就会惊心,如今给共产党加上些文章词藻,却被认为抗战到底的秘诀了。"(复华侨书)这就是汪精卫的拿手好戏。他又把他对于抗战本身的打击,扩大而为对国内团结的打击了。但事实很显然,游击战到现在尤其在敌后,已被正确地采用为主要的战术,变成我国策的一部分了。汪逆的打击又扑了个空。

所有这些我们还不够证明汪精卫在抗战以后虽然口头上支持抗战,而实际上却在主张妥协,破坏抗战吗?

第二,上面指明从抗战发动以来,政治情形的基本特点之二,就是国内团结,敌人和他就越没有挑拨离间,各个击破的可能。但汪精卫比苍蝇还聪明,他的作为必须审慎而隐藏。

精诚团结合于抗战本能的要求,它为抗战所必需。它已成为沛然莫之能御的趋势了。那么,汪精卫该怎么办呢? 一句话:顺水推舟,暗中摸鱼。他为什么不在表面上也积极赞助精诚团结呢?

我们厌倦的读者们又有机会欣赏那小鸟儿的美妙绝伦的歌喉了。

关于"日本一贯的分化政策"和我们的统一团结,汪精卫用他得意的高音部歌唱着:"日本从前曾作种种宣传,说中国没有国家组织,绝不能统一,但事实上中国已经统一起来了。又说,中国因不能统一之故,决不能作全面抗战,北自北,西北自西

---

① 汪在 1938 年 1 月 13 日发表的《如何用民力》。

北，南自南，西南自西南，各不相顾。但事实上中国已经发动了全面的抗战了。又说中国国民党与各党各派必不能相容，且与国民党的意志亦不能一致。但事实上中国民众已经认定国家高于一切，团结起来，为国家之生存及民族民权民生主义实现而奋斗了。凡此皆足证明日本的分化作用越加急激，我们的精诚团结越加坚固。"[1]

多美满呀，真所谓至矣尽矣，无以复加矣。

关于"防共"问题，他劈头就唱："防共是一个借口"，接着说，"日本宣传：中国容共，所以不能不有此次战争。到了最近，中国共产党军队已经决心御侮，改编为国民革命军第八路军了，日本趁火打劫的机会从此不再有了。从前中国在江西等处用兵吃紧的时候，日本所加于中国是侵略，如今中国全面抗战的时候，日本所加于中国的也是一样的侵略。日本只老实的承认侵略罢了，还有什么可以借口的。"[2]

说得斩钉而截铁。真所谓至尽矣，无以复加矣。

但事实上怎样呢？汪精卫从抗战发动以来就未停止片刻，进行其损害领袖威信，拆散各党派团结一致之阴谋，有什么证据？""证据何止千百"且举汪逆自己举出的例子来作证明。

据汪精卫的自供：他在 1938 年 12 月 26 日曾致函国防最高会议。内开："犹忆去岁 12 月初，南京尚未陷落之际，德大使前赴南京，谒蒋先生，所述日方条件，不如此明划，且较此为苛。蒋先生体念大局，曾毅然许诺，以之为和平谈判之基础（??）。"[3]真是白昼见鬼！汪精卫只想凭空造谣，污蔑蒋委员长愿

---

[1]　《今日救国之道》，汪在 1937 年 9 月在南京平津同学会讲词。

[2]　同上。

[3]　汪文《举一个例》。

意和平谈判，在全国军民之前灭损蒋委员长的威望，分裂抗战阵营，其居心之险毒，真狗皆不公。至于他在第二次国民参政会开会，以参政会议长之尊，竟公开表示反对蒋委员长，挑拨党派之争，更是路人皆见了。

关于共产党问题，他虽然郑重声明"中国共产党已经决心御侮，改编为国民革命军第八路军"，使"日本趁火打劫的机会从此不再有"。但在骨子里，却尽量挑拨摩擦，完成他所说的"日本的分化作用"。瞧他那种咬牙切齿的态度吧。"我以为共产党是以捣乱为天性的。主战也捣乱，主和也捣乱。共产党的捣乱，如果于主和时表面化，比现时操纵把持，挑拨离间的局面，只有较好，没有较坏"①。好一个敌人的中文宣传品啊。但请分化专家汪精卫听着："在我们全国一致实行三民主义的中国，若再谈共同防共，完全是无的放矢！"（蒋委员长驳斥近卫声明）"自前年中国共产党声明拥护三民主义以来，事实上中国人民的思想行动，已完全统一于三民主义之下。我们国家法律的最高原则是三民主义。凡不违反三民主义的行动都为合法；凡合法行动的人民都一律受到法律的保障，而中国今天无论何党派，都受着中国国民党的领导，服从法纪，效忠抗战。"（蒋委员长抗战第二周年纪念日告日本民族书）"你提到共产不共产，无非想涂说中国赞成共产，应为以防共为幌子的侵略所应征罢了：你可以借求外援的名义借日本兵平内乱了。你这种用心，不是明代的吴三桂，朝鲜的李完用吗？"（吴稚晖先生：进一解）

所有这些我们还不够证明汪逆在抗战以后，虽然口头上支持团结统一，而实际上却在破坏团结和统一么，进而想造成内乱吗？

---

① 汪文《举一个例》。

　　第三，抗战以后国内外形势的第三个特点，是中苏关系的急激好转和德意在实际上帮助敌人，并设法调停战事，劝我们投降。在这里汪精卫又碰到了难题目。苏联是他深恶痛绝的，但他现在却实际上在帮我们的忙。德意是他的干爷和干娘，但他们都不帮助我们，反而在帮敌人。汪精卫怎办呢？我们可以老实告诉读者，汪精卫在这里是真是既诡谲，又勇敢。

　　要说汪精卫不懂得外交上的联合战线，那是冤枉了他。要说汪精卫不知在抗战中应当联合苏联，对抗日本，那更是冤枉了他。汪精卫不要等今天，在 15 年前对于这些早已了解无遗了。民国 14 年（1925 年）10 月 2 日，他在陆军军官学校就任党代表时就演说道："我们对于我们打破帝国主义的运动与工作，应该不应该联合战线呢？俄国在大革命以前，也是白种人所建立国家里头一个极厉害的帝国主义者。大革命以后，自己抛弃了从来固有的帝国主义，却被各个帝国主义者，联合起来，将对他封锁，要他生生的冻死饿死。他好容易得了自由，所以对于世界上被压迫民族解放的政策，对于欧洲被压迫阶级便定下了阶级觉悟的政策，这真真是帝国主义的死对头，是打倒帝国主义的急先锋。他的志愿，由他的领袖列宁明明白白的说了出来，世界上 12.5 亿的被压迫人民，联合起来，向 2.5 亿的压迫人民，要求解放。我们对于怎样以世界革命打倒帝国主义的先进，应该不应该联合战线呢？"

　　唉！可怜的同胞啊，没有勇气，却偏要多疑，他喃喃地道："非我族类，其心必异，俄国何故帮助我们呢，只怕不怀好意罢。"他虽然不相信理论，他不能不相信事实。比如民国六七年间，日本说帮助段祺瑞参战借款与供给军械，却一手将中国无数权利，搜了过去。我们根据这些事实，便可以说日本的帮助，是不怀好意。如今俄国的帮助我们是怎样呢？他起先和中国成立了中俄协定，将从前帝国时代，对于中国所缔结的一切不平等条约和种种特权，一概取消，重订双方平等互遵主权之条约。他随后认定了中国里头哪些人是要做国民革命的，便用他的心力，去帮助那些人，他没有一些别的要求，他没有一些别的企图，也没有占过一些便宜。他没拿过一些利益，他只为帝国主义是中国的敌人，也就是他的敌人，他只求以中国人民革命的成功，促进世界革命的成功。我们虽然不相信理论，难道事实是凭空可以捏造的，是凭空可以抹煞的么？唉！可怜的同胞啊，没有强固的精神，却偏会有虚骄之气！他又呐呐地道，"我们革命，要凭自力，不要求人帮助"。"须知道在这世界大战中，帝国主义在一起，反帝国主义自然也在一起，联合战线的时候，不但互相帮助，算不了什么稀奇。"

又说："我们这联合战线，是无人可以摇动的，是无人可以离间的，是无人可以冲破的，我们一致努力，一致要求世界革命成功。"①

他把当时中山先生的联俄政策解释得这样明白，这样透彻。在大体上，这种解释可以完全适用于当前的情势。但今天的汪精卫却必须打当时汪精卫的嘴巴了。为什么？因为如果当时的汪精卫还是革命的英雄，那么在今天他早成革命的叛徒了。所以，他对于苏联问题，除在参政会上公开指使其死党李圣王陶希圣之流公开反对苏联，主张德意路线以外，在理论和主张上就采取这样的方式。

第一，他故意曲解积极联俄的政策为抛弃对英美法的联合，这样来把联俄问题和国内政治问题和思想问题故意纠缠起来，造成一部分人的疑惧。比方他说："近来颇有一部分人士持着一种

---

① 《汪精卫文选》，上海更新出版社，页190—193。

见解，以为中国必须抛弃对于资本主义国家的信赖，方才可以得到苏联真实的援助。……兄弟以为这种见解是看不清楚现在国际和平之路线，看不清楚现在中国须循着国际和平路线以前进。不用说别的，只怕连苏联也吓一跳，也会把肩头耸起，也会把舌头伸出来。"① 是的，汪精卫之虚构事实，捕风捉影的伎俩，是够使人"吓了一跳""把舌头伸出来"的。但谁都知道，政府的联俄政策绝对没有抛弃对英美法的友谊；民间主张联俄的人也绝对主张中国对英美法苏须作平行的联合。主张不联合英美法等资本主义国家的倒不是别人，恰恰是汪精卫汉奸最好的帮手托派阴谋家，他们才主张"我们抗战要打倒一切帝国主义"呢。

　　第二，汪精卫等拼命造作谣言，说我们的抗战，不是为中国，而是为了苏联。他说，"中日战争就是日苏战争的前哨战。"甚至说，中国抗战可说是"为人作嫁"。这种无耻理论显然在曲解抗战，侮辱抗战。谁不知道，抗战是为求得中华民族自身的独立与生存？抗战是自己的事，决不是人家的事。所谓自力更生就是这个道理。但汪精卫偏要污蔑抗战神圣任务，其目的不外第一，他要打消全国军民抗战的决心和积极自发的精神，让抗战寿终正寝。其次，就是要培养国民对苏联的猜疑，挑拨对苏联的恶感，使中苏邦交发生裂痕。

　　第三，汪精卫深懂得物极必反的道理，而且他善于运用这个道理。他看到联俄已成固定政策，于是他将欲毁之，必先成之，故意扩大苏联应该援助和必须援助我们的程度。他和他的助手陶希圣等就开始发动一个运动，在舆论上鼓吹苏联必须立即出兵应该立即出兵。请看他的高论："苏俄明白得很：日本侵略中国，即是侵略苏俄。深切些说，日本之所以侵略中国，就为的是侵略

_____

① 汪文《寻求与国与团结民众》，1926年11月12日发表。

苏俄。……所以中日战争无异是日俄战争之前哨战。苏联为共同利害计，与中国共同向日本作战，其为当然尤无可疑。"又说："日本之侵略中国，所危害者不止中国。世界各国一致前来共同作战，尤其是关系最深之国，剑及履及，前来共同作战，在理论上是当然的。"①

你要联苏么？好，你就要希望苏联出兵；因为中日战争就是日苏战争。你必须把肥皂泡吹得这样用力，使它大到破灭了，然后你们的阴谋才能完成。苏联出兵的希望幻灭了，由于联俄的心理基础完全毁掉了，这样来破坏中苏关系，才是最好的计策。但在我们是非常清楚的。抗战是我们自己的事情。"今日我民族虽贫，而其责望于友邦者，唯在善尽其责任与义务，而决不存越理之奢望，与分外之要求。"（蒋委员长抗战二周年纪念告各友邦书）但我们要说汪精卫不知道苏联在当时情势下，决不可能出兵么？那是看得汪精卫太低能了。你看他又会向我们解释（当然这种解释一部分是故意歪曲）得清清白白：

事实摆在面前，苏俄之准备战争与避免战争与其他各国并无二致。而且还有以下几个原因：其一，苏俄为什么由世界革命主义而变为一国国家社会主义呢？是否欲埋头建设，暂时与人无竞与物无争，而养精蓄锐以待天下之变。如其是也，苏俄是否轻于参加战争？其二，苏俄东则有日本之忧，西则有德国之忧，此外还有波兰，还有意国，苏俄所以汲汲于加入国联，与法国订立互助协定，结合英国，乃至美国，其意至昭。在此互助牵制的局面下，苏俄是否以一国轻于参加战争？其三，即专以对日本而论，苏俄地势，在军事上，显然是利于夺取守势，西伯利亚苦寒的气

---

① 《就寻求与国与团结民众再引申几句话》，1926 年 11 月 27 日在武汉市党部欢迎会上之演讲。

候，广漠的平原，即使与日本支持两三年，莫斯科是不会发生什么影响的，苏俄是否肯轻于改取攻势？以上三个疑问，只要常识常理来说，其他外交秘密，军事秘密，且置不谈，然即就此常识常理来说，已可窥见一斑了。[①]

然则汪精卫是明知苏联在目前状况下是不会出兵而只能以其他方式帮助中国了。知其不能而故意夸大其应该和必须，此无他，不过要毁灭中国人民对苏联的好感而已。

这就是汪精卫之流对苏联问题的看法和实际的做法。

其次我们来看汪精卫对德意的态度。对于这点，他是态度鲜明，真相暴露了。到今天已经谁都知道，汪精卫在内政上是国社法西斯主义的崇拜者，而在外交上便是德意路线的创作者，这里我们只说他在外交上的做法。

第一，他在理论上绝对否认日德意侵略集团和英美法苏侵略集团之存在。德意是可以帮助我们的，所以我们不能把他们撇开。他说："有人责备道：日德意与英美法苏是两大对垒，正和欧战前德奥意的同盟与英法俄的协商，形成两大对垒一样。中国究竟应该站在哪边？中国为什么还要与德意引成友好关系呢？无怪英美法尤其苏俄有些不放心中国的态度与决心了。""这话也是奇怪，英国不是明明白白与德国谋友谊之维持与增进么？法国不是明明白白与意国谋友谊之维持与增进么？不宁唯是，英之与意，法之与德，也正在谋冲突之减轻，关系之增重，苏俄之于德意，虽似隔阂，其外交作用，也何尝稍为休息，因为外交作用，莫大于寻求与国，减少敌国。例如欧战以前，德奥意是同盟的，英法苦心孤诣将意国拉出同盟，变为中立，其后还将意国接入协

商，谋国之忠，固宜如此。除了会存着一种坏心事，所谓伐人之国，必先伐其交，才会劝人斩断了其他各国一切关系，而一心一意投入一国的怀抱里去。日本前此所谓中国好以夷制夷，即是此一种坏心事之表现，唉！说这些话的，如别有用心，我还有什么希望，如果还有一点爱国心，我劝他快些将这些话收回去吧。"[①]又说，"有部分人士持着一种见解，以为中国至少须把法西斯蒂的国家撇开，这也是不对的。……尤其德国，他因战败之后，备尝痛苦，想解不平等之束缚，恢复平等的地位，其努力更是使我们起敬。"

在这里我们十分钦佩，汪精卫真说"老实话"，而且"负责任"了。当然现在事实证明汪精卫是最具"谋国之忠"和"爱国心"的。所可惜的，他的"爱国"主张未能实现，真不胜遗憾而已。

第二，他在事实上便强迫政府采取德意路线，甚至不惜在参政会上强奸民意，完成这着棋子。同时尽量支持德意"调停"中日战事，威迫我对敌投降。但他不幸得很，他一切卑鄙无耻的企图都给我们贤明的蒋委员长粉碎了。德大使陶德曼之调解失败于先，后来意大利也想染指，竟被蒋委员长毫不客气地拒绝了。他说中日战事如需调停，也轮不到意大利！

这就是汪精卫在抗战发动后，对于外交问题的"理论与实践"。

现在要说到汪精卫民族投降主义在第三阶段的具体表现。

这个阶段的整个形势有什么基本特点呢？第一，武汉广州失守后，抗战无论从国内情势和国际环境讲，进入更艰苦更拖长的

---

① 《就寻求与国与团结民众再引申几句话》，1926 年 11 月 27 日在武汉市党部欢迎会上之演讲。

局面了；但同时第二，全国军民在蒋委员长领导之下坚持持久战的决心更坚固了，对抗战胜利的信心已在更健全的认识基础之上把握得更紧了。第三，敌人鉴于速战速决之不可得，于是加紧政治阴谋，积极分化我力量；同时开始着重于占领地的经营和开发。

一贯主和的汪精卫在这些新的条件之下，那只有三十六着，走为上着。持久抗战的国策和民意，眼看是反对不了了，再加上敌人的诱饵，他便愤然出走，揭破一切假面具，暴露他的真面目：看呀！这位绝顶漂亮的深具"谋国之忠"的"大政治家"原来只是卖国贼一个！直到这时，他才真正"说老实话"真正"负责任"了。

于是他公开说："主和是我对国事的主张了。"这公开的主张见之于去年12月29日的艳电，见之于今年4月1日南华日报发表的《举一个例》，见之于4月8日发表的《复华侨某君书》。此外还见之于最近几月来他的广播。这些言论主张之荒谬，卑污与无耻，那简直开人类语言文字的新纪录。他已经从里应外合的内奸，一降而为最卑鄙、最廉价的公开傀儡和应声虫了。所以：

一、日本敌人主张"建立东亚新秩序"（近卫声明），主张"善邻友好"（日本政府12月22日声明），他就立即响应，主张"中日两国，壤地相接，善邻友好，有其自然与必要"，主张"今后中国应以善邻友好为教育方针"了（艳电）。而东亚新秩序者正如蒋委员长所说，是"推翻东亚的国际秩序，造成奴隶的中国，以遂其独霸太平洋，宰割世界的企图的总名称"。[①]

二、敌人主张"共同防共"，（近卫声明）汪精卫就立即响应，主张赞成"以日德意防共协定之精神，缔结中日防共协定"。

---

① 蒋委员长驳斥近卫声明训词。

主张"中国共产党人……应即彻底抛弃其组织及宣传，并取消其边区政府及军队之特殊组织。……吾人必自动地积极地加以制裁"，以完成共同防共之目的。并进一步主张"在防共协定期间内，在特定地点允许驻兵，至多（！）以内蒙古附近之地点为限"，且说"此为中国主权及行政之独立完整所关，必须如此，中国始能努力于战后之休养，努力于现代国家之建设（！）"（艳电）。而所谓共同防共诚如蒋委员长所说："在我们全国实行三民主义的中国，若再说共同防共，完全是无的放矢。我们可以说，他不过是要以共同防共的名义，首先控制我国的军事，进而控制我国政治文化以至于外交。""实在是借此名义以亡华"！[①]敌人"这两年的侵略大战，总之一句话是反中国，不是反共"（蒋委员长抗战二周年告日本民众书）。

　　三、敌人主张强化"经济单元"（近卫声明），主张"经济提携"（敌政府声明）。汪精卫就立即响应，主张"对此主张，应在原则上予以赞同，并应本此原则，以商定各种具体方案"（艳电）。而所谓"经济单元"，"经济提携"，蒋委员长所说，"不仅是要操纵我中国的关税金融，垄断我国生产和贸易，独揽东亚的霸权，他逐渐推演下去，势必至于限制我们中国个人的衣食住行，都得不到一些自由，生杀予夺，唯其所欲"[②]。

　　就是这样，汪精卫主张"和平谈判"了。为什么这样"坚决"而"负责任"主和呢？因为他"看透了，并且断定了中日两国，明明白白，战争则两伤，和平则共存；两国对于和平只要相与努力，必能奠定东亚百年长治久安之局；不然，只有两败俱伤，同归于尽"。所以他"希望大家本着独立不屈不挠的精神干

---

① 蒋委员长驳斥近卫声明训词。
② 同上。

去……往共同生存，共同发达之大路而前进"。①好一条中日共存共荣的大道！但实际上日本帝国主义对此已经吹了几年，而且也已经走了几年。当汪精卫荣任行政院长兼外交部长的时候，日使川樾，日总领须磨之类，不是天天夜夜以"中日两国共存共荣"对汪耳提面命么？当敌人已经发动大规模的侵略战了，他不是在天天唱着他"膺征支那，谋东亚之永久平和"（即汪之谓"东亚百年长治久安之局"）的老调么？现在敌人又在用枪尖来号召所谓"东亚新秩序"和以"日满支三方面合作为基础"的"东亚共同体"了。于是才使汪精卫不但"看透"和"断定"，而且勇敢地奔上那条"共同生存，共同发达之大路"去了。

但汪精卫请听着：我们"今日之问题，只有研究如何继续，并如何抗战到底，而获取最后胜利。除战而外，绝无和平可言。故现在主和者，实即中途妥协，投降敌人，皆当以汉奸论之"。（陈诚部长6月10日招待渝市文化界演词）这是我政府的国策。

于是汪精卫答复了。"我们的老朋友（？）陈嘉庚说，言和平就是汉奸！"为什么和平就是汉奸？如此说来，宪法上规定国家有讲和的大权，是规定国家有做汉奸的大权了。"忠孝仁爱信义和平"的匾字，其解释是"忠孝仁爱信义汉奸了！"②呜呼！"自从字典上有和平两字以来，从没有这样受到垢辱的"了（蒋委员长7月8日对战地民众广播）。

现请汪精卫又听着："我们现在无论南北各战场上前方的士气和战斗精神的旺盛，实为自由开战以来未曾有的好气象。……只要前方后方一致认识国家的危机，万众一心，向着最后胜利的目标，刻苦努力，牺牲奋斗，不懈怠，不屈服，深信必能达到抗

---

① 汪文《举一个例》。
② 汪复化侨某君书。

战的目的。"（蒋委员长驳斥近卫声明训词）这是我政府的国策。

于是汪精卫又答复了，你又说："现在我们抗战一天比一天好"，你何所见而亡然？……老实告诉你吧，如今抗战实实在在一天比一天艰难了。如何可以说一天比一天好？你难道不知道自抗战以来所失去的地方，其幅员之多，时间之短，历史上宋亡明亡的时候都无其例么？又说"自从抗战开始以来，人民出钱出力，受尽流离颠沛，没半句怨言，将士奋勇牺牲，前仆后继，绝无反顾。这是中华民族的元气。日本之所以提出和平条件，未尝不是看重这一点。……此次和平运动如果成功，实实在在是拜一般抗战民众及将士之赐（?!）"[①]

算了！算了！所有这些也已经足够证明汪精卫之曲解、侮辱和撒谎的本领是空前而绝后了。"鸣呼，彼真人妖，愿我民族共袚除之，'毋为戾气所染！'"[②]

汪精卫的民族投降主义之最后的和真正的表现就是这样。

四　反民权主义的假"民主主义"

谁都知道，汪精卫一向以民主政治的倡导者自命。而且他的确曾经是个民主主义者，曾经是个小市民的革命民主主义者。这是在什么时候呢？这是在他高呼：

"鸣呼！我愿我民族实行民族主义，以颠覆260年来之贵族政治！"

"鸣呼，吾愿我民族实行国民主义，以颠覆6000年来之君权

---

① 汪复华侨某君书。

② 汪在清末革命时所著《民族的国家》（一），他在这里是骂康有为的。

专制政治！"①

　　是他在革命失望之余，用恐怖手段，暗杀醇亲王的时候。在那时，他有革命的热情和对于民主政治强烈的爱好。西欧民主革命的主流在当时已经消逝了或差不多已经消逝了。在古老的东方却崛起了民主运动的高潮。中山先生就是这东方民族新生运动的领导者，而汪精卫也是这个运动的热烈支持者。这个运动经过辛亥革命，经过五四运动，一直发展到国民革命。这运动的范围是扩大了，它的内容也加深了。汪精卫在这整个过程中是以寒热病的姿态参加的，他在革命艰苦时消极，在环境较好时积极，但大体上还是赞助民主革命的。

　　中山先生的逝世使汪精卫的个人领袖主义发展到最高峰。客观上革命的发展已经逐渐超过他所能容许的限度，主观上要做全国和全党领袖的野心又那样旺盛。于是小市民的动摇性和向上爬的本能，使他成为彻彻底底的官僚。正像上面所说，中国社会就慢慢地把他从各社会层的圈子里开除出去了。而中国的民主革命在16年后，也早把他扬弃了。

　　然而这之后，汪精卫并没有放弃他民主政治的标榜。在他个人的派别小组里，在初期也还是团结一些中小市民区的民主主义分子。不过汪精卫的实际活动却完全证明了：他之所谓民主政治，不过是结合过地方封建力量反对中央，反对蒋委员长的招牌而已。因之他的民主主义已经完全失去革命的本质。西欧的资产民主主义它固然够不上，在历史发展的阶段来讲，甚至连俾斯麦的大统一主义和落后的联邦主义也比他进步呢。这种理论在实践上的表现便是他之结托封建落后力量，反对进步势力，害怕民众，并剥夺人民的自由。

---

　　①　汪文《民族的国家》（二）。

中国民主运动的两大任务，在国内是反对封建残余，对外是反对帝国主义。汪精卫力求与封建势力相结合，这已经破了汪牌民主主义的半边；至于汪精卫和帝国主义，尤其是和日帝国主义的关系那更是人人知道的事情。从"九·一八"以后，汪精卫就干脆以日本帝国主义代言人自居了。于是汪精卫的"民主主义"就彻底宣告破产。

西安事变后，全国精诚团结成为国内政局固定的趋势。当时汪精卫和日德帝国主义相勾结，想乘机回国，实现其东方佛朗哥的统治。结果他在全国拥护蒋委员长，领导国内团结统一，对敌执行抗战的压力之下，失败了。国内的团结和民众的奋发，奠定了最近中国民主政治的基础。这个基础从抗战开始以来是更加巩固了。民众运动日渐展开，出版言论日益蓬勃。特别是国民参政会和省参议会的成立，表示中国民主政治已经逐渐走上轨道。蒋委员长在国民参政会第一次会议开幕时，就说明参政会的基本任务，一在加强团结，巩固统一，完成抗战建国大业；一在建立民主政治的基础。

汪精卫是摘取果实的能手。他看到真正的民主运动已在开展，于是就以老牌的"民主政治家"的资格，荣任国民参政会的议长，积极推行他的"民主政治"了。

第一，民主政治的基础当然是民力和民意的发扬。抗战本身要求着全国人力物力的总动员。汪精卫不明白这点吗？当然明白的。他说："抗战不只是前方将士的事，而是全国各地民众的事。民众之努力与否，为抗战能否持久而得到最后胜利之最大关键。所以团结民众，在平时固属重要，在抗战期间，尤为紧急。"①又说："近来敌人每到一处，便急急忙忙组织傀儡政府，即是以

----

① 《寻求与国与团结民众》。

此秘诀（按即‘以中国的钱，养中国的兵，来杀中国的人’。而汪逆现在正运用这个秘诀一端）为其蓝本。我们如果不以十二分的努力，唤起民众，则此种浩劫，决无可逃。"①

汪精卫对于唤起民众的实际做法，人们在"团结民众"已属"重要"的"平时"，已经领教过了。至于战时，他本身既不要战，根本上又怕人民伟大的力量，所以更不消说得。因此他一面虽把团结民众的口号高唱入云，另一面却用各种理由来限制民众力量的发展。当然，汪精卫在这些地方的说法一定又是非常巧妙的。他说："如何才能团结民众呢？有人说道，欧洲大战期间，如英如法，皆是不分派别，一致团结……只要认定国家高于一切，便能团结起来，一致努力。这种说法在国本已定，民主政治已经告成之英法等国，自然可以行得了。如果在本国正在树立的过程中，民主政治正在开始训练，尚未成熟的中国，今日就不能不再加以考虑了。"②再加以考虑之结果，自然不得不加以约束和取消了。

再看他对于热烈的民众运动加以怎样的歪曲和打击。他说，"颇闻有人说道，为什么这次抗战反不如北伐时之处处看见民众大会呢？（我们只听见说，北伐时处处有热烈的民众动员，而不单是民众大会一端）欲解答这个疑问，与其说是战况不同，毋宁说是意义不同。北伐的意义重任在政治，（对不起得很，我们最高领袖指示我们，现在也是政治重于军事，那你将又何说！反正你总是反其道而行之就是了）故热烈宣传最为重要。此次抗战是为国家民族生存而奋斗，（在你是只要自求牺牲，所以只要挺死不动，让敌人来杀头好了！）其意义是人人知道的，故沉着工作

---

① 汪在 1937 年 11 月 18 日广播：《怎样才能持久》。

② 《寻求与国与团结民众》。

较之热烈宣传，更为重要"。(汪逆把热烈宣传与沉着工作故意对立起来，谁知热烈宣传之后更能有意识地沉着工作)接着他骂人了："可惜那些只唱高调不负责任的人，只晓得民众大会（？）不看见民众的埋头工作，所以会发此疑问。这不值得一辩。"①

汪精卫既然实际上不要团结民众，唤起民众，所以他在国民参政会上对于一部分参政员所提出的"调整民众团体以发挥民力案"，"请中央通令全国军政机关切实保障人民权利案"以及"具体规定检查书报标准并统一执行案"等等条件，就不得不竭力从中阻挠，加以抨击了。

第二，抗战中的民主是以全国的精诚团结为前提。在抗战的大目标下没有各种社会力量，各个民族力量和各种政治力量之合法存在和合法工作，当然就谈不到民主。中山先生在第一次全国代表大会宣言中关于民权做了如下的解释："民国之民权唯民国之国民乃得享之。……详言之，则凡真正反对帝国主义之个人及团体，均得享有一切自由及权利。凡卖国国民，以效忠于帝国主义及军阀者，无论其为团体或个人，皆不得享有此项权利。"

很显然的，汪精卫虽然口头提倡民主政治，却决不愿给"真正反对帝国主义之个人及团体""一切自由及权利"。为什么？因为他自身"卖国罔民，以效忠于帝国主义及军阀"，他根本已失掉"民国之国民"之资格，如给人民真正的民权，他就得被人民撵走。所以他必须挑拨离间，剥夺一切真正反对日本帝国主义的团体与个人之合法权益。在这里他表现得最明显的，就是他遵从其日本主子的命令来"共同防共"，而实际上就是要分化国内的抗战力量，便利日寇的各个击破。

第三，中山先生的民权主义是要叫"人民管理政事"，叫人

---

① 汪文《怎样才能持久》。

民有"政权"。① 要"（甲）实行普选制度，废除以资产为标准之阶级选举；（乙）以人民集会或总投票之方式，直接行使创制复决，罢免各权；（丙）确立人民有集会结社之言论出版居住信仰之绝对自由权"。②但汪精卫却要我们效法德意，用假的民主主义，来实行真的法西斯主义。

汪精卫之在外交上主张德意路线决不是偶然的。他渴慕着德意现行的统治状况。他想做希特勒的好徒弟。他说："德国，它因战败之后，备尝痛苦，想解除不平等之束缚，恢复平等的地位，其努力更足使我们起敬。"③但我们都了解，法西斯主义是金融寡头最残酷最野蛮的统治，国社党的德国只是蒂森（Tnjssen，德最大金融资本寡头）的王朝。它并没有使人民真正解除不平等之束缚，正相反，他们所受的束缚和压迫更多更严重。所以希特勒的统治使全世界人民（连德国人民在内）慄慄危惧，并没有肃然"起敬"。真正对他"起敬"的只有佛朗哥、汉伦和汪精卫之流而已。但最后请汪精卫注意者，在40年代的中国，无论你怎样努力，是行不通希特勒的法西斯主义的。姑不论中国根本没有强大的金融资本，中国伟大的民权运动的传统，尤其是目前的民族革命战争也把一切移植法西斯主义的根源彻底铲除了。汪精卫如果真要在中国或者在上海虹口饭店试行其法西斯主义，那至多只是日本军人法西斯主义在殖民地的延长。而且就是这个延长也只能是昙花一现而已。

这就是汪精卫的反民权的假民主主义之真相及其可能的前途。

---

① 《三民主义演讲集》，民权主义第一讲，页2。
② 《民十二年初国民党定宣言》。
③ 《寻求与国与团结民众》。

五 反民生主义的"猫哭老鼠"主义

汪精卫相信不相信民生主义呢？在他主观上当然是不折不扣"相信"的。而且从抗战爆发以后，他似乎显得特别"相信"民生主义。他也跟一般人在讨论民生主义是不是资本主义的问题。他也极端主张在抗战时期应该"根据民生主义来实行计划经济，使重工业归之国营"，[①]等等。而且汪先生是有情人，他一提人民的生活，就要"下泪"。比如他在湖南地方干部学校演讲时，就说："一提到民生主义，我们就悲从中来。我们现在看不见民生，而只看见民死。……大多数人民都是无以为生而死。我们看到城市的情况，已经满心难过，看到乡村中的情况，更难过百倍。"

眼泪汪汪的好心人儿呀！但请不要着急，"落红不是无情物，化作春泥更护花！"（汪诗，见《民族的国民》其一）你提出你的办法来好了，何必春愁如此呢。

于是我们来看汪精卫的"民生主义"政策。

开头当然先得把那些错误的主张劈掉呀，所以他说："我们要根据民生主义的计划经济而努力。说到这点，我们要说明一句：就是这话决不是有一类人所唱的改良人民生活，改良士兵的生活的口号。我们固然很想改良士兵生活，人民生活，但这不是白想可以有效，我们不能以空空洞洞的口号来自欺欺人。我们要有切切实实的办法才可以说得到，做得到。"[②]

---

① 汪文《地方行政与抗战建国》，在湖南地方干部学校之演辞。

② 同上。

那么什么是切切实实的办法呢？凡事总要从那些人们已经真说"老实话"，真已"负责任"的时候起，才能找到他们说到做到的切切实实的办法，根据这个定理，我们就不得不从汪精卫出走以后的言行中去找他的"民生主义计划经济"纲领。下面就是：

"纲领一"中日经济提携——（说明）"经济提携，此亦数年来日本政府屡曾提议者，吾人以政治纠纷尚未解决，则经济提携无从说起。今者日本政府既已郑重阐明尊重中国之主权及行政之独立（？）并阐明非欲在中国实行经济上之独立（？）亦非欲要求中国限制第三国之利益（？）唯欲按照中日平等（？）之原则，以求经济提携之实现。则对此主张，应在原则上予以赞同，并应本此原则，以商讨各种具体方案。"（艳电）我想具体方案应该先是汪先生的"重工业归之国营"，让日本政府可以先握中国经济的命脉。

一向主张民主政治的汪先生，能让我们有几分批评的自由么？如蒙允准，那么我们全国人民都将这样讲，而且也只有这样讲："敌人所说的经济提携或所谓经济集团，不仅是要操纵我中国关税金融，垄断我国生产和贸易，独擅东亚的霸权，他逐渐推演下去，势必至于限制我们中国个个人民的衣食住行，都得不到一些自由。生杀予夺，唯其所欲，整个的使中国民族做奴隶，做牛马，在鞭笞吮吸之下，整个消灭我们民族的生存。"（蒋委员长驳斥近卫声明）所以你的"民生主义"政策是民死主义政策，是敌存我亡的政策。

"纲领二"立即求和，挽救生灵，保全民生。——说明"自从抗战开始以来，人民出钱出力，受尽流离颠沛"。"你身在海外，所见的只是文章词藻，以为有了这样抗战到底的秘诀，自然抗战一天比一天好。可是在内地所身受的人民，其痛苦是怎样?"① "20 个月的苦战，日本的消耗，不为不大，中国的牺牲，不为不重，两败俱伤，同归于尽的一条路，与共同生存共同发达的又一条路，明明白白，摆在面前，两国有志之士，难道羞于一时的祸福毁誉，而徘徊瞻顾，不敢显然有所取舍吗?"（《举一个例》）为要执行这个策略，所以汪逆在港沪的机关报和机关刊物都在宣传抗战时民生的疾苦，描写得使人一看就"悲从中来"。

一向主张民主政治的汪先生能让我们有几分批评的自由吗?如蒙允准，那么我全国人民都将这样讲，而且只有这样讲："在敌国已经宣布东亚新秩序狂论以后，很明显的他对我们中国除了要整个灭亡，成为他的奴隶以外再没有和平的余地了。我们对于敌人今天也只有胜利，只有完全达成我们抗战的目的。除此以外，亦绝没有其他第二条可走的道路，否则中途投降，就是汉奸的和平，换句话说，就是奴隶的和平。"（蒋委员长抗战二周年纪念日告全国军民书）"人家可就不能不看透你们的假面具，知道你们猫儿哭老鼠，其实可笑!"（吴稚老《进一解》文）

这就是汪精卫的反民生主义的猫哭老鼠主义的两大纲领。汪逆一面为虎作伥，主张中日经济提携，让敌人整个断绝中华民族的生存，另一方面却假仁假义，同情民众疾苦，实际上也要借此来煽动我国民众，对抗战不满，对政府不满，在敌人的分化政策之下，结束对敌人的英勇抗战。这就是汪逆猫哭老鼠主义的本质。

古今中外一切最毒辣的反革命分子，口头上总是涂着革命的粉墨的。这本是汪精卫的新发明。在 100 多年前法国的卖国贼提亥尔口口声声以"工人的解放者"自命，结果出卖了巴黎。20 多年前苏联的卖国贼煽动克隆斯泰特（Kronstadt）的叛乱，以

---

① 汪复化侨某君书。

图推翻政府，投降帝国主义干涉军队。现在的汪精卫由于那些"左"的阴谋家之帮助，自然可以更技巧了。你听他们漂亮的"革命的"词藻吧："国民党今日应和，尤昔俄国布尔什维克和列宁对布列斯特和约之解释是：如果和德国火拼下去，俄国不一定亡，但共产党政权则必亡。我们现在如果再和日本火拼下去，中国也不一定亡，但国民党的政权则必亡。"①多么有力的煽动口吻呀！好一个伟大的中国的列宁——汪精卫先生，他比起那自称为"工人解放者"的法国提亥尔先生来自然又"伟大"和"革命"得多了。

六　卖国三部曲

我们对于汪精卫反三民主义的反革命的卖国理论已经粗粗作了一番检讨。现在这结论部分我们要扼要地分析汪逆卖国行动的过程及其必然的前途。

汪精卫的全部卖国过程是个喜剧性质的三部曲。这三部曲中，第一部的主角是奸细，第二部的主角是傀儡，第三部的主角则是一具死尸。现在的汪精卫正在由第二部曲得意地过渡到第三部。

从"九·一八"事变起，日本帝国主义对华的政策就从以华制华的分裂政策，发展而为企图不战而胜的蚕食政策。在这时期，敌人的侵略从经济的侧重到政治的，而我们的汪精卫先生就从那时起变为日本对华实施政治侵略的适当工具。敌人利用他在党国的声望，利用他的唯利是图和不坚定性，利用他的领袖欲和排他性，再则利用他轻巧的政治手腕和雄辩的口才，满想在中国

---

① 《续和战问题之讨论》，南化日报社版，页17。

造成一个汪系的亲日政治组织，正像希特勒在捷克苏台区造成的汉伦党一样。同时在全国范围内，敌人则想透过汪氏这样一个负责人的地位来间接控制中国的一切。

这时期整个局势的特点如下：（一）敌人在那时尚在积极准备战争的阶段，所以对于中国主要为实行政治侵略，扩充特务机关活动，对其他列强在华利益虽尽量排斥，还不敢公然挑衅。（二）在我国内，内战尚未停止，民众虽有反日救亡运动，但这尚未形成国策之决定部分。在这种情势下，汪精卫的亲敌政策，通过较隐藏的方式，发挥了极大的作用。这个政策一方面助成了该阶段敌人以政治为主的侵略政策，另一方面严重地阻碍了抗敌工作的准备和发动。

谁都应当肯定，汪精卫在那个时期已经开始了他的卖国活动。

"七·七"事变一起，局势根本变动了。第一，敌人的侵略已经以军事进攻为主。第二，我国已发动了抗战。日本帝国主义慢性蚕食的局面和中华民族的忍气吞声的局面，一变而为中日公开斗争的局面了。敌人一开始就采取了以强吞弱的传统方针——速战速决的战略方针。他想很快地占领我主要城市，歼灭我战斗主力，用挑拨离间，制造傀儡的办法，来瓦解我们的抗战阵营，消灭我们的战斗意志。一句话，要想一战而灭中国。

在这时候汪精卫面前有两条路。一条是站在全国军民一边，坚决对敌抗战。另一条是站在敌人一边，阴谋阻挠我抗战。而汪精卫者，毕竟是一个毫无社会根基的泡沫，当全中国人民无论哪个阶级都参加民族抗战的立场的时候，他和另外一些中华民族的渣滓和蟊贼，便潜伏在抗战阵营内，阴谋破坏，从中捣乱。一句话，他从那时起，就想做中国的汉伦和卡萨陀。或者等而下之，他完完全全以一个最卑鄙最无耻的奸细的姿态活动了。

　　汪精卫的阴谋卖国已经跟着日本帝国主义对华侵略方式的改变，采取了不同的方式。他已经再不是做某种政治派别（如他以前所领导的那种派别小组）而活动，而是以完全执行日本军阀和特务机关指令的敌探内奸的领袖资格而活动了。对于这种变化，我们是要严格指出的。什么叫做某种政治派别的政治工作呢？这个政治派别有其一定的政治立场和纲领，同时敢于在全国人民面前宣布这种立场和纲领，取得人民的信仰，或叫人民去执行。这种立场和纲领尽管错误百出，或极不健全，但是他们并不怕向人民宣布。在"九·一八"前后汪精卫的活动虽然已经失去了全国国民的信仰，但还不失为一种政治的活动。

　　但"七·七"以后的情形就完全不同了。一面日本帝国主义的公开军事行动已经不允许汪精卫再堂堂正正做亲日的政治运动，另一面中国全国军民在蒋委员长领导之下，进行坚决的对敌抗战，再不让汪精卫有做公开亲日运动的余地。于是汪精卫就在全国人民面前隐藏起来，遮盖着自己的真正政治面目，暂时不"说老实话"，处处顺风转舵，跟在人家后面讲话，人家说长期抗战，则颂扬之，人家要精诚团结，则讴歌之。他生怕自己的政治面目给人们发现，就立刻要给人民大众当做奸细来撵走。

　　这就是汪精卫在其卖国的第一部曲中所演主角的真相和本质。

　　但不幸得很，汪精卫的第一部曲却跟着日本帝国主义第一期对我作战的失败而失败了。敌人速和速决的方针，没有成功，同时又因为不能和不愿真正长期作战，所以就用速和速结的办法，劝诱我国向他中途投降，求得"汉奸的和平，奴隶的和平"。此后的情势就有下述的特点：

　　第一，敌人占领地区扩大，战线极度延长，所以就采取经营敌后为主，相机进攻为辅的新方针。具体说来，就是（1）积极经营我沦陷区域，开发经济，建立傀儡组织，收买我民心，利用我国人力物力，还击我们的持久抗战（敌人口号所谓"以战养战"）。利用我国人力物力，还击我们的持久抗战（敌人口号所谓"以战养战"，"利用现地物资支持战争"，发动"长期战及国家总力战"，① 及"持久战非中国专卖品"等，均指此而言）。（2）利用汉奸卖国贼，挑拨我内部的团结，使我抗战力量瓦解，造成不议而和的局面。（3）军事上看国际情势的缓急，自身兵力的分配，以及我方之弱点，相机作跳跃的进攻。

第二，英美法苏等友邦仍支持我们抗战。资本主义列强虽并未采取积极的反日政策，但在现有情况下，还不愿并不能完成调停中日战争之企图。英美法对中国决不愿像英法在西班牙一样，制造米亚哈及卡萨陀一类的投降政府，拱手让给日本。

第三，我全国抗战到底的意志越加坚决，抗战的力量越加强大，团结统一的局面日趋巩固。这使得敌人几乎无懈可击，汉奸几乎无地自容。

这就是汪精卫在去年脱离重庆前后的实际处境。中国人民一向是宽大为怀的，所以在这样的中华民族之前，汪精卫实在还有两条路可走。一条是痛改前愆，彻底悔悟，追随蒋委员长和全国军民，立功赎罪。第二条路，就是溜之大吉，公开去做傀儡。而汪精卫者毕竟不仅是毫无社会根基的泡沫，而且是毫无民族根基的赘疣。他舍大路而不走，就去奏他的卖国第二部曲——居然粉墨登场，做傀儡去了。

汪精卫目前的傀儡活动，当然是前一阶段奸细活动同样是无固定政治面貌和无原则的行动，但傀儡的活动比之于奸细当然更无耻了。这里主要的区别如下：

---

① 陆军省纪念"七七"两周年小册子。

一、傀儡活动表示奸细活动已经不能再进行的一个阶段，因此他虽然更鄙劣，但从本质上讲是更脆弱，更无力了。

二、傀儡活动不同于奸细活动，他已经是公开的卖国，所以无论国外和国内取得同情的可能更小了。

三、但同时必须注意，汪精卫之公开卖国并没有减弱他的奸细活动，他在国内外正布置这种阴谋机关，扩大其原有内奸和敌探工作。

四、汪精卫公开卖国以后，因为敌人采取新的政策，其危害民族国家的活动范围已大大扩充。首先他必须完成统一的中央傀儡政权，必须建立名义上统一的伪军。不但这样，他还要积极开展其分化我内部力量的阴谋，破坏我精诚团结，削弱我战斗力量，以完成敌人的新策略。他要组织他的汉奸党（名义一定很漂亮），包含一切奸细托派分子（这组织已在日方特务机关指示下开展）。

五、最后汪精卫的奸细集团扩大而为汪逆的傀儡集团，必然地会使汪精卫实际上成为实施恐怖手段的暗杀集团的首领。现在褚逆民谊在上海所主持的所谓"反共（？）救国（？）特工指挥团"，就是这一组织的雏形。这个组织将直接受日帝国主义特务机关的指挥，执行其暗杀我抗战有力人物的任务。

总而言之，汪精卫在目前已经公开地自己宣传为卖国匪徒的头子了。这就是汪精卫在其卖国的第二部曲中所演主角的真相和本质。如果他当奸细的时候，我们对付的办法应该是群起而攻之，驱逐他出境的话，那么当他做公开卖国贼的时候，我们对付的办法当然只有通缉他消灭他了。

但汪精卫要公开做傀儡，做中国的佛朗哥究竟能不能成功呢？是不可能的。为什么？因为：

第一，汪逆本人及其党羽的力量，如和佛朗哥相比，那简直太差了。他既没有军队，又没有社会基础，干脆地讲，他没有像佛朗哥那样有反动的实力。

第二，敌人不容易有个安全的占领地带，让汪精卫来当现成的傀儡。因为我们沦陷区的民众和游击队不容他这样做。此外，敌人也未必一切专相信他，汪精卫要想做王克敏、梁鸣志等大汉奸的头子还是不容易。

第三，我们全国军民不让他做成佛朗哥。我们抗战到底和精诚团结的国策是神圣的。只要我们继续抗战，巩固团结，汪精卫不仅做不成傀儡，他之"为敌人殉葬"是无疑的。且让我们的蒋委员长再度严词斥责，送他入棺吧：

"在过去抗战两年中，军事外交等等一切的经过，都是我们处于主动，敌人几乎是步步都随着我们预计的而自陷于罗网和失败之中，敌人愈挣扎愈错误，我们愈持久愈坚定。其中最关重要的一件事，就是去年12月22日敌相近卫的声明。自从我们抗战进入第二年之后，敌人没有一天不求速了战事，但他所用的方法，并不从彻底觉悟前非，根本放弃侵略入手。乃是因不能速战速决，而希冀速和速结，并且要想用最阴险最卑劣的手段，用比较过去对朝鲜还要狠毒还要凶恶的办法，根本上想来彻底吞灭我们中国。他这个狡计毒谋，我在当时已经有详细的驳斥，我们军民必定已透彻明了。他这一尝试的失败和他的阴谋被我揭破是敌国一个最大的打击，也是他最近徬徨无计日趋穷途末路的一个大关键。但是这一个妄念，他到如今是依然没有打消的。他已经揭布出来了的东亚新秩序的口号，是不能收回的。所谓东亚协同体和兴亚院等等一套，是明知失败，而不肯放弃的。敌人此心未死，余波未息，这一个运动，必然还要继续地演下去。我们一意抗战，本来不值得再提。所是堪痛心的，乃居然有无耻之徒，响应这个亡华灭华的声明，公然做背叛党国出卖民族的行为，虽然已经受到了举国民意的痛斥和国法的制裁，终不能不说是我们抗战期间一个最大的污点，更是多少先烈在地下不能瞑目的一个最大的遗恨。老实说，这些汉奸的所谓和平运动，实在是亡国运动，如果敌人和汉奸得遂其毒谋，那么‘东亚新秩序’建立之日，就是我中华民国灭亡奴隶地位确立之时；东亚协同体成功之日，就是中国实行归并于日本之时。在敌国已经宣布‘东亚新秩序’狂论以后，很明显的它对我们中国除了要整个灭亡成为它的奴隶以外，再没有和平的余地了。我们对敌人今天只有胜利，只有完全达成我们抗战的目的：除此以外，亦绝没有其他第二条可走的道路，否则，中途投降，就是‘汉奸的和平’，换句话说，便是奴隶的和平，灭亡的和平。除非存心出卖整个中国的汉奸，决没有人再来否认这一个事实，本来在去年年底，我们抗战二期开始，内外形势，显然好转，胜利目标，即在眼前。这些汉奸们，却要在此紧要关头，破坏抗战，想以无耻谗言，欺骗民众，动摇我们同胞对于抗战的信念，陷害我们浴血苦斗的将士，抹煞我们全国军民殉国殉难无数牺牲所造成的功绩，陷了本国，去解救敌国。我们翻遍历史，实在找不出这种丧心病狂寡廉鲜耻伤天害理的先例。实在说起来，敌人宣布一套‘东亚新秩序’实在不仅是对中国下毒手，也无异于向世界宣战，无异于宣布与全世界为敌。敌人的心中意中何尝有想到丝毫的和平，这些汉奸们却不想敌人是已经自掘了坟墓，埋葬了自己，却要背叛国家甘心为敌人殉葬。”（抗战二周年纪念告全国军民书）

“汪精卫已经死了，但他还没有躺下去”，而我们这一民族巨人的怒吼，必然将引导着我们全国军民铭心刻骨的哀愤，咬牙切齿的坚忍，如火如荼的朝气，排山倒海的力量，淬厉奋发作殊死战，完成捍卫国家，驱逐暴敌，复兴民族之大业。（抗战二周年纪念告全国军民书）而把这些无耻汉奸的死尸打得躺下去。

这就是汪精卫在其卖国第三部曲中所演主角的真相及其必然的前途。

现在汪精卫这幽灵还在得意地唱他第二部曲。他在粪秽中度过他的狂欢节。他正继承着古今中外一切卖国贼的无耻与卑污，进行其鼓励外敌侵入，掀起内乱①和破坏后方秩序的大阴谋。他要建立起外国奴隶主在中国独占的血腥统治。他到现在已经无所谓理论了，他也根本用不到什么理论了。假如他还有所谓主张，那只是日本强盗的血淋淋刺刀，上面刻着"昭和十四年制"等等字样。而我们必然能用全民族的持久的无敌的斗争来粉碎这位幽灵的魂魄的。阿门！

（抗战二周年纪念日于重庆）

---

①　吴稚老所引陈璧君在沪谈话："我们不惜起个内乱。推倒他（按指蒋委员长），和成了，就让汪先生出来组织中央，国就不亡。"又汪复化侨某君书中有云："一旦不幸到了□□□的时候，我还有希望名正言顺出来收拾。"

三、关于 30 年代的世界经济

火药气下的世界景气

全世界的军阀和资本家都在喝彩，恐慌已成过去，新的景气已经来到了！

不错，资本主义世界的工业生产从 1932 年的下半年起确乎已有增加的趋势。1933 年的工业生产，如和 1929 年的繁荣年头相比，自然还差得太远（约低 30%），但较 1932 年却已有 13% 上下的增加。就在本年许多国家的工业生产还在继续增加。好比日本竟已恢复到恐慌以前的水准，股票的价格异常腾贵，特别是制麻业、造船业、煤矿、钢铁业以及毛织业的股票价格指数已经超过 1931 年 3 倍到 4 倍。

全世界的军阀、资本家以及一般学者们现在都在祝福这新来的"景气"。他们万分鄙视所谓资本主义世界基本的矛盾，他们胜利地用人为的办法把恐慌克服了。

目下他们在克服恐慌的挣扎中，所惯用的主要办法，有下面三种：第一，是热烈准备战争。各国的资本家都在暗地盘算，假如新的战争起来，军火生意必然扩充，新殖民地必能到手。因为各国都在准备战争，因此年来军火生意特别"兴隆"，军需工业以及和军事直接间接有关的工业部门也都"神气活现"，于是不少工厂的业务不仅恢复恐慌以前的原状，甚至超过以前几倍。他们的股票价格急激上升，一部分资本家的口袋里从此便装满了火药气十足的"景气"。

第二，是厉行通货膨胀。所谓通货膨胀就是将流通的货（货币）拼命地扩张，使币价跌落。物价人为地上涨。资本家所最苦恼的是物价低落，因为这样就减少了他们的利润。现在物价对于币价既然作相对的上升，那么他们在国内市场上自然又能"大沾油水"了。此其一。此外，币价低落能使出口便利，换句话说，他们出口货品的价格，便会跟着币价之跌落而跌落，因此他们在国外市场上的竞争能力就提高了。英国和日本从1932年以来，美国从1933年以来，他们在世界市场上的角逐，主要地就靠着这柄武器。

第三，是加紧对于工农的榨取。资本家在刻薄劳工和农民的时候，是把"国家"观念摆在脑后的。只要你有剩余的劳力可被榨取，那么不问你是本国人也好，外国人也好，他们便用尽方法，如通货膨胀，取消失业津贴，减低工资，增加工作时间，加强劳动强度，实行强制劳动，掠夺殖民地，扩展投资加紧剥削殖民地大众等等，来缓和自身的危机。比如日本的"景气"主要地就建筑在这种国内和外国大众的枯骨堆上。

作者很想把上面的几种办法，逐项在本文中提出讨论。至于本文所能说到的却只限于第一种办法。

仿佛有人这样说过："战争是可怕的吗，是的。可是战争所给予的利润也很可怕呢！"这是千真万确的真理，也惟有这个真理才能引动全世界的军阀和资本家不管千百万大众的厌恶战争，仇视战争，拼命地拉着世界向战争的路上迈进。且来看看战前期内资本家们所捞到的红利是何等"可怕"。

近几年来世界贸易的总额虽在"江河日下"，军火的输出却如"日上竿头"。

世界出口贸易和军火输出

年　份	世界出口贸易	世界军火输出
1928	100.0	100.0
1931	58.7	58.9
1932	39.5	63.7
1933	36.0（约数）	75.0（约数）

就各国来看，法国军火的输出从1931年来，几乎增加了4倍，捷克1932年到1933年增加2倍。军火工厂所得的红利，煞是可观，如法国的薛乃宝·克鲁索公司在恐慌中仍有25％的红利，捷克的斯可达公司的红利，在1931年为17.5％，到1932年增加到21.9％。军需工业的股息既然如此优厚，股东们自然会笑逐颜开，而各国的政府对于他们也抱着一种愉快的心理，他们用种种方法来促进军事工业的扩张。列强的政府都在援用津贴金的办法来支撑各种有军事意义的工业部门。例如德国国社党政府对于非铁质金属（对军用品制造异常重要）工业支出巨额津贴，便是一例。美国海军部长史璜生和海军委员会主席文生且用救济失业，扩大工业生产的名义，来实现其添造军舰的企图。目下各国政府对于本国的汽车工业，航空企业非铁质金属和特殊金属的生产，特殊化学工业等等最有军事意义的部门，都尽量辅助，促其扩展。

在现时军事技术之下，一切重工业部门几乎都和军需品制造有关，因此近年来五金工业，汽车工业，化学工业都在很快地扩张。现在先举几种战时所最需要的金属世界生产量为例：

（单位：千吨）

	生铁	钢	铅	锡	锌
1932 年最低 1 月产量	2.749	3.532	85.9	5.5	58.4
1933 年最高 1 月产量	4.732	6.838	109.6	8.0	97.4

这种生产增加的趋势入本年以后还在继续。又如资本主义各国的汽车工业自 1933 年夏季以后，也有突飞猛进之势，汽车技术的改进（如汽油引擎之为第色尔引擎 Diesel engie 代替），汽车工厂的广泛地兼制各种战争时用具（如美国福特汽车公司的兼造各种战车），都在普遍推行。德国国社党政府的推进汽车工业最为出力，他们预备将整个军队机械化起来。

化学工业生产的扩张，也在军事准备的要求之下，急激进行。例如日本的住友、三池等公司的"肥料"生产（肥料其名，军事化学品其实），在 1933 年较 1932 年增加了 2 倍。美国去年上半年造磷酸的生产较前年增加 12％。化学工业的红利足以表示推动其扩充生产的动力是何等激烈。美国的杜邦公司 1933 年第二季的红利较第一季增加 64％，如和 1932 年同期比较则增加了 100％。英国古尔脱公司的红利，1932 年上半期为 1.25％，到 1933 年上半期增加到 1.5％。日本各大化学公司的红利都在飞涨，如将 1932 年上半期的红利和 1933 年同期相较，则朝日自 8 增为 10，帝同自 10 增为 15，东洋自 6 增为 8，昭和从 8 增为 12。

资本主义列强除了积极扩充各种与军事有关的工业以外，对于和战争有密切关系的商品的积存，也予以最大的注意。现时各国都在努力增加这类商品的输入，同时防止或限制他们的输出。例如最近期内几个国家的非铁质金属的进口额很快地增加。同时有一两个原来有铜输出的国家，现在因为准备未来的战争，维持铜的适当贮藏量的关系非但不准输出，甚至再从别的国家输入。资本主义各国为要确保战时物品的供给，往往在贸易方面结成多少个集团。例如英国和丹麦就缔结了一种商约，规定农业国的丹麦在战时应当作为英国的食料根据地。又如日本的三井物产公司在1933年下半期也想和秘鲁订立商约，规定由后者经常供给棉花。此外日本还想和巴西订立一种互惠条约，规定前者替后者建造军舰，后者供给前者以棉花（但巴西方面愿以咖啡不愿意用棉花来交换）。这种贸易集团的结成，就更促进了目下通行的锁国经济政策（Au-tarchy）的厉行。

军需原料的保有和竞争，酿成一种原料市场的景气。这种景气的发展倒从我们远东方面开始。这自然要感谢我们的东邻日本了。日本从去年以来，就热病样地搜集各种军需品，又从美国和拉丁美洲各国输入棉花，从澳洲输入羊毛，从加拿大输入小麦和木材，从苏联输入煤油，从英国和美国输入铁屑。

上面说过了各部门工业生产在军事意义底下的膨胀和各国资本家们便"一箭双雕"，一面"救济"了失业，减少了社会的摇曳，一面保证了加强取得剩余劳动的可能。

然而这种办法还只是强制劳动的初步。聪明的列强当局现时正在将大批的失业群众驱入强制劳动的网里，用国家的名义将他们最后的津贴剥夺净尽。这种强制劳动的编制有三种主要的任务，第一，在养成军需品生产的干部；第二，在养成现役军人的预备人员——艰苦耐劳的青年；第三，在准备未来大战时的后方服役人员。德国国社党的纲领明白地规定实施义务的强制劳动，而且希特勒就把它当做与失业"斗争"的主要手段。他们设立了"劳动义务营"收容许多失业工人。于是青年失业工人应有津贴被剥夺了，失业人名录上已经把他们的姓名除去，于是德国的失业人数减少了。德国这种强制的义务劳动完全采用行政的方法来编制，国社党政府不管日内瓦的反对，预定把30万至40万的青年工人收容到劳动营里去。这种组织名义上虽然不是军队的组织，然而如遇必要，将他们变成全般的军役义务的组织，却是易如反掌。

强制劳动的实施自然不限于德国美国。罗斯福总统为要完成"森林工事"，已经授权从18岁以上25岁以下的青年失业工人中选拔25万人组织森林保护市民军（Civil Conservation Corps）。这种计划的实行完全委托于美国的正式军队，待遇是规定每人给膳食费1元，不过他们每月30元的津贴中，必须扣除25元，以维持他们的家族！他们一经登记便送入军营，在现役军官的指挥之下，执行强制的工作。美国如是，其他英法保加利亚意大利日本匈牙利波兰诸国亦莫不如是。这种计划的扩张对于军需工业家又是一项预定的福音，因为军事性质的强制劳动越加盛行，军需品保有军需品的热烈竞争。接着我们要说一说公用事业的发展。资本主义各国的所谓公用事业（Pubilc works）的扩展，都能明显地表示它所具有的军事目的和内容。各国政府，特别是法西斯的政府，都在高唱公用事业发展计划，来敷设铁路，开拓汽车道，疏浚运河和建筑边境上的要塞。他们总是慈悲为怀，称这些工程是容纳失业工人的"新泉源"，这样一方面可以收买劳工的好意，一面可以隐蔽军略的目的。因此各国当局对于这一方面的花费也和建造军舰和飞机一样，是不大计较的。德国政府从1932年11月到1933年12月一年内为了各种经济政策而支出的款额共为35亿至40亿马克，中间用于具有军略意义的铁路上的倒占了16亿马克。

现在我们要来指明各国政府在目下战前景气下所厉行的劳动政策。在这里我们对于那些普通的伎俩如资本家个别地减低工人工资，延长工作时间，增加工作强度，乃至政府的减少失业津贴，摧残社会保险等等，都将略而不谈。我们在这里所要说的，是和战争准备有密切关系的强制劳动的采用。谁都知道，在帝国主义时代各种社会的、经济的、文化的因素都有落后的倾向。目下盛行的封建式的强制劳动代替资本主义的雇佣劳动的趋向，就是一个明显的例子。

各国当局时常发表失业人数减少的动人消息。这种消息的骨子里有一种悲惨的真相，那就是整天失业的人数容许减少了，可是半失业的劳动者却在无限制地增多。这种"有饭大家吃"的办法，使得原来"差堪温饱"的人们也要"半饿半冻"起来。现在各国的军需工厂和别种企业内，所谓"不完全工作周"的办法已在普遍采用。一个工人在一周内被迫地只做两天或三天的工，他们的工资固然少得可观，可是他们劳动的强度却可以提到最高强度……请读者注意，这种强制劳动的创设是以失业大众的扩大存在为前提的。那么全世界的军阀和资本家真的在怕失业工人的太多吗？

以上约略说过了的四点，即与军需有关的工业生产的扩张，军需品的统治，公用事业的发展和强制劳动的厉行四点，大概已能说明目下所谓战前世界景气的轮廓了。最后我们说到这种"景气"的前途。狂热的战争准备固然使若干生产部门的范围急激扩张，同时造成庞大的市场，然而这种生产仅是不生产的生产，这种市场仅是不生产的消费市场。这种生产和市场的扩张，在现有的恐慌条件底下，只能以最大的力量和最快的速度，使资本主义经济一切基本的矛盾加深起来。第一，这种工业生产的扩充丝毫没有改善劳工的生活，只使资本的集中和积集更快地加强，因此生产与消费间的基本矛盾也只能更加尖锐。第二，军事生产增加的刺激已在创造国家财政整个破产的前提。军费的极度膨胀，在日益缩小的国民收入上，已成不能再忍耐的负担，这样，财政危机的爆发，自是迫在眉睫。第三，军费膨胀使国家预算破坏，同时令货币制度崩坏，因此更能加深资本主义世界的信用和本位币恐慌。第四，军事准备日趋成熟，使未来战争的爆发成为不可避免的结果。到那时一切生产机构和劳动大众的血肉都会变成灰烬。那么，这战前"景气"的前途是什么呢？我们无用怀疑，这前途是恐慌的加深和战争的爆发。因此，虽然今日全世界的军阀和资本家都在歌颂这充满着火药气的"景气"，而在我们却要另找出路的。

（《世界知识》第一卷，第二号，1934年10月1日）

太平洋市场的争霸战

现在轮到我来讲太平洋问题中的市场问题。

大家晓得，目前资本主义世界还陷在恐慌的泥沼里面。恐慌的根本原因，是生产的过剩。那就是说，劳动者替资本家生产了大批的商品，可是这些商品竟找不到大批的主顾，结果，物价暴落，工厂倒闭，而信用和金融恐慌也从此产生。所以我们可说，目前资本家所认为最迫切的问题，是怎样替过剩产品找到主顾的问题；换句话说，便是一个市场问题。

其次各位一定知道，资本主义的初期的发展，主要是靠国内市场的统一和扩张，而一到资本主义发展到较高阶段的时候，它的生命就建筑在国外市场的开拓之上。特别是恐慌期内，资本家眼见国内大众购买力一天天薄弱，国内市场一天天萎缩，所以他们不得不拼命地向外扩充，争取商品的国外市场，来弥补因为国内市场收缩所受的损失。因此，帝国主义列强的市场问题主要地就是一个国外市场的问题。

第三，帝国主义者在争取国外市场的时候，是各有各的武器的。它们在进攻方面用的是跌价倾销，汇兑降低等等武器。而在防御方面是用关税壁垒，定额输入来限制外货的进口。这是就帝国主义列强来说。至于被那些帝国主义者统治着的殖民地和半殖民地，情形便完全两样。它因为生产技术幼稚，经济组织落后，特别因为整个经济生产都在帝国主义者掌握之中，因此不能"邀天之佑"，来实行什么倾销；同时，更重要的，它们因为身受"主人们"的钳制，实在连防卫的手段都是讲不到的，因此，它们是无法竖起它们的关税壁垒。结果，帝国主义列强的商品，虽然在它们相互之间已经"碰壁"，可是它们却能回转头来，向殖民地和半殖民地的"漏洞"，尽量地输出。这是一方面。另一方面殖民地和半殖民地是廉价原料的供给场所，资本家要减少他们的成本，增加他们的利润，不得不设法独占这些方便的原料市场。

帝国主义者为要推销他们过剩的商品，为要争取廉价的原料，自然不得不以殖民地和半殖民地为他们最主要的争夺对象。这样，现在帝国主义列强视为生死问题的国外市场问题，归根结底，只是殖民地和半殖民地市场的争夺问题罢了。

不幸得很，整个太平洋固然是帝国主义列强对于太平洋上殖民地和半殖民地再分割的问题，而太平洋的市场问题也就是它们对于太平洋上殖民地和半殖民地市场的争夺问题。

现在是太平洋时代了。

不错，世界政治重心之从大西洋移转到太平洋，确乎是20世纪最重要的事实。这从世界贸易的变动中，也可以看得很清楚的。这种贸易的变动从1915年巴拿马运河开通以后特别来得显著。从此以后，从纽约到美国西部的海路，缩短了1万里，航行太平洋的船舶很快地增加起来，到1924年，经过巴拿马运河的货物，就有凌驾苏伊士运河之势。根据国联的统计，从1913年到1925年，大西洋的贸易很快地减少，而太平洋方面的贸易却在坚实地增加（下表以1913年贸易额为100）。

甲　大西洋贸易（1925）

	输　出	输　入
美国—欧洲	92.6	81.1
加拿大—英国	94.6	94.9
澳洲—欧洲	97.5	83.3
日本—欧洲	83.3	86.7
中国—欧洲	95.1	92.2

乙　太平洋贸易（1925）

	输　出	输　入
美国—亚洲	103.7	114.3
美国—澳洲	102.0	101.0
加拿大—亚洲	104.8	101.4
澳洲—亚洲	102.9	104.7

假使就各洲贸易的本身来看，那么欧洲的贸易额所占世界贸易总额从 1913 年的 61.1％减到 1925 年 54.5％。太平洋的情形恰恰相反，在同时期内，北美洲的贸易从 12.4％增加到 16.0％；亚洲从 11.9％增加到 14.4％；澳洲也从 2.5％增加到 3.1％；南美洲增加得最少，从 7.6％增加到 7.7％。

太平洋贸易所占比重的增加，就意味着帝国主义列强对于太平洋市场的"眷顾"，在一天关切一天，同时也就是太平洋的市场问题在一天严重一天。

帝国主义列强在太平洋争霸战上势力的配置是非常复杂的。可是倘使我们将次要的因素和动力暂置不论，那么我们可以说太平洋上的冲突主要的是英美日 3 个帝国主义列强的角逐。因此我们在分析太平洋问题的时候，也就以英美、日美和英日间的争夺来做我们观察的中心。

第一，我们来看英美两帝国主义在太平洋市场上的"争霸"吧。

帝国主义列强基本矛盾之从战前的英德对立，转变为英美对立，是现代资本主义发展史上值得大书特书的事情。我们无论从商品的销售方面看，或是从资本的输出方面看，资本主义世界主要的斗争总发生于英美之间。

英美两帝国主义斗争的范围是普遍于全世界的，可是，不幸得很，它们主要的角斗舞台却是太平洋上的南美、中国和英国原有的殖民地和自治领地。

英国在世界贸易中所占的统治地位，早在 1925 年已给美国抢过去了。在那年英国对外贸易在全世界贸易总额中所占的成分为 14.8％，而美国却为 15.7％。到 1929 年英国再减为 12.5％，美国却再进而为 18％。美国对于英国这种在贸易上的优势，在南美洲表现得最为明显。在南美太平洋沿岸的四个国家——智利秘鲁赤道国和哥伦比亚，美国的商品虽然已经排挤了英国的商品。它们在 1926 年的输入总额中，英美两国所占的比率有如下表：

	智 利	秘 鲁	赤道国	哥伦比亚
美 国	32.6	46.2	32.4	47.6
英 国	17.2	15.6	22.6	16.2

可是上述的情形在这一次世界经济恐慌期内，起了很大变化。英镑的跌价对于美国商品在南美的市场，给予严重的打击。

我们可以看出美国对南美的进出口贸易总额在本届恐慌最初的 3 年以内，曾从 14.65 亿美元，减到 5.75 亿美元，节约减少

60％；同时英国的贸易额数，曾从 8 亿美元减到 5.27 亿美元，即仅减少 36％。英国在 1931 年秋放弃了金本位，1932 年美国对南美的贸易比较 1931 年跌落了 42％，而英国的贸易只减少了11％。

美国对于英国这种积极的反攻，当然不能坐视的。1933 年它也放弃了金本位，它在南美马上采取最激烈的手段，来对付英帝国主义，以夺回其两三年来所丧失的阵地。自然，美国这种新的进攻，在目前的条件之下，一定能够保持其对英的优势，美国对于沿太平洋的智利哥伦比亚和秘鲁等国，因为投资方面占有绝对的优势，于贸易的统制，更加容易实现。英美两帝国主义在这些年头，正在利用货币战争的武器来加紧它们对于市场的争夺。它们夺取南美的斗争，将要成为英美帝国主义冲突的中心场面。

现在我们来看这两个帝国主义的"巨头"在英国殖民地内的冲突。加拿大之在"日不落国"藩篱之内，这是大家所知道的。然而美国的资本却把这个藩篱打得粉碎。我们不讲美国在加拿大的投资已经超过了英国，就在贸易方面，英国的地位也还是不及美国。比方早在 1913 年的时候，英国对加的贸易总额为 3.1 亿美元，而美国对加的贸易却有 5.8 亿美元之多。同时，就贸易平衡来说，英国的地位更远逊于美国。倘使我们把英美对加的输出和输入分开来。那么英国在 1913 年对于加拿大是保持着入超的地位，而美国却是大大地出超。当年加拿大的出口总额是 3.56亿元，其中运到英国去的有 1.7 亿元；运到美国去的只有 1.4 亿元。进口的情形便完全相反，那年进口总额 6.71 亿元之中，有1.39 亿元是从英国输入，而美国货的进口却有 4.37 亿元之多。

英帝国主义对于这种贸易上的劣势，自然不甘忍受。它在1931 年即放弃了金本位，到 1932 年再在加拿大召开了渥太华会议，缔结了一个"群固藩篱"的协定，结果所得的收获虽然不能像预期的那样丰满，可是此后美国对加拿大的贸易确乎急激减少，在这里，我们并不能替英帝国主义太过于乐观。事情恰恰相反，渥太华协定一方面并没有阻止英国对加贸易的减落（1932年英对加输出也从 1 亿美元，减到 8600 万美元），另一方面却加强了加拿大（和一般自治领地）对英离心的倾向。这种离心的倾向，是可能成为大英帝国的致命之伤的。同时，加拿大的离心在英帝国主义看来，反面就是对于美国的接近。结果，加拿大的市场也就叫英美间的火并，越来越凶了。

美帝国主义在英国其他自治领的进攻并不见得和缓。比方说吧，美国货品在新西兰的输入上，1912 年只占 10％，到 1929 年已增加到 19％。在澳洲 1929 年的输入上，英国的部分减低到 43.4％，而美国则增大为 24.6％。近年以来，澳洲的进口贸易表现出资本主义史上空前的降落，可是美帝国主义的迈进，还是不减当时。

关于英美两帝国主义在中国市场上的斗争，后边再讲吧。

现在我们且收束起英美斗法的场面，来看日美两帝国主义争夺市场的恶斗吧。

原来美国与日本在太平洋上的冲突是两个近代最积极的，最具攻势的帝国主义，为了太平洋上全部的支配权而起的狂热的斗争。刚才我们已经说过，美日两帝国主义的崛起，都是规定近代太平洋问题的基本的动力；而它们两者之间的矛盾，也正在跟着它们努力的膨胀，和它们所采取政策的日趋攻势，在一天天尖锐起来。这种尖锐的程度，在我们亚洲人看来，几乎已经超过了英美之间的冲突呢！

一般说来，美日两帝国主义间的矛盾，它们在政治方面的对立还过于它们在市场上的争霸。美国在中国和远东其他市场的贸易，与其说与日本处于竞争的地位，毋宁说是对于日本给予相当的援助。美国对那些市场的输出有一部分是经过日本经纪人的手的，而约有半数竟须经过日本银行的手。此外，日本输出到中国的商品，尤其是纺织产品，多数是由美国的原料或半制品而加工的制品。（注意，这次来华的美国经济考察团，他们经过日本的时候，日本工业家就这样威胁他们：要是美国想独占中国的市场，要是美国要直接向中国输出棉织品，那么美国对日本的输出，一定要大受打击。）同时美国的钢铁和机械，还供应日本本国和日本在华企业的需要。

是的，日美在政治上的对立还过于其在贸易上的冲突。自然，这句话只是相对的说法。日美两国在太平洋市场上的冲突，我们非但不能说没有，而且还在一天一天地激烈。

我们先举两个有趣的例子吧。

一个是美国资本"单刀赴会"，踏破了日本的殖民地朝鲜的门户。当 1903 年朝鲜还是一个独立国家的时候，美国对朝鲜的输出只有 199188 美元；10 年之后（1913 年），却增加到 329 万美元；到 1929 年又增加到 500 万美元，如和 1903 年相比，竟增加了 25 倍。无怪日本也要说"日本把主权伸到朝鲜半岛，却没有把外国贸易的门关起来"了（松岗正男）。

现在讲另外一个例子。菲律宾是美国的殖民地，这是大家知道的。可是"短小精悍"的日本却正在用大批廉价的商品，冲破菲律宾的藩篱。1929 年日本对菲律宾输入总额总共占 8.3%（美国占 63.9%），到 1930 年增为 10.5%（美国为 64.3%），到 1931 年再增而为 11.1%（美国为 63.7%），1932 年下半年起日元价格大跌，日本棉布，人造丝和生丝对菲的倾销更加积极。

自然，日美市场斗争的局面并不限于上述两地，它们在南美中美，特别在我们中国，也是非常尖锐。据美国商务部的统计，美国对中南美的输出 1932 年为 158930000 美元，1934 年为

255293054 美元，即差不多增加了 6 倍。无怪美国众议员华尔要建议"将美国出厂税减轻，俾出品易与日货相竞争"（哈瓦斯社本年 3 月 26 日电）了。

本年 4 月日本又派遣经济使节到南美巴西。"美国方面预料此种经济使节势必增加日货的南美洲之销路；且必增购巴棉，减购美棉，故美国棉业者将受巨创。按美国对中南美洲，以互惠条约固其在美洲之经济地盘，故殊不喜日本进出中南美洲。"（华联社 4 月 4 日稿）仅此一端，也就窥见日美两帝国主义争夺中南美市场的激烈了。

现在我们要讲英日两国在太平洋上争夺市场的面目。

我们大概都能清楚地记得罢，英日两帝国主义在过去对于太平洋问题的处理上，特别在征服中国的过程中，好像总是采取同盟的形式。然而，尽管它们在反抗美国和镇压远东革命势力的目标之下，形成它们的共同战线，日英两帝国主义的利益，终是南辕北辙的。

这种利益的冲突在远东市场上表现得最为明显。我们在此必须注意在此斗争之中，日本是取着绝对的攻势；特别是最近期内，老大的英国在贸易方面几乎已有"招架不暇"之势。我们先看英日两国棉织品对世界的供给量，近来起了什么变化。

英日出口棉布在世界棉布出口总量中所占的百分比　（%）

	1927	1929	1931	1933
英	52	47	36	38
日	17	23	29	39

日本棉布已经在世界的规模上驱逐了英国的地盘，我们从上表已经看得很清楚了。实际上，这种竞争在远东市场上也表现得

最为尖锐。

英日棉布在印度的销售量 （单位：百万码）

	英国货	日本货	消费总量
1929	1248	562	4183
1930	523	321	3689
1931	385	414	3689

　　1931 年日本棉布在印度的销量已经超过英国，1932 年更增加到 644 百万码。这样莫怪 1932 年 12 月孟却斯特的商会要向政府威胁，说假使政府不命令印度购买兰开夏的货物，那印度这个殖民地就算破灭了。实际说来，这样的威胁固然"空洞无效"，就是 1933 年日印所订具体的协定，还不能阻止日货的"社会倾销"。你看，1934 年日本输往印度的棉布还不是有 536656 千码，超过协定的比率 262 千码吗？

　　英日商品在太平洋各地的战争都是一般无二。举荷兰印度为例吧。日本货品到 1931 年在荷印进口货中已占到最大的优势。

英日对荷印的输出额 （百万荷盾）

	1930	1931	1932	933
日本	113	101	85	101
英国	88	44	35	31
荷兰	163	99	58	39

英日棉布对英领马来半岛的输出

（每年计其第三第四季，单位：百万码）

	1929	1930	1931
英	24.7	8.5	4.3
日	107	15.4	15.0

　　老实说吧，日本的商品正像英国自由党报所说，已经不单夺去了英国在东亚和印度的市场，而且也攻到英国的本国呢。关于这，我们是无暇论列的。在这里所要重视的，是英日间的矛盾就在市场问题上也已经远超过太平洋的境界了。

　　以上各节，我们已经把英日美三国对于太平洋市场的争霸，说了一个轮廓。讲到这里，读者不免发生这样的疑问："大家知道，中国是资本主义世界最重要的市场，而且是帝国主义者分割的主要对象；那么，为什么你在讲英日美争夺太平洋市场的时候，终是左右言他，不说到中国呢?"

　　好，现在我们就集中我们的注意到中国市场上来吧。

　　中国问题在目前是太平洋问题的核心，帝国主义列强在中国配布着的势力关系也是非常复杂。在这里我们也只能选出几个在中国市场上占支配地位的角色来谈谈。那些主角也就是英美日三帝国主义。它们在中国对外贸易的总值中，倒占去了一半以上。现在我们先讲英美日3国对中国市场问题所采取的基本策略。

　　自然，分割和占领是一切帝国主义列强对华的共同政策。不过分别看来，美日两国的策略是更具积极的攻势，而老大的英国比较上常是采取防御的策略。更详细地说：

　　（一）美国资本不仅在中国若干重要的贸易部门（棉花，煤油制品，铁道材料，机械军火，电路装置等）与英国资本作猛烈的竞争，而且还要夺取最重要的原料资源（如丝皮革，植物性脂肪等）。美国资本更想凭藉其雄厚的资本，攫得中国政治和经济的支配权，以获得中国市场之全部。同时它再以"门户开放"为武器，与列强排挤美国的倾向相对抗。

　　（二）英国在很早的时候，就攫得霸占中国特别是华南和长江流域的优势。不过战后的英帝国主义无论在经济和政治上都是走的"下坡路"，所以它在中国市场上的优势，早经日美占夺过去。英国目前主要的任务是在向日美作有组织的反攻，以图恢复其原有的地位。

（三）日本利用其对中国军事上的优势，从世界大战开始，就公然实行其以占夺中国领土为目标的大陆政策。它在1910年左右已经在中国对外贸易上占到支配的地位。1932年上海事变以后日本对华贸易的首位，就给美国夺去，可是东北的市场却被日本独占了去。目前日本正在凭藉其在军事和政治上的优势，积极向中国市场扩张，以图获得中国全部原料的独占和整个市场的支配。

接着我们来概括地看英美日三国对华贸易的地位的变动吧。

这里我们很清楚地看到英国对华贸易的优势地位早经日本在20世纪初"篡夺"了，而日本对华贸易的"王冠"，在最近期内却又给美国抢了过去，在此，我们千万不要忘却中国东北贸易全被日本独占去了的事实。

各国对华贸易的地位　　（占贸易总额百分数）

	1931	1932	1933	1934
日	35.6	39.1	51.8	53.3
英	3.9	4.3	3.4	4.8
美	2.7	2.5	3.9	3.9
中国本部	30.9	25.0	14.4	11.8

日本在东北市场固然已经取得完全的支配，它在中国本部市场上的势力也绝对不容我们忽视。各个帝国主义列强一面固然在扩充它们制造品的市场，一面还在垄断殖民地和半殖民地的原料。日本在独占中国原料方面的成绩，是堪称"独步"的，这就日本在中国出口贸易中所占的地位可以看得出来。

英日美在中国出口贸易中的地位

	1931	1932	1933
日	31.89	13.47	22.16
英	14.80	13.67	18.56
美	9.39	11.99	13.56

上表我们不仅可以看出日本在中国出口贸易所占地位的优越，同时还可以明了它同英美两帝国主义对于中国原料和半制品的关心。原料的独占在目前列强都在狂热准备第二次大战的时候，可以说特别表现得尖锐，同时也有更严重的意义。

此外，我们还要说到列强在争取中国市场的时候，不但用增加输出和独占原料的方法，而且用增加投资的办法。

最近英镑借款的"甚嚣尘上"，中日经济提携的清脆声浪，以及美国白银政策的厉行，经济考察团的来华，都是它们争取中国市场的新形态。不过关于投资问题，非属于本讲范围以内，恕不多赘了。

在目前，资本主义的经济恐慌还丝毫不见缓和，未来的世界大战却已近在眉睫，帝国主义者为着缓和其自身的危机，为着准备未来的战争，不得不在半殖民地的中国"鲸吞""蚕食"，以争取这个资本主义世界中最重要的市场。

在目前，恐慌对于大家的负担正在一天一天加重，未来的大战又给予广大群众以当炮灰的远景。帝国主义者在牺牲大众挽救自己，这是无疑的了，难道中国的大众就能"听天由命"，一任他们来宰割吗？

（《世界知识》第二卷第五号，1935年5月16日）

土耳其论

"为要攫得政治与经济的发展，为要树立一种适合于现代精神的管理制度，其基本条件必须具有完全的自由权和独立权，这样才能仿效其他国家实行各种发展的方案。因此，我们反对一切足以障碍我们政治法律和经济发展的决定。"

这是以凯末尔为首领，争取土耳其民族解放的国民党，在1920年1月28日君士坦丁堡会议上所通过的民族誓辞第五条的条文。这历史的文件就是新土耳其立国的基本原则，也就是土耳其有血性的（决不是屈辱的）资产者群，凭藉决不是放弃，更不是摧残大众抗战的力量，完成其反对帝国主义统治的民族解放运动的铁则。

在目前某帝国主义对于中国的侵略远过于以前英帝国主义侵略土耳其的时候，特别是在目前全中国的民族危机远过于以前的近东病夫的时候，特别是在目前全中国的民众像睡醒了的雄狮一样，要结成铁链般的抗敌救亡阵线的时候，我们来抽空对于新土耳其怎样在排斥帝国主义的干涉，铲除封建余孽之后，从事于较合理的建设，加一番研究，那也不能算是无益的吧。

土耳其在1923年革命以前，是跟我老大的中国"远""近"

辉映的病夫——一个是近东的病夫，一个是远东的病夫。当时土耳其之所以成病夫，也跟中国一样，是因为帝国主义的压迫和封建残余的跋扈，大众的生活，惨苦得像牛马一样。

从 1288 年到 1326 年，安那托利亚人在鄂斯·曼苏丹的统治底下，逐渐完成统一的局面，组成了土耳其国，他们在不到一世纪的时期中，不仅征服了小亚细亚，占领了不鲁撒（1326 年占领，1329 年改为国都），而且侵入巴尔干半岛诸国，占领加利玻利，西雷西亚和阿得利亚那堡。

从 1453 年马穆德二世夺取君士坦丁堡以后，土耳其又跨进了一个新的发展的时代。商业一天发展一天，一般剥削者很热心地舍弃他们军事的性质，变成了地主。其时，广大的土地都集中到回教主的手里，苏丹的暴力统治就建筑在这些回教主的经济和政治势力之上。在那时候，一般农民的生活困苦达于极点，回教徒的农民比天主教徒过着更苦的生活。

这时土耳其的国势，日益衰微。1571 年，土耳其与意大利西班牙战，吃了一次败仗。1683 年与波兰战，又吃一次败仗，后来又一败于俄，再败于德，割地赔款，丧权辱国，于是从此以后，一直到世界大战止土耳其就变成列强争夺的肥肉了。其间土国民众虽爆发过数次民族解放运动，但并未有成就。

世界大战起来了，参战国对于土国的输出商品几乎完全停止，这给予土耳其民族工业一个最好的机会，于是民族资产阶级革命的勇气也给鼓起了百倍。1919 年，以凯末尔为首领的国民党——土国资产阶级革命的组织，正式在安那托利亚成立起来，1920 年就发表有名的"民族誓辞"，要求保障土耳其领土完整，不许帝国主义干涉内政。于是全国革命运动就在凯末尔的领导之下，疾风般的展开起来。土耳其全国的民众都站在一条铁般坚强的战线上，跟帝国主义者搏斗，跟封建势力和"为虎作伥"的

"土奸"拼命。他们凭着热烈的救国情绪，他们在不投降的凯末尔领导之下，展开他们神圣的民族解放和摧毁专制统治的战争。

结果，1923年世界上就有一个簇新的土耳其共和国呱呱坠地了。这翻开了土耳其人民生活史的新页，同时又翻开了近东历史的新页。而全世界殖民地和半殖民地的大众，也接纳了一股温热的朝气；他们的前途是光明的呀！

土耳其资产民主革命成功以后使土耳其在历史上跃进了一大步。这一大步如果和眼前各资本主义国家正在大开倒车的情形相比，那时确是可以惊人的，在过去13年凯末尔的统治底下，土耳其政府确实展行了民主的两大任务，即反帝国主义和反封建主义。它在安那托里亚曾经号召身受两重压迫的农民，击败以英帝国主义为背景的希腊军队彻底推翻苏丹的帝政，并且废除各种不平等条约。

凯末尔所领导的国民党，就不是丧权辱国的政党，它是充满着要求民族独立和现代主义的朝气的。它代表着土耳其独立的民族资本家的意旨，反对帝国主义的宰割，反对封建残余的跋扈。

土耳其的政权就由这样的一个"有出息"的政党掌握着，从共和国成立以来，凯末尔从未离开大总统的宝座，而总统就是一个独裁者——因此土耳其的民众在形式上我们一看就知道是在力求独立存在的民族资产阶级独裁之下生存着。依照土耳其的宪法，土国一切立法和行政权力，都由国民大会掌握，出席国民大会的代表是由人民选举出来的，而实际上都是国民党的党员。总统由国民大会选出，总统有权否决国民大会所议决的法律。国民党的主席依照党纲的规定，当然是凯末尔。土耳其国民党在全国各地都有独立的组织。每个党员都要遵守党主席团的决议。

凯末尔和土耳其的国民党就凭藉着上述的统治机构，继续执行他们反帝反封建的任务。这是的确的，凯末尔从执政到现在，从没有放弃独立民族资产阶级的精神，做出卖国求荣的勾当过。他从来没有对侵略的外力，作过任何的让步。他们和一般拥护他们的民众和士兵，曾经击败过英帝国主义的御用兵，曾经撕毁希腊统治者恢复古希腊的幻梦，曾经强迫希腊迁出移民。最可称道的，他们虽然资源缺乏，可是当他们真个从事"国民经济建设"的时候，却从来没有向帝国主义借过债款——他们深知弱小民族向帝国主义举债，尽管名义上是"平等合作"，事实上终是"饮鸩止渴"后患无穷的。你看，列强对土投资，不是以新政府承认帝国时代的旧债为条件吗？

土耳其的民族资产阶级并没有像中国那样买办化，他们要求建立完整的民族工业。他们希望民族资本的建树，能够超过别的资本主义国家，至少它的出口能够供应国家内的需要。他们切切实实地想靠国内自身的力量，创造他们光荣的纪录。所以他们从1933年起，也仿效苏联，实行所谓"五年工业化计划"。这个计划的目的：是在提高工业生产率，造成国民经济的自足自给。

这个五年计划的经费总计是4500万土耳其镑，其中2000万镑是购买外国机器原料用的。农业方面，规定5年以内增加棉田3.5万公亩，每年供给原棉6.3万包。计划内关于职业教育，财政整理也有所规定。

土耳其资产阶级的力量毕竟还很薄弱，所以政府对于重要的工业都收归国营。这一点，对于买办资产阶级的经济阵线确有削弱的作用。1922年凯末尔在一篇政纲式的演说里，曾经说过，"只有在国营政策之下，才能开发资源，使它们适应国家的利益。"从1923年到1926年期间国营企业政策雷厉风行，国家企图取得各种重要工业企业，建立新厂，垄断生产，国营水陆交通工具。凯末尔政府敷设了许多新的铁道，收买外资建造的铁道，创造了沿海航业。

　　不但这样，土耳其政府为巩固国防起见，开始注意到建设重工业的问题。五年计划规定了电气化的步骤，预定，建立总电厂3所，同时提出了如建立五金工业的问题，像钢铁、焦炭，又其他金属的开采都有具体的规划。当然，在土耳其的五年计划中，轻工业仍然占主要的地位，纺织业和制糖业的生产大大增加了，因此到最近，土耳其所大宗输入的纺织品和食糖都有显著的减少。

　　严格地说，在土耳其目前的社会经济条件之下，要实行真正的计划经济，实在是不可能的。因为资本主义的经济根本上就是无政府性的，是无法计划的。因此，我们不能希望土耳其要有苏联同样的成功。可是另一方面我们也不能忽视土耳其的民族资本的确能在反对帝国主义和反对封建主义的纲领之下，从事经济建设，结果对于土耳其资本主义的推进，不能不给以极大的动力，而五年计划的部分成功，也不能不说是土国资本主义经济的一大开展。

　　农业生产方面也有显著的进步。革命前的土耳其，只有耕地500万公顷，现在已增加到700多万公顷。以前土耳其每年必须输入大宗的小麦和面粉，现在却有粮食输出。同时土耳其的农场，也因为受到农业集体化的影响，已有不少在开始应用机械耕种了。

　　土耳其人民的文化程度，从革命以来，也已经提高了不少。就教育而言，土国受过小学教育的人数在1923年到1933年10年中间，即从30万增加到56万，受中学大学教育的从1万增加到4.9万。凯末尔政府对于消灭文盲工作的努力，着实够人钦佩。它以极大的力量来提倡拉丁化的新文字，它认为拉丁化新文字是普及教育，提高民智的最有效的利器，到现在，土耳其全国人民，无论男女老幼，几乎没有一个不识字了。

妇女的解放也是土耳其国民党的重要任务之一。土耳其的妇女，特别是劳动妇女，当然还谈不到彻底的解放（因为妇女的彻底解放要和劳动的彻底解放同时完成的），可是她们所受的压迫和凌辱，的确比革命前减少多了。很显然，她们的地位已经大大提高，女教师和官吏，几乎已经到处可见。男女社交公开了，学校里面也可以男女同学，男女间的关系，可说已经焕然一新。

新土耳其在经济建设和社会文化方面，确乎都有很多的建树，这一点又反映到土耳其的国际地位上来。解放后的土耳其在外交关系上的成就是非常可观的。土耳其不消说得已经用他们整个民族的英勇斗争，脱离了半殖民地的地位。同时它并没有学波兰匈牙利等国的榜样，人还没有像样，便摆出凶狠的帝国主义侵略面目来。相反的土耳其现在已经成为近东的一个主要和平势力了。这一点是最值得珍贵的。新土耳其不但已经折断了束缚它自身的不平等条约的铁链，而且现在已是近东弱小民族——如波斯、阿富汗、伊拉克、阿拉伯、埃及诸国的领导者。另一方面，它在目前巴尔干协商国中，占到很高的地位。这里足以称述的，新土耳其与苏联的关系已经发展到屡次被苏要人们称为"模范邦交"的地步。它们俩尽管在社会的政治的制度上有很大的差别，然而它们为着世界的和平，为着人类的解放，便手挽手地，在荆棘满地的艰难道路上，共同努力，共同奋斗。新的土耳其绝对没有侵略的野心，苏联的和平政策更是苏联和全世界大众神圣愿望的表现，因此它们能够相合无间，它们能够在经济上，财政上，乃至文化上，进行真正的合作，进行真正的亲善。

最后，我们应该告诉读者，新土耳其的民族虽然从帝国主义的束缚中挣扎脱逃了，新土耳其的民众虽然见到封建遗毒的消灭了。同时国民经济与文化建设都有相当的成绩了；然而土耳其劳苦大众的根本问题，还不会解决。占全土人口80%以上的农民，他们在民族解放战争中间正同法国大革命时的农民一样，是一切损失的直接负担者，但是革命以后，他们得到些什么呢？土地的大部分，现在仍然留在少数地主和富农手里，凯末尔政府现在就部分地建立在这些地主富农的利益上面。在中央安那托利亚的农民，65％只占有半公顷到1公顷半的土地，农民每年的平均收入，不过120土耳其镑，其中须以1/3缴纳国税。大部分农民是负债的，他们颤慄在高利贷者的魔手前面。世界经济恐慌爆发以后，农产价格的惨跌更使土耳其的农民沦入"水深火热"的境地，逃亡的农民一天天增多，为盗匪的也很不少，社会的安全问题，早已使凯末尔政府感到头痛的了。

土耳其工人的情况也是一样的恶劣。农业国家工人的工资一般地是低的，土国的工人当然逃不出这个"厄运"。工业发展的速度，赶上农村加速的破产，因此市里充塞着从乡村里跑出来的"产业后备军"。这样，工资越来越低，工作时间越来越长——一般工人的工作时间竟至十四五小时。加之在凯末尔统治之下，工人罢工和组织工会的权利是被剥夺了的。土耳其的工人在民族解放战争中，也曾流过不少的血，出过不少的力，可是他们现在的境况，却如此悲惨。

因此我们知道，土耳其的民主革命虽然成功了，可得到革命的成果的，不是农民，也不是工人，而只是一小部分的资本家。凯末尔的经济建设，在土耳其资本主义的发展上是有巨大的贡献的，对于大众生活的改善却不大相干。

总之，从上面的叙述中我们可得出几个重要的结论：

（一）有人要问：为什么土耳其的有产者群，能够不背叛人民的利益，坚决地执行反帝国主义反封建的民主任务呢？我们简单的答复是：第一，土耳其一开头就是一个极端的军事封建制的国家，不过它并没有像日本一样，发展成为"军事封建的帝国主义"而成为一个半殖民地国家。国内民族资本老早就处在外资和封建两者压迫之下，所以它不得不求解放。第二，欧洲大战对于土国民族资本给予强烈的刺激。第三，在执行民主任务时，土耳其有产者并不怕有更进步的阶层来反抗他们，因为那时土耳其工人力量还异常微弱；这一点是和别的殖民地半殖民地最不相同的地方。

（二）土耳其的民族解放运动并没有和国内社会经济改造的任务联系起来；结果，一方面民主任务也不能执行得十分彻底（例如对于半封建地主的让步）；民主革命运动不能开展得充分，同时下层大众只做成革命的负担者，没有享受到革命的果实。在这里特别要注意到土耳其的土地问题和工人待遇的改善问题，当时丝毫都没有解决，因此一般大众的生活还是凄惨万分。在这里，我们可以知道民族解放以后，要是走向资本主义的前途，那么结果会怎样的？

（三）虽然是这样，可是凯末尔所领导的革命和经济文化建设是有伟大的进步意义的，它们把土耳其的历史推进了一个阶段，它们对于土耳其人民彻底的解放，完成了优秀的准备工作，因此，我们可说，凯末尔的政权是和一切投降帝国主义的亡国政权，是丝毫没有相同之处的。

（《世界知识》第三卷第十一号，1936 年 2 月 16 日）

四、对 70 年代以来世界经济问题的论述

关于美国经济的几个问题

我们这次应邀到美国讲学，历时两个多月，先后在十个大学作了讲演，同一些重要的经济学家和其他社会各界人士进行接触，交换意见，并且与一些经济研究机构建立了联系。下面根据我们在讲学过程中的感受，就美国经济的几个问题，谈一点粗浅的看法。

一 一分为二地看待美国经济

我们粉碎"四人帮"，实行对外开放政策以来，在社会上，在一部分同志中间，存在着一种看法：似乎西方资本主义国家一切都好。这是一种片面的、形而上学的看法。他们往往只看到资本主义国家好的一面，而看不到或不注意资本主义国家坏的而且是更加根本的一面。我们这次在美国所见所闻，深深感到，即使像美国这个世界上最发达的资本主义国家，我们对它的社会和经济情况，也必须作一分为二的观察。因为只有这样看问题，才能比较符合实际。

美国当然有它的长处，有它优越的一面，这一面几年来大家谈得很多了。譬如，在自然条件方面，美国地大物博，煤、石油、天然气、铁、铜、铝、铀等资源丰富。它的面积同我国差不多，总共 936 万平方公里；而人口比我国少得多，只有 2.2 亿。我们从接触中深深感到，美国人民确实是伟大的人民，他们的实干精神强，办事效率高。美国生产发展水平很高，它的国民生产总值 1979 年达到 23 688 亿美元，平均每人 10 692 美元。美国经济管理水平也比较高，企业管理有一套比较有效的办法，当然这也是剥削工人阶级的更为巧妙的办法。同时它的科学技术发达，文化教育，特别是大学和职业教育搞得较好。美国居民的生活水平也是比较高的。制造业工人周平均工资为 200 美元左右；拥有私人住宅的居民，约占居民总数的 65% 以上；拥有一辆或两辆以上汽车的家庭，约占家庭总数的 82%；大多数的家庭都有彩色电视机、电冰箱和洗衣机。

与此同时，我们要看到美国的短处，它的弱点，它的阴暗面，而且原来的一些长处，有的正在消失，有的逐渐走向反面，变为短处。

首先，美国的自然资源虽然很丰富，但由于高度发达的资本主义经济的大量消耗，它的某些重要资源正在日益减少，趋于枯竭。比如石油资源，剩余可采储量只有 40 亿—50 亿吨，因此国内大规模开采已受到限制，产量逐渐缩减，相当一部分用油需要依靠进口。1979 年石油进口每日平均为 881 万桶，全年花费 600 亿美元。石油进口量占到国内消费量的 48%。当然，美国大量进口石油，也有作为战略储备的一面。例如在得克萨斯和其他许多州，都储存着大量的石油，作备战之用。然而，它的一些重要资源，特别是石油资源正在日渐减少，的确是实际情况。目前美国城市人口结构的变化也说明了这个问题。原来许多有钱人不愿意住在城里，每天都驾车回到远郊的别墅去；但是近两年来，这些人又逐渐搬回城里来住了，原因就是缺少汽油、油价昂贵。

其次，更加重要的是，美国资本主义社会的基本矛盾，即生产的社会性和生产资料的资本主义所有制之间的矛盾，不仅没有削弱，而是越来越激化了。任何一届总统，不论是民主党的还是共和党的，任何一个资产阶级经济学家，对此都一筹莫展。这个基本矛盾的存在是美国经济产生周期性危机的根本原因。二次大战后，美国经济已经受到过多次危机的冲击，特别是进入70年代以来，美国经济长期处于一种滞胀的状态，经济增长缓慢，通货膨胀和失业问题严重。美国经济的年平均增长率已由60年代的4.1%下降到70年代的2.8%。由于多年来奉行凯恩斯主义，采取一整套国家垄断资本主义的措施，导致通货膨胀日益严重，物价急剧上升。美国消费物价年平均增长率，由60年代的2.3%，上升到70年代的7%；消费物价指数，如以1967年为100，1978年则达到195.4，几乎翻了一番。美国虽然是一个"高物价、高消费"的国家，但是，由于职工工资增长的速度跟不上物价上涨的速度，职工实际收入就往往出现下降的情况。

美国的失业现象更为严重，失业率长期维持在较高的水平上，1974—1978年平均失业率达到7%，1978年和1979年的失业人数有600万人左右，1980年一度达到800万人。工人随时受到失业的威胁。在我们同美国工人接触过程中，他们说："我们的生活看起来很不错，但是谁能料到明天是不是就会失业！"工人失业以后，只能靠极其有限的失业救济金维持生活。美国黑人等少数民族遭到失业的危险性更大，失业率更高。1977年美国白人失业率为6.2%，而非白人失业率则高达13.1%。1980年黑人青年失业率高达25%。

第三，从美国居民的收入水平和生活水平看，贫富悬殊，差别极大。在美国，一般工商业界的职员，每年大约收入1万—

1.5 万美元；大学教授高一点，一般是 2 万美元以上，有的达 5 万—6 万美元。当然，收入最高的是那些大资本家，也就是那些大公司和大银行的董事、总经理，他们的收入大大超过政府高级官员（每年 6 万—10 万美元）。通用汽车公司的大老板亨利·福特二世的年工资和股息收入共达 97 万美元，另外还有大批其他收入。而生活在政府规定的贫困线以下的人（即四口之家年收入不到6662美元者）约 2450 万人。可见，高低收入之间相差几百倍。与工业工人相比，农业工人的收入更低。许多农业工人，特别是季节性的农业工人，生活很苦。这些季节工每年从南方赶往北方，住的是草棚或帐篷，每小时工资只有 2 美元甚至 1.5 美元，每年工资只有 1000—2000 美元，有的甚至不足 1000 美元。黑人的收入一般比白人低得多。1978 年中等家庭年收入，白人为 17640 美元，黑人为 10880 美元，生活在贫困线以下的白人占家庭总数的 6.9%，而非白人则占家庭总数的 27.5%。

第四，从国际条件看，美国受到来自多方面的挑战和威胁。苏联大搞霸权主义，处处同美国较量，在经济力量上与美国的差距已有所缩小；在军事力量上，则已赶上甚至在许多方面超过美国。苏联的全球战略是到处包抄、孤立和削弱美国，特别是入侵阿富汗以后，紧逼波斯湾，对美国在海外的利益构成严重的威胁。在发达资本主义国家中，来自西欧、日本的挑战也日益严重。西欧和日本的经济实力越来越强，成了美国在世界市场上的主要竞争对手。美国的资本家特别怕日本这个伙伴。目前，日本的汽车，不仅在国际市场上排挤美国的汽车，而且占领了美国的国内市场，使美国汽车工业遭受很大的打击，引起美国汽车工人的罢工，要求限制日本汽车的进口。还有来自第三世界国家的挑战，特别是石油输出国，它们以石油为武器，同以美国为代表的发达资本主义国家进行斗争，要求建立比较合理的国际经济新秩序，这对美国垄断资本主义来说，也是一个很大的威胁。

因此，我们要一分为二地看待美国经济，既要看到它目前还有某些长处，有它的有利的一面，否则，就会认为资本主义在美国很快就要消灭了，这是不符合实际的；同时，也要看到它的短处，它的不利的一面，而且这些又是根本的方面，否则，就会认为资本主义在美国将永存下去，这也是不符合实际，不符合社会发展规律的。显然，我们应当避免这两种片面的看法，坚持全面的、一分为二的看法，也就是坚持唯物辩证法。

二　里根的经济政策和80年代的美国经济

美国新总统里根上台，接下了一个经济上的烂摊子，面临着重重困难。

美国曾经受过战后多次危机的打击，特别是1974—1975年那次战后最严重的经济危机，使美国经济陷入几乎是停滞不前的困境。从1979年4月起，美国工业生产指数又开始下跌，此后虽有小的起伏，但始终没有超过1979年3月份的最高点。进入80年代以后，美国经济又发生了新的危机。从1980年2月份开始，工业生产指数连续下降，到7月份，与1月份相比，下降了8.3%，自8月份起，虽有所回升，但回升幅度很小。与此同时，西欧各国的经济情况也在急剧恶化，日本经济形势也在逆转。这次由美国开始的经济危机，正在逐步演变成为世界性的经济危机。

我们这次在美国，亲眼看到经济衰退的情况。大量的中、小企业倒闭，许多地方工人罢工，学校师生罢教罢课。有的大企业也濒临破产。如克莱斯勒汽车公司，全靠政府补贴支撑过日子。由于通货膨胀、物价上涨和失业率增加，人民生活趋于恶化。不少美国人对我们说，物价高涨使他们的生活受到很大的威胁。工资虽然有所提高，但远赶不上物价上涨的速度，生活越来越困难。这就是美国当前的经济情况。

面对这样的局面，里根的经济顾问艾伦·格林斯潘说，除非里根采取坚决的措施，谋求决定性的转变，否则，美国在整个80年代将面临经济停滞的局面。里根的另一个高级顾问、里根政府的预算局长斯托克曼甚至惊呼，里根可能面临一次"经济上的敦刻尔克"（意即总溃退）。他劝告里根赶快宣布，现在美国经济已处于紧急状态。这就逼得里根在他上任之初，必须集中力量处理国内的经济问题。

里根在竞选时宣称，他在经济政策上的一个根本主张就是减少政府对经济的干预。他自称信奉"供应学派"学说，竭力推崇企业自由竞争，反对政府过多干预。去年曾经来我国访问的美国著名经济学家米尔顿·弗里德曼，针对已陷入困境的凯恩斯主义理论，极力主张经济活动自由化。他认为目前美国和西方世界形成停滞膨胀的局面，主要是由于政府机构过于庞大，对经济干预过多，妨碍了经济的活力，降低了经济的增长速度，因而需要实行自由市场经济。而里根对弗里德曼的自由化理论是颇为赞赏的。

里根提出的经济政策，归纳起来主要有如下几点：

一是减少税收。里根认为，征收高额税金，挫伤了企业投资和个人消费的积极性，是造成生产停滞的一个重要原因。他主张减少个人所得税以增加消费需求和个人储蓄，减少企业所得税以刺激投资和发展生产。美国个人所得税率采用累进制。高收入阶层的税率高达 70%，低收入阶层的税率为 14%。企业所得税税率高达 35%—65%。因此，里根主张大量减少个人所得税和企业所得税，实际上是代表了大资产阶级的利益，即那些银行家、企业主、董事、经理等的利益。

二是减少福利和政府开支。里根认为，政府开支过大，社会福利过多，这是使私人投资受到限制、通货膨胀不断加剧的重要原因。他主张精简联邦政府机构，消灭联邦政府中各种浪费、铺张和舞弊现象，同时压缩福利开支，以此弥补减税后联邦政府收入的减少，并逐步实现财政预算收支的平衡。

三是扩大军费开支和军工生产。面对苏联霸权主义的挑战，作为保守派代表人物的里根，认为必须重振美国国威，从实力地位出发来抗衡苏联的霸权主义。因此他主张增加军费开支，扩大军工生产，以加强国防力量。这也反映着垄断财团，特别是那些同军火生产有关的财团的利益。

里根在经济上的这些政策主张，在一定时期内有可能起到一定的作用。他采取减税以刺激投资的政策，可能使生产有所发展，就业有所增加。但是，减税会使政府的收入减少，这又会扩大财政赤字，加剧通货膨胀。为了平衡财政收支，就要减少政府开支，而政府支出中最重要的是军费和社会福利两项（占预算总支出的 3/4 左右）。军费是肯定要增加的，因此主要就得削减社会福利费。但美国依靠社会福利费维持生活的人很多，削减这方面的开支，无疑会引起广大中、下层人民特别是劳动人民的不满，加深社会阶级矛盾。我们接触到的美国教育界人士，不少人生活本来就比较清苦，现在更加担心了。但里根如果不这样做，就不能控制财政赤字，通货膨胀又难于解决。可见，里根的经济政策是自相矛盾的，这不过是资本主义制度下美国经济困难重重、积疾已深的一种反映。可以肯定，任何一个美国总统，包括里根在内，都是无法开出全面医治美国经济顽症的有效药方的。当然，里根在竞选时提出的这些政策，在他上台执政以后，并不一定都会照办的。从历届美国总统竞选的情况看，他们说的是一回事，以后做起来往往又是另一回事。因此，对里根执政后的80年代的美国经济，今天还难于作出准确的预测。同时，决定经济发展的因素是很复杂的，既有国内的，也有国际的，既有经济的，也有军事和政治的。总的看来，在不发生新的世界战争和没有科学技术方面重大突破的条件下，美国的经济在80年代即使能有一定程度的好转，但要获得很大的起色，从根本上摆脱滞胀、衰退的局面，我认为是不可能的。

三　里根上台和美国垄断财团的变化

这次我们在美国讲学期间，正碰上美国总统选举。在竞选中，共和党和民主党双方花了几十亿美元，最后里根战胜卡特，当上美国第40任总统。

里根是美国西部人，他当过家乡加利福尼亚州的州长。这次里根上台，主要的是依靠美国大财团特别是西部财团的支持。里根在竞选中，提出减少税收和增加军费的主张，都是从维护垄断财团以及与军火生产有关的垄断资本的利益出发的。他在同卡特进行竞选电视辩论的时候，抓住两个要害问题攻击卡特，他要选民想一想：一是你们的生活是不是比4年前改善了？二是美国的国际地位是不是下降了？经过这场辩论，赞成里根的人数很快压倒了赞成卡特的人数。美国普通人的想法是：局面是糟，换一个人试试罢，不管他是谁。美国普通人对竞选是淡漠的，真正热衷的主要是垄断资本家及其代理人。

美国西部财团，主要是一些控制新兴工业的财团，它们经营电子工业、化学工业、宇航工业和导弹、飞机、尖端武器等工业部门。而东部财团则是一些老财团，经营钢铁、石油、建筑等工业部门。这两部分新、老财团之间，既相互竞争和争斗，又互相渗透和联合。里根不仅代表了西部、南部财团的利益，后来也逐渐取得了东部财团的赞助。东部财团经营的像石油这些工业部门，在海外有着重大的利益，它们希望有一个比卡特更强有力的总统来加强美国的力量，保护它们的国内和海外利益。正是由于取得这些大财团的支持，里根才能登上总统的宝座。

第二次世界大战后，美国财团发生了一些重大的变化：

第一，财团成员的变化。过去美国财团带有很重的家族性，财团成员往往是一些家族成员，如洛克菲勒、梅隆、摩根和杜邦等财团，其成员分别由洛克菲勒家族、梅隆家族、摩根家族和杜邦家族组成。战后这种情况有了很大的变化，大批新的资本家加入这些财团，使财团的浓厚的家族性逐步改变，具有了相当的社会性。财团成员也逐步知识化，原有的资本家学习和掌握科学技术，成为有专业知识的人才；一批经营管理人员、工程师、律师等加入财团，成为新的资本家。

第二，财团结构的变化。老的财团，过去主要经营钢铁、煤炭、建筑等工业部门。后来随着一系列新兴工业的建立，经营石油化学工业、原子能工业、电子工业、宇航工业等工业部门的新财团逐步兴起，从而构成现在的美国十大财团，它们拥有的资产总额，1978年共达12504亿美元。它们以银行为中心，金融资本和产业资本密切结合，组成包括冶金、石油、机械、电机、汽车、化工、建筑材料、军工、纺织、食品、交通运输、公用事业、商业等各个经济部门的完整体系。其中，老的财团主要集中在美国东部地区；新的财团主要集中在南部特别是西部地区，如西部的加利福尼亚财团，南部的得克萨斯财团，都是在战后，特别是60年代以后迅速兴起的。西、南部财团的兴起，打破了原来由东部财团操纵美国经济的局面，使东部财团的地位相应下降。西、南部财团在与东部财团的竞争中，逐渐壮大自己的实力，对美国经济和政治发生越来越大的作用。老的财团在竞争中也向一些新兴工业部门或其他有利可图的工业部门投资，以求保存和发展自己的势力。如摩根财团，原来主要经营冶金等工矿业，后来也向电子工业、医药工业等方面扩展。

第三，财团进一步国际化。二次大战后，美国财团进一步扩大资本输出，发展跨国公司。现在世界上的跨国公司，除由日本、西欧控制一部分外，大多数由美国资本控制。如美国通用汽车公司，是世界上最大的汽车公司，它的总公司设在纽约，它的国内主要生产地是在底特律及其附近城市，它在世界上几十个国家都设有子公司，经营生产、装配和销售业务，它有职工84万人，1978年获取纯利35亿美元。1977年美国私人对外直接投资高达1 498亿美元，获利201亿美元，这些投资的绝大部分都是通过跨国公司进行的。可见，跨国公司已经成为大财团即垄断资本向外扩张的主要形式。

美国财团的变化，说明了美国垄断资本势力的扩大，及其对资本主义世界经济和政治的控制力量的加强。大的财团，大的垄断公司，在美国占着统治地位。美国500家最大的工业公司，控制着美国制造业销售额的85％，获得美国制造业利润的84％。

有人认为，财团发生的一些新的情况，削弱了垄断资本的作用。例如，一种情况是，大公司把股票分散，似乎减少了垄断资本的控制权。其实不然。分散股票，这不过是垄断资本筹集资金、扩大资本、增加利润的一个重要途径，也是它们企图笼络人心、缓和社会矛盾的一种手法。实际上，通过分散股票，垄断资本可以控制越来越大的资本额。就连美国官方也承认，少数大股东只要控制住5％以上的股票，就能享有对整个公司的支配权。据美国官方透露，19个大城市中49家大银行，分别在5 270个企业中持有5％以上的股票。而广大持有少量股票的职工群众，只能听命于大股东的安排。

　　另一种情况是，经理人员的权力的扩大，似乎也减少了垄断资本的控制权。这也不是事实。实际上，大财团、大公司的所有者和管理者越来越融为一体了。一方面，经营管理人员往往掌握着大量的股票，成为强有力的股东；另一方面，原有的资本家也学习技术，学习管理，成为业务上的内行，因而往往同时又是管理人员。二次大战后，企业家自己搞技术、搞管理的现象越来越普遍。显然，这里无所谓两者分离的问题，经营管理者的控制，也就是企业所有者的控制。正是这两者的融合，使垄断资本的控制权进一步扩大了。

　　二次大战后，美国垄断资本越来越加强对国家机器的控制，利用国家机器来为垄断资本的利益服务。不管是哪个总统上台，卡特也好，里根也好，国家机器依然是一个集体的资本家。美国联邦政府本身就是美国最大的垄断资本集团，它拥有最雄厚的资本，它是美国垄断资本中最大的所有者、最强有力的经营者和管理者。它利用国家政权的各种手段来干预经济，为垄断资本服务。里根所鼓吹的减少政府干预、实行自由市场经济和自由企业制度的主张，只是表面文章。实际上，里根上台以后，只可能变换一些国家干预的手法，而不会减弱更不会取消国家对经济的干预。因为美国垄断资本主义的发展，不仅加强了垄断资本对资产阶级国家的控制，而且要求国家机器成为直接为垄断资本服务的更有力的工具。这也是美国国家垄断资本主义发展的必然趋势。这一趋势是任何一个美国总统所无法逆转的，里根当然也不会是例外。

四　以农立国和美国农业的现代化

我们在美国费城同 1980 年诺贝尔经济学奖金获得者、美国著名经济学家克莱茵交谈的时候，他很强调的一点，就是美国是一个以农立国的国家。他说，美国就是以农立国，从农业起家的。我们在美国看了一些材料，又同一些人士进行了交谈，感觉到克莱茵的这一说法很有道理。美国的经济确确实实是以农业为基础发展起来的。

美国农业为美国工业和整个国民经济的发展，提供了大批的粮食、原料和劳动力，提供了广阔的国内市场。独立战争（1776—1783 年）前后，美国农业人口占到总人口的 95%。独立战争的胜利，沉重地打击了美国的奴隶制和封建的土地关系，促使资本主义农业开始在美国得到发展。从独立战争到南北战争（1861—1865 年）近一个世纪的时间，美国农业由原始的、自给性的生产逐步向资本主义商品生产过渡。当时，美国是世界上最大的农业国之一。由于美国优越的自然条件和廉价的黑奴劳动力，使农业为美国工业的发展提供了大量廉价的粮食、肉类和原料，农产品成了当时最主要的出口物资，通过农产品的出口，换回大批美国工业所需的机器设备等生产资料，有力地促进了美国工业的发展。1800—1860 年，美国农业生产增长了 5.4 倍，1810—1860 年，美国工业生产增长了近 9 倍。但当时，美国仍然是个农业国，1859 年农业在工农业净产值中的比重仍占到 58%。

南北战争后，废除了美国南部的奴隶制度，允许农民垦荒种地，在耕种五年后土地即归自己所有。这些措施有力地促进了资本主义农业的发展，农场数目显著增加。从 1880 年 400 万个增加到 1910 年的 636 万个。1860—1900 年，农业生产又增长了近两倍。与此同时，工业生产也迅速发展，到 19 世纪后期，工业净产值开始超过农业净产值。1884 年，工农业净产值中，工业所占的比重上升到 60%，到 1889 年更上升到 65%。工业生产的发展，反过来又为农业的机械化、现代化提供了强大的物质基础。

从南北战争到第二次世界大战前，用了 80 年左右的时间，美国农业才逐步由落后的畜力农机具的阶段，过渡到初步实现农业机械化。而美国农业的高度机械化和现代化，则是在二次大战后才全面地实现的。目前，美国农业已经全盘机械化、电气化、化学化和良种化，并在农业中广泛应用现代科学技术如电子仪器、激光等等。

随着农业机械化和现代化的逐步实现，美国农业的劳动生产率不断提高。1820 年，美国每个农业劳动力，只能养活 4 个人；以后大约用了 100 年的时间，到 1920 年，才能养活 8 个人，翻了一番；到 1950 年，又翻了一番，能养活 16 个人；1970 年能养活 47 个人，1978 年能养活 65 个人。与此同时，农业人口在总人口中的比重不断减少。1910 年，农业人口 3208 万，占总人口的 34.9%；1950 年农业人口减为 2305 万，占总人口的 15.3%；1960 年又减为 1564 万，占 8.7%；1970 年为 971 万，占 4.8%；1977 年为 780 万，占 3.6%。美国人口仅占世界总人口的 5%，却生产了世界粮食总产量的 20% 左右。美国是世界上最大的农产品出口国，1977 年，美国农产品的出口额约占世界农产品出口额的 18%，其中粮食占世界粮食出口额的一半以上，大豆占 70% 以上，棉花占 27%。美国各类农产品出口量占国内产量的比重是，小麦占 44%，玉米占 40%，大豆占 60%，棉花占 41%。美国手中掌握的农产品，成为美国争霸世界的一项重要武器。苏联入侵阿富汗，美国采取的制裁措施之一，就是对苏联实行粮食禁运。

在美国农业发展过程中，有以下几点值得我们借鉴：

第一，实行生产专业化。这就是根据各个地区不同的自然条件，为发挥地区优势而形成的农业生产上的地区分工，也叫做农业生产的地区专业化。这种专业化在19世纪以前就以南棉北粮的简单分工形式开始出现，直到20世纪经过漫长的时间，逐步形成美国农业的地区专业化。例如，著名的玉米带地区，从俄亥俄州一直延伸到明尼苏达州，这里气候温暖、土壤肥沃、雨水充足，适宜玉米的生长，其中五个州的玉米产量约占全国玉米总产量的2/3。玉米带地区同时又是以玉米为主要饲料的养猪和肉牛业的集中地。这个地区的生猪占到全国的一半。棉花集中产区，已经由东南部移到西南部，如得克萨斯草原、加利福尼亚和阿利桑那的河谷地区，这一带夏季炎热干燥、日照充足、雨水较少，有利于棉花的生长，其棉花产量目前已占到全国的一半以上。其他种植业如小麦集中在北部平原，烟草集中在北卡罗来纳、肯塔基，水稻集中在路易斯安那、阿肯色、加利福尼亚，甜菜集中在西部灌区，马铃薯集中在缅因州和阿普斯托克一带。畜牧业产地除玉米带外，美国的东北部和大湖区，气候适宜牧草生长，而且大城市比较多，成了奶牛业的集中地带。

在地区专业化的基础上，农场也实行专业化生产。许多农场专门经营一种或两种主要农产品。有的农场专门种植玉米或棉花，有的农场则专门养鸡或养奶牛、肉牛等等。农业生产的专业化，是使农业劳动生产率提高的一条重要途径。

第二，发展农工商联合企业。所谓农工商联合企业，就是农业生产同与它有关的农业生产资料的供应、农产品的加工、贮运和销售等行业结合起来，形成了供、产、销经营上的一体化。这是农业现代化过程中出现的一种新的经营体制。现在美国所谓现代农业的概念，就是在农业现代化基础上实行的农工商一体化。目前美国正大力发展这种一体化。农工商联合经营的形式很多，最盛行的一种形式，是由农产品加工企业买地或租地直接兴办农场，例如，由果品罐头公司直接兴办原料产品的农场。另一种形式，是农场同农产品加工企业订立合同，搞供产销协作。例如，园艺场同果品公司、养鸡场同禽蛋公司签订合同等等。农工商联合企业的发展，大大减少了直接从事农业生产的劳动力，增加了与农业有关的支农工业、农产品加工工业和销售方面的人员，即农业的前部门和后部门的人员。这种农业部门同与它有关的前、后部门的结合，是适应农业物质技术现代化的一种经营体制，也就是农业组织形式的现代化，同时又是垄断资本加紧控制农业的一种方式。

第三，重视农业科学研究和农业教育。美国政府对农业科研给予大量拨款。如 1970—1977 年，联邦政府的整个农业经费从 62 亿美元减到 29 亿美元，但其中的科研和服务业经费，却由 7.3 亿美元增加到 11.3 亿美元，目前达到每年大约 15 亿美元。除联邦政府外，各州政府对农业研究也给予拨款。同时，美国政府还建立起一个庞大的农业科研和推广系统。美国农业科研工作系统，由联邦农业部、州立农学院和私人科研机构三部分组成。公、私农业研究机构拥有大批的农业科技人员，其中公营机构的科研人员约 18500 人。各州的农学院普遍建立了农业试验站和推广中心，各县也设有推广站，配备技术推广员。全国农业技术推广员约 11500 人。据估计，1929—1972 年期间，美国农业产量增长额的 81%，生产效率提高额的 71%，都来源于农业科研成果。

美国很重视农业教育和农业科技人员的培养工作。1976 年，美国农、林、牧专业的大学毕业生近两万人，获得农业专科学位的约25万人，受过中等农业职业教育的达106万人。此外，还通过办训练班、巡回教学、函授、电视、广播等多种方式，普及农业技术教育。

当然，在美国农业现代化的过程中，同它的整个国民经济现代化一样，存在着深刻的危机。生产的社会化和生产资料的私人占有之间的矛盾日益激化。农业能源消耗很大，农产品成本很高，许多中、小农场在激烈的竞争中已经破产或濒于破产，失业现象严重。这些都是在资本主义制度下美国农业无法避免的痼疾。

五 美国的社会问题和少数民族问题

美国是一个经济高度发达的现代化的国家，同时也是一个腐朽和没落的资本主义国家。在那里，各种社会矛盾和民族矛盾日趋深化。

美国的社会道德问题越来越严重。美国人民的物质生活，确实比较富裕，但他们的精神生活却非常空虚。他们往往是混着过日子，谈不到什么远大光明的理想。许多人，特别是有钱人，生活腐朽糜烂。卖淫、吸毒现象极为普遍。大学生中吸毒现象也很严重。离婚率很高，许多有夫之妇跟他人私奔。不少私生子成了社会的沉重负担。一般老年人无人照顾，处境凄凉。在美国生活，还有一种严重的不安全感。哥伦比亚大学的前面，有一个很好的公园，但我们的留学生不敢到那里去玩，因为那里吸毒、卖淫、强奸、抢劫、凶杀等犯罪行为很多。纽约的地下铁道，一到晚上人们便不敢去，那里情况很乱、很不安全。全国各种严重犯罪案件与日俱增。这些社会问题，正是资本主义制度腐朽没落的一种表现。

　　美国的少数民族问题严重。美国全国人口 22000 万，白人约 18000 多万，占 86.6%；其他民族约 4000 多万，占 13.4%。在少数民族中，黑人最多，约 2500 万，占全国人口的 11.6%；墨西哥人约 660 万，阿拉伯人约 300 万，波多黎各人约 180 万，印第安人约 76 万，古巴人约 70 万，日本人约 59 万，华人约 43 万，此外，还有菲律宾人、朝鲜人等。少数民族的人口增长率比白人快得多。美国少数民族问题，主要是黑人问题。从 50 年代中期起，美国黑人连续发动了大规模的反对种族歧视、争取平等权利的斗争。60 年代中期，美国许多城市爆发了轰轰烈烈的黑人武装抗暴斗争。1968 年，黑人领袖马丁·路德·金被害，使矛盾进一步激化，美国 170 多个城市爆发了黑人抗暴斗争，从而掀起了全国的黑人斗争高潮。

　　面对少数民族特别是黑人的斗争，美国统治阶级除了残酷镇压以外，采用了分化、怀柔政策，用某些措施来平息和缓和黑人的不满情绪。一方面，在政治上起用黑人担任联邦和地方政府的一些重要职务，如当州长、副州长（华盛顿州，新泽西州等）、市长、副市长（华盛顿市、底特律市、伯克莱市），当众、参两院的议员，出任美国驻联合国代表等等。另一方面，在经济上收买和腐蚀少数民族，特别是他们中间有影响的人物。再如设立养老金和保险制度，提高他们的工资待遇，增加一些就业的机会，减少一些歧视现象等。我们在美国的时候，在电视里看到的许多演员是黑人，在机关里看到的许多秘书、打字员是黑人，在医院里看到的许多护士是黑人。但是，大部分少数民族人民的生活还是贫困的，他们仍然受到不同程度的歧视，处于社会的最底层。看来，少数民族问题对美国垄断资产阶级说来，确实是个很大的隐患。这既是民族矛盾，又是阶级矛盾。少数民族将成为美国革命的一支极为重要的方面军。

　　美国垄断资产阶级不但对少数民族采取软化政策，对工人也采取收买政策，以削弱工人阶级的斗争精神。美国统治阶级在政治上搞资产阶级民主，并且让一些工会领袖进入资产阶级上层社会，为资产阶级效劳，少数工会头头本身已经成了资本家；在经济上，搞一些所谓"人民资本主义"的措施，让工人持有一定的股票，吸收工人参加企业的管理活动，设立一些社会福利制度，等等。这些措施，对缓和阶级矛盾起到一定的作用。但是，美国工人阶级是具有光荣革命斗争传统的阶级，美国工人的罢工斗争仍然持续不断，许多罢工斗争甚至冲破了少数工会上层分子的控制。可以预料，随着美国经济危机的加剧，随着美国社会基本矛盾和阶级矛盾的深化，美国工人阶级的斗争将会进一步加强和发展。经过长期艰巨的斗争，他们必将在马克思主义和本国实际密切结合起来的原则指导下，同国内少数民族和其他劳动人民一道，取得最后的胜利。

（《世界经济》1981 年第 3 期）

当前国际经济关系中的
几个问题

一 当前世界经济具有怎样的基本格局？它的发展前景如何？

我认为，当前世界经济的基本格局大致可以分为四大片：
(1) 以美国为代表的发达资本主义国家；(2) 社会主义国家；
(3) 苏联和东欧国家；(4) 发展中国家。把世界经济分成四大
片，是否根据毛泽东主席关于三个世界划分的理论？不是。三个
世界的划分是从政治上提出的当前世界人民斗争的战略规定。把
世界经济分为四大片则主要是根据不同的社会经济制度来划分
的。

当前世界经济四大片之间存在着相互依存、相互斗争的关
系。这种斗争的最终结果，将是发展中国家获得很大的成功，社
会主义将在世界范围内获得最后胜利。当然，这是一个很长的历
史过程。

西方发达资本主义国家的发展前景怎样？1981 年 4 月，中
国社会科学院与美国斯坦福研究所在杭州联合召开国际经济讨论

会的时候，我在代表中方的总结发言中曾指出：当前对于发达资本主义国家说来，供应学派学说、货币学派学说以及已经被认为失灵的凯恩斯学说等等，这些经济理论及其政策措施，都可能在一定时期内和一定程度上收到一些效果，但是它们都不能解决资本主义的基本矛盾，从而也不能对资本主义经济的不治之症有根本的疗效。一年多来，西方主要资本主义国家继续被一次世界性的经济危机所困扰，生产停滞甚至萎缩，通货膨胀在个别国家虽然暂时略有缓和但仍保持很高的通货膨胀率，失业越来越严重，这些事实就是有力的证明。看来，80 年代这些国家的经济将维持有所起伏的"滞胀"和危机的局面。当然，我们也不能排除如果出现某种情况，譬如科学技术有新的重大突破、南北对话与合作真能顺利地发展以及备战势头更加显著等等，西方经济也会出现新的显著高涨。但是，这种可能性看来并不很大。

从基本发展趋势上看，资本帝国主义国家的确是衰老了，但是它能够靠吃些补药在相当长的时间内继续维持一段生命。这些补药就如中国的人参、鹿茸，老年人吃了还可以在一定条件下益寿延年。在发达资本主义国家中，采取国家垄断资本主义，实行一定的经济计划，搞人民资本主义和福利社会等，这些都起到了局部调整资本主义生产关系的作用，从而还能够允许生产力、科学技术在一定范围内和一定程度上有所发展。但是，这些补剂都不可能根本克服现代高度社会化的生产力与资本主义私有制这一基本矛盾，资本帝国主义最终还是要寿终正寝的。

苏联实行霸权主义是一个铁的客观实际。它从 50 年代中期开始，对外侵略扩张，大搞霸权主义。它的目的是要同另一个超级大国争霸全世界。它打着"巩固社会主义大家庭"、"国际主义"、"第三世界的天然盟友"、"支援革命"、推行"非资本主义道路"、实行"国际分工"等等漂亮的旗子，用军事占领、政治控制、经济渗透等等手段，力图在全世界造成一个完全新型的殖民体系。由于经济和实力的加强，它在争霸世界的战略中日益采取全球性的攻势。近年来我在美国、西欧讲演的时候，经常强调不要把我们中国等社会主义国家与苏联混在一起，统统纳入所谓东方国家之林。因为这种说法并不符合实际。

社会主义制度还处于少年时期。它只有 65 年的历史，经验少，还很不成熟，难免常摔跤。苏联大搞霸权主义应该说是社会主义摔跤的最严重的例子。我们中国搞"文化大革命"，造成了十年内乱，经济濒于崩溃，也是一个例子。柬埔寨搞社会主义犯极"左"的错误又是一个例子。因为这些，使得社会主义这面伟大光荣的旗帜在全世界人民面前降低了威望。但是，摔了跤可以爬起来。中国在粉碎"四人帮"以后，由于党和政府政策的正确，经济较快地恢复和发展，安定团结的政治局面日益巩固，这就是证明。社会主义遭遇这种或那种挫折，这从人类历史的长河看，毕竟是短暂的一瞬。我们从挫折中不断总结经验，从摔跤的地方爬起来，重新振作精神，改正错误，就可以使我们社会主义事业继续胜利前进。

对发展中国家的历史地位怎样看，在我们这次讨论会上表现出分歧，这并不足怪。按照我们的看法，发展中国家是当前反对帝国主义、殖民主义、霸权主义和争取建立国际经济新秩序的主力军。它乃是世界未来的希望所在，是未来繁荣昌盛的世界经济的坚强堡垒。

对发展中国家的经济现状，在我们的讨论会上也有不同看法。我个人认为：当前，发展中国家的大多数是那些民族主义国家，它们大力发展着民族资本主义经济。有一些社会主义国家，例如中国，也是发展中国家。因为这些国家的经济发展水平与上述发展中国家大体相当，它们是发展中的社会主义国家。这类国家在发展中国家里目前占少数。发展中国家中的另一个小部分是一些基本上没有脱离半殖民地或殖民地状态，前资本主义生产方式还占统治地位的国家。从整个说来，发展中国家的三个部分当前处于两头小、中间大的状态。民族主义发展中国家是占绝大多数的中间部分，从它们中间，在一定条件下，有一部分将来可能进入发达资本主义国家的行列；而另外一些国家，可能较早地走上社会主义道路。

我们把发展中国家分为三种类型，主要也是根据社会经济制度来区分的。现在流行的关于第三世界的分法很多，有些是根据生产特别是对外贸易情况来区分的，如产油国家、进口替代国家、出口替代国家、新兴工业国家等等；有的是按人口平均的国民收入来区分的，如高收入国家、中等收入国家、低收入国家等。究竟哪一种区分的方法比较科学，我建议大家进一步加以研究。

二 南北对话和国际经济新秩序是杜撰和荒谬的吗？

在这次讨论会上，有人认为南北对话，特别是提出建立国际经济新秩序是凭空杜撰，是荒谬不合理的。我们不同意这种意见。我们认为，提倡南北对话，增进南北经济合作，特别是提出建立国际经济新秩序，并为此而斗争，这不仅是合理和可行的，而且是当前已经存在的铁的事实，也是一个不可抗拒的历史潮流。

发达国家与发展中国家之间的经济关系，现在已经发展到一个重要的阶段。我们应当看到，在发达资本主义国家对发展中国家的依赖性进一步加深的今天，世界范围贫富差距的扩大既不利于发展中国家的经济增长，也不利于发达国家经济的稳定与发展。这一点现在已为越来越多的人所认识。所以，倡导南北对话，加强发达国家与发展中国家之间的经济合作关系，当前已成为不可抗拒的势头。

发达国家在燃料和原料供应、制成品的销售市场和廉价劳动力的来源方面，对发展中国家的依赖越来越大。发达国家所需石油的 75％靠发展中国家供应，发展中国家还提供了除石油以外世界主要农业和矿业原料的 60％，许多发达国家对发展中国家的出口在其总出口中所占的份额在明显上升。西方发达国家利用发展中国家的廉价劳动力而大发其财，1970—1978 年，西方跨国公司对发展中国家的投资共约 422 亿美元，而同期从发展中国家取得的利润却高达 1002 亿美元。目前在西欧和北美有近1000万名外籍工人，他们主要来自发展中国家，干着发达国家中许多人所不愿意干的最脏最累的活。

在当今的世界经济中，发达国家同发展中国家的关系，是相互依存、同时又相互矛盾和斗争的关系。当然，发展中国家也依赖于发达国家，但是发达国家更多地依赖于发展中国家。在国土、人口方面都占 2/3 左右的发展中国家，它们拥有丰富的资源、广大的市场和巨大的劳动潜力，发达国家如不依靠这些，它们的经济的恢复和顺畅运行，是很困难的，甚至是不可能的。西欧一些国家，特别是法国，对南北对话采取比较积极的态度，主动促进南北经济合作，理所当然地受到人们的赞赏。

第二次世界大战结束以后，许多殖民地半殖民地国家纷纷获得政治独立，它们的民族经济也有了一定的发展。我们看到，世界政治形势虽然发生了巨大的变化，但是以发达国家居于垄断和统治地位为特征的国际经济关系的老格局，并没有被打破。它对发展中国家争取经济独立、加快经济发展的努力，起着严重的阻碍和破坏作用。这是大多数发展中国家至今仍然贫穷落后的症结所在，也是发展中国家要求建立国际经济新秩序的根本原因。我们认为建立在剥削与被剥削、压迫与被压迫基础上的这种国际经济旧秩序，是必须改革的，而一个比较公平合理的国际经济新秩序，一定要建立起来。这是历史发展的客观要求，是不依人们的意志为转移的。

中国坚决站在支持打破国际经济旧秩序，建立国际经济新秩序这一立场上，并且积极参与这一具有巨大历史意义的斗争。1974年联合国特别大会通过《关于建立新的国际经济秩序宣言》，而后，发展中国家和发达国家之间为制定《跨国公司行动守则》、《技术转让行动守则》等等的努力，我们都完全同意，并热烈支持。联合国第二个10年发展战略规定，发达国家应以国民生产总值的0.7%来支持一些发展中国家，我们是完全支持的；而且对在行动上不符合这一规定的国家，我们提出了批评以至谴责。争取建立国际经济新秩序是发展中国家加速发展民族经济的迫切要求，也是发展南北经济关系中的根本问题。所以我国政府对南北首脑会谈采取了积极参与的态度。

一个真正的完全平等和合理的国际经济新秩序，我认为只有到社会主义在全世界取得胜利的时候才能做到。现在为建立比较公平合理的国际经济新秩序的斗争，是非常重要的。不管有多么大的公开和隐秘的阻难和破坏，它必将逐步加以克服，取得胜利，这是肯定无疑的。

三　社会主义经济建设有没有规律？发展中美经济关系的阻力在哪里？

建设社会主义经济是有客观规律可循的。我们力求按照这些规律办事。首先，要按照全力发展生产以满足人民日益增长的物质文化需要这一社会主义基本经济规律办事。同时要遵守社会主义经济有计划按比例发展的规律、在社会主义商品生产中起作用的价值规律以及在个人消费品的分配方面起作用的按劳分配规律等等。当我们的政策和行动符合这些经济规律时，国民经济的发展和人民生活水平的提高就比较快，而当我们没有很好实现这些规律的要求或违反这些规律时，经济发展和人民生活水平的提高便会遇到挫折和困难。我们一定要按照客观经济规律办事。但是我们在工作中却常常违反这些规律，犯这样那样的错误。因此，我们要不断地总结经验，改正这些错误，防止重犯这些错误，避免遭受损失。

我们中国的社会主义经济建设，曾经犯过"左"的错误，使我们的经济发展出现三起两落。特别是十年内乱，我们的经济受到巨大的损失。粉碎"四人帮"以后，特别是1978年党的十一届三中全会以后，我们纠正了这种错误，决定采取调整、改革、整顿、提高的方针，实行对外开放的政策。我国主要领导人之一陈云同志曾经很通俗地讲过。"我们一要吃饭，二要建设。"我们要吃饱穿暖，但不能吃光用光，而必须提取一部分资金来搞建设。我们一定要适当地安排消费基金和积累基金的比例关系。

近年来我两次到美国，了解到有些朋友担心这样的问题：中国的计划经济为主、适当运用市场机制，在生产资料公有制之外允许个体经济存在，在全民所有制和集体所有制的基础上实行生产责任制，这些是否会把中国引向资本主义？我告诉他们说：不会。在我国生产资料公有制占绝对的优势，在此基础上实行计划经济为主，运用市场机制为辅来发展商品生产和商品交换，使经济搞得更活，更好地实现国家计划以及弥补国家计划经济之不足，因此它是为社会主义经济服务的。个体经济是一个必要的补充部分，它们的存在和运行对于方便和改善人民生活有很大的作用，这也是为社会主义服务。实行生产责任制并没有改变我们生产资料的公有制，只是改变经营管理的某些体制和方法，使集体和全民所有制企业与个人之间的关系同物质利益密切联系起来，更好地发挥工农劳动人民的生产积极性和创造性。所以它们都是为了更好地建设和发展社会主义，而决不是走向资本主义。"只有社会主义能够救中国"，这是中国人民经过长期艰苦奋斗确立起来的坚定信念，它是牢不可破的，走回头路是绝不可能的。这两年来我到美国、西德、法国访问的时候，有些朋友对中国的政治局面是否稳定表示担心。我说，粉碎"四人帮"以后，我国政治上安定团结的局面很快形成，1978年党的十一届三中全会以来，安定团结的政治局面更加巩固。这是有目共睹的事实。上个月我在美国时，曾告诉美国朋友说，就政局稳定这点来讲，现在我们中国决不比世界上任何一个国家差些。

有的美国朋友担心，我国政府的政策多变。我说，从党的十一届三中全会以后，我们党和政府的政策已被实践证明是正确的。我们的政策是在政治上维护和巩固安定团结，发扬社会主义民主，健全社会主义法制；在经济上实行计划经济为主、市场调节为辅；实行对外开放，对内把经济搞活。这些政策，只会随着新情况的出现而有所发展，不会改变。我们的政策具有高度的连续性和稳定性。

有的朋友问："什么叫做自力更生为主、争取外援为辅？它们之间是否矛盾？"我们说，自力更生为主就是主要依靠自己国家的资源、资金、劳动力和聪明才智，来建设我们自己的国家；争取外援为辅，就是说，我们也可以借点外债，与外国进行各种形式的经济合作，如合资经营、补偿贸易等等。外援的范围很广，从国外引进先进技术也属于外援。这些外援可以增强我们自力更生的力量。同时以这种日益增强的自力更生力量为基础，又可以不断地在广度和深度上发展我国的对外经济关系。所以，这两者是相辅相成的，不是对立的。

近年来，中美经济关系有了很大的发展。中美两国建交以后，两国间的双边贸易成倍地增长。中美之间进一步发展经济合作，是富有潜力的。但在我们前进的道路上却存在着阻力。最近美国里根政府决定向台湾出售武器，给中美两国关系投下了一道阴影。这就是一个大的障碍。当我最近访美的时候，许多美国朋友向我表示，他们反对里根总统这种侵犯中国主权、违背自己诺言的做法。例如西方石油公司董事长哈默先生曾对我说，他于1982年5月4日曾对里根总统提出反对出售武器给台湾的意见。我真诚地希望在座的美国朋友们能和我们一道，共同努力，克服各种阻力，使中美友好关系得到更顺畅的发展。

（1982年6月4日在中国社会科学院和美国布鲁金斯学会联合
召开的"国际经济关系讨论会"上对若干问题的商榷性发言）

第三世界与国际经济新秩序

一 第三世界的崛起与建立国际经济
新秩序的斗争

划分三个世界的观点是毛泽东同志在 1974 年 2 月 22 日会见赞比亚总统卡翁达时提出的。对于毛泽东同志在他晚年为我们制定的关于划分三个世界的战略，邓小平同志给予高度评价。他指出："这一国际战略原则，对于团结世界人民反对霸权主义，……对于打破苏联霸权主义企图在国际上孤立我们的狂妄计划，改善我们的国际环境，提高我国的国际威望，起了不可估量的作用。"[①]

毛泽东同志提出的划分三个世界的观点，是我们团结第三世界国家参加推动世界反霸斗争和建立国际经济新秩序斗争的重要指导原则，正如胡耀邦同志在党的十二大报告中所说："第三世界在战后国际舞台上的崛起是我们时代的头等大事，第三世界改

---

① 《邓小平文选》第 2 卷，第 160 页。

变了联合国仅仅是受某些大国操纵的一架表决机器的情况，使帝国主义、霸权主义、扩张主义经常在这里受到正义的谴责。拉丁美洲国家发起的反对超级大国海洋霸权的斗争，石油输出国和其他原料生产国争取对自己的自然资源享有和行使永久主权的斗争，不结盟国家反对强权政治和集团政治的斗争，所有发展中国家为建立国际经济新秩序而进行的斗争，这一切形成了当代强大的正义潮流，大大改变了超级大国可以任意摆布世界命运的局面。"

当前的世界经济格局，尽管已经存在着崭新和强大的社会主义体系，尽管广大第三世界国家已经取得政治上的独立，但从总体上看，依然是由帝国主义、殖民主义和霸权主义支配和控制着的极不公正、极不平等、极不合理的旧秩序，广大的第三世界是受它们控制和剥削的主要对象。这种国际经济旧秩序对第三世界国家争取经济独立，发展民族经济，起着严重的阻碍和破坏作用。这是大多数第三世界至今仍然贫困落后的症结所在，也是第三世界要求建立国际经济新秩序的根本原因。改革国际经济旧秩序，建立国际经济新秩序，这是历史发展的客观要求，是不依人们的意志为转移的。

从 50 年代，特别从 70 年代以来，以 77 国集团为骨干，由不结盟运动作配合，第三世界国家团结奋起，在多条战线上使用石油武器和其他原料武器，利用联合国讲台和其他各种场合，为改革国际经济旧秩序，建立国际经济新秩序而英勇斗争，这个斗争同世界人民奋战的两翼，汇成当今世界上任何力量阻挡不住的时代洪流，在这英勇奋战的两翼中，第三世界，包括发展中的社会主义国家在内，理所当然地成为它的伟大主力军。赖有它的奋斗，第六届特别联大于 1974 年 5 月 1 日通过了《建立国际经济新秩序宣言》和《行动纲领》。1975 年 2 月，发展中国家原料会议又通过了《达喀尔宣言》，正确地规定了关于建立国际经济新秩序的一系列基本原则和方针。从此第三世界为建立国际经济新秩序的斗争，有了明确的方向。

二 现阶段建立国际经济新秩序的斗争是战后民族解放运动的继续和发展

战前绝大多数第三世界国家是帝国主义统治下的殖民地、半殖民地和附属国。俄国十月革命的胜利特别是中国革命的胜利，推动了广大殖民地、半殖民地、附属国人民的民族解放运动。经过长期艰苦斗争，广大第三世界国家纷纷赢得了政治独立，国际垄断资本的旧殖民体系从此土崩瓦解。但是，帝国主义、殖民主义和霸权主义不甘心于自己的失败，它们利用自己经济上的优势和垄断地位，推行新殖民主义政策，顽固地坚持对广大第三世界在经济上的控制和剥削，为此死死抱住现存的不公平、不合理的国际经济旧秩序不放。这个国际经济旧秩序，就是帝国主义和霸权主义对第三世界推行新殖民主义的体系。

当前第三世界国家面临的共同任务就是维护民族独立和国家主权，积极发展民族经济，以经济独立来巩固已经取得的政治独立。历史经验昭示，一个第三世界国家单单取得政治独立，而没有取得经济独立，那么，这个政治独立是没有基础的，因而是不牢靠的，因为帝国主义随时都可以弹指一挥，轻易把它抹掉，此其一；其二，一个民族，一个国家，如果在经济上照旧依附于帝国主义和霸权主义，便不会建立起自己独立的强大的民族经济，那么人民群众也只能依旧饱受国际垄断资本的剥削，而这是已经在政治上翻了身的第三世界广大人民决不能容忍的，他们一定会奋起斗争，摆脱这种经济上被剥削被奴役的状况。

　　已经获得政治独立的第三世界人民要进一步为获取经济独立而斗争，是历史发展的必然趋势。因此，第三世界国家为争取建立国际经济新秩序的斗争，按其任务来讲，是战后伟大民族解放运动的继续和发展。

　　按照人类社会发展的总规律，只有全世界都进入社会主义和共产主义社会的时代，整个世界才能最终完全地彻底地消灭一切压迫、控制和剥削，从世界经济关系中根除一切不公平、不平等、不合理现象。就是说，只有马克思主义指导下的社会主义革命在世界范围得到胜利，世界上才会有完全平等、公平和合理的国际经济新秩序。这是人类比较遥远的，但又是最终一定实现的理想。全世界劳动人民，包括广大第三世界人民在内，必然会为这个最伟大的理想的实现进行持久而艰辛的斗争。

　　30年来，第三世界人民为建立国际经济新秩序而进行的斗争是从当代实际出发朝上述远大目标跨出的第一步，或第一阶段。目前世界经济政治实际的主要特别是：（1）帝国主义、霸权主义、殖民主义的统治体系还相当严重地存在；（2）社会主义社会经济体系还不够强大，还缺乏足够的示范作用和吸引力；（3）第三世界国家的当前任务是发展民族经济，巩固民族独立，这一斗争的主要领导力量是带有不同程度买办性的民族资产阶级，他们力求发展民族资本主义经济。第三世界的新兴无产阶级还比较弱小，有些还没有作为独立的阶级力量走上政治舞台，有些国家甚至还不存在现代无产阶级。从这样的实际情况出发，现阶段第三世界为建立国际经济新秩序而进行的斗争，其对象是帝国主义、殖民主义和霸权主义，是破除它们的新殖民主义体系，因此这个斗争的性质还属于民族民主斗争的性质。事实也只能是这样，这也就是为什么当前第三世界国家所要求的国际经济新秩序还限于在各国主权平等的基础上，建立比较公正合理的国际经济关系，让各国自己掌握自己的命运，与发达国家一起，平起平坐，参与决定有关国际经济问题，加速各国民族经济的发展。具体说来，即在行使各国经济自主权方面，第三世界国家要求自由选择自己的社会经济制度，反对霸权主义以任何名义（如所谓"自由世界"、"保障人权"、"非资本主义道路"等等）把某种社会制度强加于人；对本国资源享有永久的所有权和使用权；有权根据本国的情况，制定发展民族经济的战略，实现社会经济改革；有权对跨国公司实行监督和管理；有权参加世界经济的有关活动，公平分享由此产生的利益。在贸易方面，第三世界国家要求改革国际贸易制度，确保原料和初级产品的合理价格，改善其贸易条件和地位，取消发达国家的贸易保护主义，对第三世界国家实行"普惠制"，扩大其工业制成品向发达国家出口。在金融方面，第三世界国家要求改变它们在国际金融组织中的无权地位，争取在这些组织中有更多的参与决策权，改善和加速资金转让，"免、减、缓偿"第三世界国家的沉重债务。在调整和改革世界经济结构方面，第三世界国家要求发达国家将劳动密集型工业逐渐转移到发展中国家。要求修改工业产权制度，促进有利于第三世界的技术转让。这些内容概括起来，就是要求减轻而不是消灭国际垄断资本的剥削和掠夺；提高第三世界国家在世界经济中的地位，有利于它们民族经济的发展。这些纲领性要求显然带有改良色彩，它反映了第三世界国家民族资产阶级的局限性和软弱性。它同世界范围内的彻底的反帝反殖的民族民主革命还有一定距离。至于对国际经济关系进行社会主义的改造，那还是以后阶段斗争的远期目标。只有将来当这个斗争、这个运动脱离民族资产阶级的领导，而由第三世界各国无产阶级的马克思主义政党领导，才能在斗争的更高阶段提出建设社会主义的国际经济新秩序的任务。

正因为现阶段建立国际经济新秩序的斗争属于民族民主斗争的性质，第三世界各国在国内必须严格控制和管理外国资本的活动，必须完成反封建的土地改革，必须保证和提高人民群众的民主权利，必须加强国内各民族的团结，必须逐步改善人民群众的物质文化生活。只有这样，它们才能获得足以支持独立自主、自力更生的强大动力，来进行反帝、反殖、反霸的斗争，推翻国际经济旧秩序，创建国际经济新秩序。

为了完成现阶段建立国际经济新秩序的任务，第三世界国家还要建立和加强相互间的集体自力更生，即"南南合作"。胡耀邦同志在党的十二大报告中指出："第三世界各国之间的相互援助具有特别重要的意义。第三世界各国有广大的土地，众多的人口，丰富的资源，广阔的市场。我们中间有的国家积累了相当数量的资金，许多国家拥有各具特色的技术，在发展民族经济方面也大都有各自的经验可供别国借鉴。我们之间的经济合作，也就是通常所说的'南南合作'，就一部分技术和设备的适用对路而言，其成效往往不亚于同发达国家的合作，这种合作有助于冲破现存不平等的国际经济关系和建立国际经济新秩序，具有伟大的战略意义。"

近年来，阿拉伯石油输出国对阿拉伯穷国的援助，亚洲国家和地区同中东、非洲国家的工程劳务合作，特别是东南亚国家联盟、加勒比、安第斯、西非等大量地区性经济合作组织（1980年4月非洲统一组织决定在2000年建立"非洲经济共同体"）对增进第三世界国家经济互助合作，促进各自民族经济的发展，起了巨大的积极作用。尤其重要的是，第三世界实行集体自力更生和南南合作，是推动南北对话，促成国际经济新秩序的极其重要的伟大战略步骤。1982年2月在新德里召开南南合作会议，1983年4月在北京召开的南南合作发展讨论会，使第三世界国家间的经济合作走上新的发展阶段。

三 关于国际经济新秩序若干理论观点的剖析

我国是发展中的社会主义国家，属于第三世界。我国同广大第三世界国家具有相同或相似的苦难经历，面临共同的问题和任务。我们虽然已经取得社会主义革命和社会主义建设的辉煌胜利，但是还有一部分民族民主革命的遗留任务有待完成（如台湾回归祖国，收回香港、澳门主权以及在国内肃清封建思想残余）。我们把坚决同第三世界其他国家一起为反对帝国主义、霸权主义、殖民主义，维护世界和平，为建立国际经济新秩序而斗争，看作自己神圣的国际主义义务。

现在有人（例如日本评论家北泽正雄先生）认为我们承认第三世界的存在，支持建立国际经济新秩序的斗争，表明马克思主义在中国已经"衰退"了，已经"倒退"到第二国际水平了。这不是什么批评，而是彻头彻尾的歪曲和诬蔑。毛泽东同志在70年代中期；根据对世界形势的客观分析，提出划分三个世界的理论和战略原则，指出："我看美国、苏联是第一世界。中间派，日本、欧洲、加拿大是第二世界。第三世界人口很多，亚洲除了日本都是第三世界。整个非洲都是第三世界，拉丁美洲是第三世界。"这是毛泽东同志依据马克思主义基本原理对当前国际形势的科学论断，正是马克思主义的新发展。中国人民和第三世界人民在三个世界划分理论和战略原则的鼓舞下，在反帝反霸反殖斗争中，在建立国际经济新秩序的斗争中，取得一个又一个的胜利。这难道不是事实吗？这不是马克思主义新发展的胜利吗？马克思主义的"衰退"和"倒退"云云纯属无稽之谈。

　　上述反对意见来自"左"的方面。从右的方面进行攻击的主要是国际垄断资产阶级及其御用学者。他们轻蔑地嘲笑第三世界国家倡导的国际经济新秩序是"杜撰的"、"荒谬的"、"不合理的"。在 1981 年 10 月举行的坎昆南北首脑会议上，某些西方代表曾经发过这种议论。1982 年美国布鲁金斯学会经济研究部高级研究员劳伦斯·克劳斯曾在北京召开的一次中美学者国际经济讨论会上说："发展中国家并不需要一个新的国际经济秩序。""人们通过各种努力人为地建立一个国际秩序，有可能是危险的"，它"将过分强调产品的分配，而不是强调生产"。对这种直接来自国际垄断资本方面的，对于建立国际经济新秩序斗争的恶意歪曲和攻击，我们必须坚决回击。

　　我们已经指出，战后广大第三世界国家赢得了政治上的独立，但是环绕它们的仍然是以剥削、掠夺和控制为特征的国际经济旧秩序。这基本上是长期以来帝国主义、殖民统治体制的翻版，是新殖民主义的经济政治秩序。它之极不合理、极不公平，连一些发达国家统治阶级中的有识之士也不能加以否认。推翻这样的旧秩序，建立国际经济新秩序是历史发展的客观要求，是顺乎民心、合乎国际社会的发展法则的，因而也是完全合理的，只有对建立国际经济新秩序的伟大正义事业采取抵制和反对，才是逆历史前进方向的思想和行为，才真正是十分"荒谬的"，极端"不合理"的。至于把建立国际经济新秩序说成是"杜撰的"，那更同 30 年来第三世界人民奋斗史实相背离。试问：1974 年联合国特别大会所通过的《建立国际经济新秩序宣言》和《行动纲领》以及尔后的发展中国家和发达国家共同制定的《跨国公司行动守则》、《技术转让行动守则》等等重大的努力，难道能说是凭少数人主观意愿"杜撰的"吗？这不是证明，这些斗争和业绩正是第三世界人民所迫切需要的吗？至于说到"危险"那倒有几分真实性，不过，有不安全感的只会是帝国主义及其代言人，对广大第三世界人民来说只会随着为争取建立国际经济新秩序这一斗争取得胜利而增加安全感和舒适感。同样一目了然的是第三世界国家要求改善贸易条件、改革国际金融货币体系、改善贷款条件、转让技术、改革国际经济结构等等，归根到底无非是为了发展第三世界国家的社会生产力，增加生产，发展民族经济。以发展较差的非洲国家为例，70 年代它们的制造业平均年增长率为 6.5%，大大超过发达资本主义国家。因此，指责第三世界国家要求建立国际经济新秩序的斗争仅仅是为了在国际上进行"财富的再分配"，从发达国家"多捞一点钱"，是完全不符合实际的，是对第三世界人民的莫大污辱；相反，对国际垄断资产阶级来说，竭力维护国际经济旧秩序，反对建立国际经济新秩序，才是真正为了在国际上进行有利于垄断资本获得最大超额利润的"财富再分配"，而且这还是从发达国家资本主义原始积累以来数百年之久的"财富再分配"的继续，从第三世界人民捞一笔血汗钱来供养他们的穷奢极欲的"天堂"生活！可见，劳伦斯的那些话不过是国际垄断资产阶级及其代言人的"夫子自道"而已。

下面，我们要论及国际上一部分进步友人的有关言论。这些朋友在他们的著作中深刻地揭露帝国主义、殖民主义和霸权主义对广大不发达国家极其残忍的压迫、控制和剥削，并为后者指点革命出路，探索走向社会主义的光明大道。我们对于他们这一方面的努力和贡献表示支持和钦佩。但是，对于他们关于第三世界和国际经济新秩序的若干理论和观点，我们却不能苟同。现在，我想对以萨米尔·阿明先生为主要倡导人的"依附论"，提出一点意见来商榷。

"依附论"认为："资本主义已经发展为一个世界体系，发达国家是这个体系的"中心"（或"宗主中心"），不发达国家属于体系的"边缘"（或"外围"、"卫星"。）"边缘"国家都是"依附"国家，不发达国家的经济发展没有它们自己的内部推动力，一切决定于"中心"国家，完全为"新殖民主义所控制"。它们"不会出现一种成熟的、自主的资产主义前景"。当一种社会经济制度被淘汰和被取代时，这个过程首先不是发生在"中心"，而是发生在"边缘"地区。这种观点还号召第三世界国家在对外经济活动中"同国际经济和世界市场决裂"，理由是"中心"与"边缘"之间的国际贸易是"不平等交换"，只会加强"边缘"的依附性。[①]

现在，我们撮其要者作以下几点分析：

1. 二次大战后，由于民族解放运动的空前高涨，旧殖民体系土崩瓦解，第三世界国家蓬勃兴起，它们作为一大批主权国家登上了国际舞台，"中心"与"边缘"（这里，我们姑且用这个词，这个词用于现在发达国家与第三世界显然已经不恰当了）的关系已经起了局部的质变。现在发达国家同第三世界之间的关系已不是单纯的支配与被支配的关系，而主要是互相依存和互相斗争的关系。尽管发达国家的垄断资本采取新殖民主义的手段，继续剥削、掠夺和控制第三世界国家，但是第三世界国家为了摆脱帝国主义的经济封锁，已经在本国内逐步取消了帝国主义的经济特权，收回了海关、货币发行权和自然资源的租让权。它们已经不再是任凭帝国主义摆布的"附庸"了。由于第三世界资源丰富、市场广阔，发达国家对它的依赖从根本上说已超过了第三世界对发达国家的依赖。可以这么说，没有发展中国家提供的大量燃料、原料、廉价劳动力和广大市场，大多数发达国家连一天也

---

① 萨·阿明：《世界规模的资本积累》（1970年）；《不平等的发明——试论外围资本主义的社会结构》（1973年）。

活不下去！更何况现在已有些第三世界国家向发达国家输出资本。例如阿拉伯石油输出国沙特阿拉伯、科威特和阿拉伯联合酋长国向美国、西德、英国、日本、瑞士等国的投资逐年增加。到1983年3月底，这三个国家在国外的投资总额达2650亿美元。1982年所得收入超过270亿美元。同时，随着民族资本的成长，外资在发展中国家的比重日益缩小。例如外国资产在印度全国企业资产总额中的比重1950年为55％，1959年降为36.3％，1976年再降到17.9％。在巴西100家最大企业的资产中，外资所占的比重从1968年的37％降为1977年的11.5％。因此，一个明显的事实是，外国资本在大多数第三世界国家基本上是不能横行霸道、为所欲为了。在这种情况下，不顾战后世界政治、经济格局的上述变化，把已经取得政治独立，并在国际舞台上成为强大的新兴力量的第三世界国家仍然说成是"依附"于帝国主义"中心"的"边缘"部分，不能不说是不符合实际了。

2．"依附论"认为，"边缘"经济的发展没有"自己的内部推动力"，它们只能受"中心"的支配，永远处于"依附"地位。我们认为，这个观点不符合辩证唯物主义和历史唯物主义的基本原理。毛泽东同志指出："事物发展的根本原因，不是在事物的外部而是在事物的内部，在于事物内部的矛盾性。"人民，社会生产力，永远是人类社会发展的推动力。发展中国家的人民强烈要求发展自己独立的民族经济，它们的社会生产力不断要求提高自己的发展水平。这才是第三世界真正的根本的"内部推动力"。长期以来它们的民族解放运动和民族经济的发展都是以上述根本的内部动力来推动的。因此，认为发展中国家没有经济发展的"自身内部推动力"，而必须到发达国家那里寻找发展经济的"推动力"是不合逻辑的，错误的。另外，"依附论"者在这里还陷入了自相矛盾：他们一面认定第三世界国家的发展没有自己的内部推动力，一面又强调"一种社会经济制度被淘汰和被取代，这个过程首先不是发生在'中心'，而是发生在'边缘'地区，"而且认为第三世界发展民族资本是不可能的，只能直奔社会主义，那么我们不禁要问："边缘"首先发生社会经济制度的变动，甚至一下子就走上社会主义道路，这个推动力又是来自何处呢？难道帝国主义"中心"会给"边缘"送去一个"淘汰"和"取代"资本主义制度的社会主义制度吗？应当指出"依附论"在逻辑上陷于自相矛盾的原因，一是脱离当前第三世界的实际，二是离开了科学的基本方法论——辩证唯物主义和历史唯物主义。

3．"依附论"者曾经强调，为了避免永久的"依附"，第三世界应该同"国际经济和世界市场决裂"。我们只能说，它是一种永远不能实现，而且是有害的幻想。取得民族独立的第三世界国家必须从实际出发，正确地处理它们同发达国家既互相依赖又互相斗争的关系，以自力更生为主，独立自主地参加国际分工，适当地利用外资，引进先进适用的技术、力求与发达国家平等互利，互通有无。社会主义国家如中国还把对外开放作为一项坚定不移的根本政策，民族主义发展中国家更加不可能也不应该同外部世界隔绝。相反，它们应该首先在第三世界国家内部实行集体自力更生，开展南南合作，在此基础上通过斗争，由南北对话，逐步实现南北经济合作。事实证明，这是完全可能的。作为佐证，可以指出欧洲共同体在60年代就同非洲国家签订《阿鲁沙协定》；70年代又同非洲、拉美、太平洋地区53个国家签订《洛美协定》；1979年它同东盟五国签订经济贸易协定；同年它与"阿拉伯国家联盟"举行"欧阿对话"，甚至设想建立"欧非共同体"；1980年它同"安第斯条约组织"举行部长会议，商讨经济合作事宜。第三世界国家既然同西欧发达国家可以这样进行经济交往和合作，为什么它们不能同日本、北美这样做呢？事实上，它们已经在努力向这方面作，而且潜力很大，有着广阔的发展前景。只要我们坚持独立自主，保持清醒头脑，善于运用对发达国家又合作又斗争的"两手"，就不会在这种交往中覆舟灭顶。因此，结论只能是我们不能也不应与"国际经济与世界市场决裂"。相反，我们应该积极参加国际经济生活，打进世界市场，这样才能壮大我们自己的民族经济，增强我们为建立国际经济新秩序的斗争的力量。所谓"决裂"是消极无为的有害口号。如果"决裂"政策真付诸实现，那无异于自缚手足，而让国际垄断资本放手侵蚀，因为它才不让你"决裂"呢！这样就等于宣告旧的国际经济秩序将永存，建立国际经济新秩序的伟大斗争归于泯灭！这又是同"依附论"者的主观愿望背道而驰的。

（1983年8月22日在《世界经济》编辑部举办的国际经济新秩序理论问题讨论会上的发言节录，见钱俊瑞著《世界经济与中国经济》，人民出版社，1983年版）

五、改革开放以来的中国经济

当好全国经济调整、改革、整顿、提高的先驱

一　试办经济特区的重大意义

（一）设置经济特区是否合乎我国国情

全世界已有 70 多个国家和地区设置了各式各样的经济特区。它们的共同特点是：加强同外国的经济关系，充分发挥自己的一定的优势，用人之长，补己之短，促进本国国民经济的发展。这些特区，在不同社会制度和国情的国家中，一般都在不同程度上收到了效果。

我国的国情是地大物博，十亿人口、八亿农民，底子薄，资金不足，文化技术落后；是社会主义国家，有强大的人民民主专政；当前生产关系与生产力有一定程度的不适应状况，生产关系要自觉地调整、改革，以适应生产力较快发展的需要。而广东、福建两省和特区沿海接近港、澳、台湾省，土地肥沃、物产丰富、劳力和原材料比较便宜、华侨关系特别多。因此，试办经济

特区，是两省实行特殊政策、灵活措施的一项重要内容，是为了更加大胆地利用外资、侨资，改进经营管理，引进先进技术，使工农业生产更快发展，经济搞得更活，群众生活更快改善。两省和特区二年来实行这种政策和措施以后的经济效果总的说来是好的。实践证明，中央关于两省实行特殊政策、灵活措施、试办经济特区的决策是完全正确的，是符合国情的，前途是光明的。这一点首先应当肯定。当然，在实行过程中产生了许多新问题，工作中还难免发生一些缺点和错误，这就有待于我们及时总结经验，逐步加以克服和解决。

(二) 试办特区有没有理论根据

我认为列宁关于新经济政策、实行国家资本主义，毛主席关于国家资本主义、公私合营的理论和实践，是我们搞特殊政策、试办经济特区的基本指导思想。当然，他们所提出的理论还需要根据实践来加以检验和发展。

(三) 实行特殊政策，试办经济特区，是不是后退? 有没有回到资本主义、殖民地的危险

我们的答复是：否! 不是后退，没有这种危险。今天我国的基本国情之一就是生产力发展水平和劳动生产率还相当低。实行特殊政策，搞一点国家资本主义，在自力更生的基础上吸收一点外资、侨资，引进国外先进技术和科学管理方法，会大大促进生产，提高劳动生产率，促进现代化，这是从根本上大踏步前进，决不是什么后退。在社会主义公有制占绝对优势的条件下，也决不会后退。

当然，利用外资我们必须付给资本家一点利润，就是说，要向他们缴纳一点贡税。那情况会怎么样呢? 列宁很好地替我们回

答了这个问题，他说，"只要能够加速恢复我国的大工业，并切实地改善工农生活状况，缴纳这种贡税对我们是有利的"[①]。何况我们不但要恢复，而且要大大发展我们的大中型工业和服务行业。

在人民民主专政、生产资料公有制、社会主义经济占绝对优势的条件下，我们利用一点外资，决没有回到资本主义、半殖民地地位的危险。列宁说过："邀请资本家到俄国来不危险吗？这不是意味着发展资本主义吗？——是的，这是意味着发展资本主义，但是这并不危险，因为政权在工农手中，地主和资本家的所有制不会恢复。"[②] 我国经过 31 年建设，情况比当时俄国好得多，因此更没有怕的理由。

（四）在我们的经济特区里是多种经济并存

有社会主义经济，国家资本主义经济，私人资本主义经济，和小个体经济。发展到一定时期，可能国家资本主义成分占相当优势。但这并不可怕。由于全国和全省社会主义经济占绝对优势，我们的方针政策是导向有利于社会主义经济的发展，因此，特区经济发展的最后结果必然由社会主义经济所支配。

（五）有人担心我们搞特殊政策，会使广州港澳化

我们说，不会。我们搞经济特区，坚持四项基本原则，巩固和发展社会主义经济，维护和巩固我国领土主权完整，其结果必然是我们影响港、澳，而决不是现有的港、澳情况扩大到广州市和广东省。当然，我们扩大同港、澳的联系，扩大同外资的关

---

① 《列宁全集》第 4 卷，第 548 页。
② 《列宁全集》第 32 卷，第 360 页。

系，必须高度警惕资产阶级的糖衣炮弹，必须进行反腐蚀的斗争。这一点也决不能忽视。

(六) 两省搞特殊政策，办经济特区对全国四化建设将会有什么影响

我们在两省和特区可以较多地利用外资，引进先进的适用的技术和科学管理方法，以这里为基地，有计划有步骤地为全国培养技术和管理人才，并且以这里作为试点，为全国改革经济管理体制和经济结构提供较好的经验，提供学会同外国人做生意、提高经济效益、提高在世界市场上竞争能力的经验。我们这样做，如果收到预期的成效，就会有力地影响台湾省上下的观感，极大地有利于促进台湾回归祖国、统一祖国的神圣事业。同时可以扩大国际影响，促进我国对外经济贸易关系的进一步发展。

二　做调整、改革、整顿、提高的先驱和排头兵

(一) 中央决定在广东、福建两省实行特殊政策、灵活措施和试办经济特区的重要意义，我们应当着重从理论上和战略上加以阐明

科学社会主义作为社会制度的实践，还处于少年时期。从十月革命算起，64 年在人类历史上只是短短的一瞬间。我们搞社会主义的经验还很不丰富，基本成功的经验有，但不那么多。社会主义制度的优越性还只是得到初步的实现，远没有得到充分的实现。另一方面，在国际范围内，包括我国在内，严重的反面教训却不少。这些反面教训，在一部分进步人士中，曾经产生了信

仰危机，有一些人甚至错误地认为资本主义优越于社会主义。这是一个很严重的问题。

我国从粉碎"四人帮"，特别是党的十一届三中全会以来，已经确定实现社会主义四个现代化是全党全国人民的中心任务，并且实行国民经济调整、改革、整顿、提高和对外开放的方针。如果中国能走出一条胜利建成社会主义的路子，创造出成功的社会主义经济模式来，那将对全人类作出极大贡献，将对全世界工人阶级革命事业起伟大的推动作用。

社会主义搞了六十多年，主要模式有两个：一是苏联模式，一是南斯拉夫模式。在斯大林领导之下的苏联模式的基本特点是高度集中，单一指令性计划，重、轻、农序列的经济结构，高积累，低消费，缺乏民主。这在苏联处于四面楚歌、资本主义包围时期，在斯大林领导下起了很大的积极作用。但它的缺点也不少。毛泽东同志在1956年对此曾作过中肯的批评。南斯拉夫实行了工人自治，后来发展为社会主义自治，有较高的民主，更大的分权，中央权力较小，各民族邦权力大，注意计划性较差。这两种模式各有优点和缺点，问题都很多。匈牙利经济改革，取两者之长，去两者之短，有较好的成效。但因国家太小，对外依赖过多，也遇到许多困难。它也可以说是一种模式。这三个国家尽管情况有很大不同，但有一个共同点：它们都大量利用外资，大胆请外国专家，吸收国外的先进科学技术。

我国建设社会主义初期，基本上是照搬苏联的模式。毛主席在50年代虽然指出这种体制的缺点，但实践上并没有加以纠正。相反，从1957年以后，把当时已经存在的"左"的错误扩大化，强调以阶级斗争为纲，用政治运动压倒经济建设，在经济建设中盲目追求高速度、高指标、高积累，人民生活没有得到应有的改善。这种情况，到10年内乱时期达到了顶点。

30 年来我们建设社会主义经济的主要教训是什么呢？是"左"，是"左"的错误指导思想。它主要表现在：

1. 不认识或不充分认识人类历史上每个社会形态都不曾是也不可能是纯而又纯的。它们一般地都包含着旧社会的残余和新社会的萌芽。奴隶社会包含有原始社会的痕迹，封建社会包含着奴隶制的痕迹，资本主义社会包含着封建社会甚至奴隶社会的痕迹。至于共产主义的初级阶段，即社会主义社会，马克思早就指出，因为它是刚刚从资本主义社会中产生出来的社会，"因此它在各方面，在经济、道德和精神方面都还带着它脱胎出来的那个旧社会的痕迹。"① 几十年来的实践证明，在经济方面除了在按劳分配问题表现出来的资产阶级权利之外，还有商品货币关系，还有少量的个体经济，等等。它们在社会主义历史阶段，尤其在经济上比较落后的国家建设社会主义的过程中，都能在国家计划的指导下，在社会主义公有制占绝对优势的前提下，为社会主义服务，起必要的和有益的补充作用。

2. 不认识或不充分认识社会主义是资本主义向共产主义的过渡时期，仍然存在着商品生产和商品交换。常常错误地把商品生产和交换等同于资本主义经济，至少认为发展商品生产和商品交换就会导致资本主义复辟。

3. 对社会主义经济的基本规律没有认识清楚，或认识得不大清楚。这条规律的基本要求就是用现代科学技术装备社会生产力，大力发展生产，其最终目的是最大限度地满足社会和人民群众日益增长的物质和文化需要。对这条规律认识不清的必然的后果是企业的技术改造和革新不够，特别是人民生活改善很差，从而极大地影响劳动人民的生产积极性。

---

① 《马克思恩格斯选集》第 3 卷，第 10 页。

4.不了解在中国这样的国家，经济管理体制过分集中，容易造成缺乏民主和官僚主义，而且带有相当浓厚的封建性。在这种体制下，社会主义民主和职工群众的积极性创造性决然难以发挥。

（二）彻底清理"左"的错误指导思想，是两省实行特殊政策、灵活措施的基本环节

所谓特殊政策、灵活措施，主要是两条，一是利用两省和特区的地理优势，比其他省、市、自治区在广度和深度上更大地实行对外开放政策，更加洋为中用，更加资（资本主义）为社（社会主义）用。所谓资为社用，就是大胆吸收外资、侨资，引进先进技术，学习资本主义科学管理方法，办好国营的、合营的以至外资独营的企业，大力发展生产。二是给两省和经济特区以较大的自主权，包括人权、财权、地方立法权等，在两省和特区范围内经济政策更放宽一些。同时要给企业以更大的自主权，使国家、企业、个人三者的利益更好地结合起来。这一点全国各省、市、自治区都在试验。两省扩大了自主权，要看看如何才能最好地最大限度地发展社会生产力，为全国提供有益的经验。

在用人上要尊重专家，专职专用，发挥他们的特长。过去错划的"右派"、"右倾机会主义分子"、"白专道路"分子，以及属于其他冤、假、错案的人，其中有很多知识分子、技术专家，有不少人是很有才干的。现在，有不少省、市、自治区，思想还不够解放，还不敢用这些人。建议你们两省大胆择优使用，千万不要让计算机专家去分房子，让化学专家去当收发员，也不要让他们担任过多的行政职务，妨碍他们发挥专长。

在特区搞经济，搞法上要更灵活，机构一定要精简，要轻装上阵，上面千条线，下面只要几根针就够了。要更多地运用市场

机制，善于利用价值规律，逐步打破行政区划的限制，顺畅各种经济渠道，特别是流通渠道。无论条条还是块块都要服从经济规律。管理经济要用一定的行政方法，但千万不要迷信行政方法，要学会运用价格、税收、信贷等经济杠杆管理经济。要工农贸合一，产销结合；要更大胆地打破铁饭碗和大锅饭制度；要在工商行政的管理下，保护合理的竞争，适当地发展这种竞争。这是降低成本、降低消耗、增加花色品种，提高质量和经济效益的重要途径。

建议要除"五怕"：

1．不要怕出乱子。两省实行特殊政策，灵活措施，更多地实行对外开放，因为没有经验，不免出点小乱子。当然，我们要力求不要出乱子，更不要出大乱子，特别注意防止走私贩私，投机倒把，贪污受贿，如果出现这种情况，就应坚决打击。但是决不要因噎废食，怕这怕那，影响执行特殊政策，灵活措施的决心。

2．不要怕资本主义。列宁说过，"向世界资产阶级缴纳一种贡税；……只要能够加速恢复我国的大工业，并切实地改善工农生活状况，缴纳这种贡税对我们是有利的。"在人民民主专政下，有强大社会主义经济，只要善于资为社用，就没有回到资本主义道路的危险。

3．不要怕先富。不平衡发展是绝对规律。社会主义社会是从不平衡到相对平衡。资本主义是少数人富起来，大部分人贫穷饥饿；我们则是一部分人先富起来，带动大家共同富裕。这是社会主义制度优越性的重要表现。

4．不要怕冲击。有人认为两省实行特殊政策会冲击其他省、市、自治区。我看对冲击要做具体分析，有的冲击可能打击其他省、市、自治区经济（例如廉价收购其他省、市、自治区产品，高价出口等），这些两省要注意防止，要有高度全局观点，决不要以邻为壑。但是，有的冲击（如要求更多的花色品种和高质量的产品，按照合理的合同出口等）有可能刺激它们改进工作，促进其他省、市、自治区以更高的效率发展经济。

5. 不要怕犯错误。实行特殊政策、灵活措施和试办特区，都是新生事物，很难不犯一点错误。当然要力求不犯大错误。犯了错误，就及时总结，改正错误，工作就进步了。

（三）两省要做调整、改革、整顿、提高的先驱和排头兵，先行一步

要在经济体制改革、企业管理和技术改造、科学办企业、培养人才等方面，敢于突破。要敢于充分利用中央给予的权力，当然也不要滥用这种权力。要敢于突破条条块块给予不适应两省情况的框框，当然如有改变，应向中央及时请示报告。要放长线钓大鱼，不惜亏小本赚大钱，千方百计利用外资、侨资，除特殊情况外，不要向中央伸手。昨天项南同志讲了一个权，一个钱，权要向中央去争，钱要向国外去争。要不惜出高额学费，不惜"牺牲"，纳点"贡税"，向西方资产阶级好好学会做生意，学会经营管理。要敢于创新，敢于冲破重重阻力，包括思想上、人事上、物质上的各种阻力和困难。当然，要同有关方面充分协商，同心协力把事情办好。

所谓先驱、排头兵、就是带头人，就是模范。先行一步就是说，其他各省、市、自治区以后都要结合各地的实际跟着走。所以两省应采取既积极又稳妥的方针，要作坚持四项基本原则的模范；要作洋为中用，资为社用的模范；要作照顾全局、艰苦奋斗的模范。要十分警惕资产阶级的糖衣炮弹，坚决反对和打击走私贩私和贪污受贿。要在广大干部和群众中大力加强共产主义的思

想教育，防止资产阶级腐朽思想的侵蚀。尽可能不吃小灶，不吃偏食，不贪不必要的优惠。否则，就不可能在全国普遍推行，失去促进全国改革体制、实现"四化"的排头兵和前驱的作用。

（四）建议中央各部委对两省实行的特殊政策、灵活措施、试办经济特区，积极支持，大力协助

要"高抬贵手"，尽可能给两省以方便；要"刀下留情"，决不要对两省视同其他省、市、自治区一样，搞一刀切，要看到广东、福建两省这里有个"特"字。各部门自己有什么改革的打算，建议主动提请两省先作试验。把两省作为自己的试验基地，岂不很好？要充分相信他们。党中央信得过两省领导班子，他们一不是克林顿，二不是蒋经国，他们是优秀的党员和领导人。在党中央正确领导下，放开双手让他们干。让他们在经济上真特殊，真灵活，真先行，真正做全国经济调整、改革的"先驱"和"排头兵"。希望两省和特区同志随时总结经验，改进工作。我们相信两省同志对全国的社会主义现代化建设一定能够作出重大的贡献。

（1981 年 5 月至 6 月在国务院召开的广东、福建
两省和经济特区工作会议上的发言要点）

中国经济的调整改革和对外
开放政策不变

一 中国是一个发展中的社会主义国家

中国人民经过几十年艰苦卓绝的奋斗，于 1949 年创立的中华人民共和国，是一个社会主义国家。它国土辽阔，人口众多，资源丰富，但因为长期受帝国主义、封建主义的压迫剥削，至今还是经济文化比较落后的发展中国家。它属于第三世界，是一个发展中的社会主义国家。西方有些人士看到中国现在实行经济调整改革，在国家计划指导下，适当运用市场机制，发展一些作为社会主义公有制补充的个体所有制企业，学习外国企业科学管理方法，就说中国已经成为或者将要成为资本主义国家。这显然是误解。还有些西方人士习惯于把中国同苏联放在一起，列入"东方国家"或"中央集权计划国家"，这也是错误的看法。中国政府多次庄严声明，中国属于第三世界，它以后富强起来，也永远不做超级大国，永远不称霸。

作为一个社会主义国家，我国生产资料已归公有，剥削阶级和剥削关系已经消灭。社会生产力基本上得到了解放。1949—

1978 年，我国粮食产量增长 1.7 倍，棉花产量增长 3.9 倍。1952—1978 年，我国工业产值平均年增长率超过 11%。1979 年，全国全民所有制企业的固定资产达到 3200 亿元，相当于旧中国近百年积累起来的工业固定资产的 25 倍。总的说来，我国经济增长速度还高于大多数资本主义国家。

二 曲折、起落的 33 年

新中国成立近 33 年来，国民经济经历着几起几落的曲折过程。1949—1957 年，国民经济内部比例关系比较适当，发展比较正常，工农业总产值平均每年增长 14.6%，国民收入平均每年增长 12.6%，职工实际工资平均每年增长 5.5%，同时提前完成了生产资料所有制的社会主义改造。

1958—1960 年三年"大跃进"，国民经济比例严重失调，重工业增长 2.3 倍，轻工业只增长 47%，农业下降了 23%，加上自然灾害和苏联的破坏，人民生活十分困难。

1961 年起实行经济"调整、巩固、充实、提高"方针，到 1965 年经济恢复到正常水平，1966 年有所上升。但 1966 年发生了"文化大革命"，十年动乱，使国民经济遭到严重的破坏。

1976 年 10 月粉碎"四人帮"后开始对国民经济进行调整。工业生产 1977—1980 年持续上升。但是，我们对 10 年浩劫所造成的严重困难和问题认识不足，还是盲目追求高指标，1977 年特别是 1978 年提出 1985 年钢产量要达到 6000 万吨，从国外引进了一批成套建设项目，国内大中型建设项目增加到 1000 多个。国家基本建设支出，从 1977 年的 300 亿元增加到 1978 年的 450 亿元。国民收入中积累所占的比例达到 36.5%。1979 年基建投资实际数额增加到 500 亿元。国民经济比例失调又趋严重。

近33年来，我国经济所以发生这样大起大落、遭受严重挫折的局面，主要原因在于我们的指导思想犯了脱离实际、违反社会主义经济规律的严重"左"倾错误。例如，我们曾经不善于利用甚至违反生产关系必须适合生产力状况的规律。我国国情的主要特点之一是社会生产力水平比较低。片面追求"一大二公"，盲目提高所有制的形式，不但不能发展生产力，反而妨碍了生产力的发展，甚至破坏了生产力。又如，人民政府在生产资料所有制的社会主义改造基本完成以后，应该集中力量搞经济建设，发展生产力。但是，我们却"以阶级斗争为纲"，"抓革命，促生产"，大搞政治运动，削弱了经济建设。再如，社会主义经济的基本规律要求，不断发展生产以满足人民群众日益增长的物质文化需要。我们却过分提高国民收入分配中积累基金的比例，压低消费基金的比例；片面强调发展重工业，轻视农业和轻工业，轻视消费品的生产和供应，忽视人民衣、食、住、行问题的解决，忽视科学、教育、文化、卫生等精神文明的建设。一句话，忽视长远的和当前的社会需要。

我们曾经违反社会主义经济有计划、按比例地发展的规律，使国民经济比例严重失调，积累与消费比例失当，不善于在计划指导下，适当利用市场调节，搞活经济。社会主义经济是实行计划经济为主、市场调节为辅的经济，价值规律和市场机制仍然发生巨大作用。但我们曾经认为商品生产是资本主义的温床，发挥市场经济和价值规律的作用就是发展资本主义，不重视流通环节的建设，忽视企业经济核算，结果就使国民经济搞得很死，经济效益很低。

三 中国经济的调整、改革、整顿和提高

1978年我国第五届全国人民代表大会第二次会议决定，把全国工作着重点转移到四个现代化建设上来，对国民经济实行"调整、改革、整顿、提高"的方针。经过努力，全国人民安定团结、生动活泼的政治局面开始形成，工农业生产有较快的增长。

但是，由于我们指导思想上的"左"倾错误没有克服，基本建设规模仍然过大，消费品生产还是上不去，市场供应紧张，通货和信贷膨胀，财政出现巨额赤字。这样，就使我国经济潜伏着危险。

面对这种情况，我国政府和人民下最大决心，着手国民经济的调整。首先，坚决压缩基本建设规模，1981年从原计划的500亿元，压缩到380亿元。停建和缓建一些项目，保证一些最必要的项目和职工住宅的建设。

其次，着重调整产业结构。真正贯彻优先发展农业（包括林业、畜牧业、渔业）和轻纺工业，同时大力加强燃料工业、交通运输业。扭转重工业，首先是机械工业为生产而生产、为自我服务的偏向，转到为农业和消费品生产服务的轨道上来。

经过两年调整，我们取得了显著成绩。我国国民经济已开始走上稳步发展的轨道。1979年农业生产比上年增长8.6%；1980年受到严重自然灾害。还比丰产的1979年增产2.7%。1981年粮食总产量接近1979年的水平，是建国以来第二个高产年。1980年，棉花创造了历史最高纪录，去年又有新的突破。油料连续3年大增产，1981年又增产17%左右。1979年工业总产值比上年增长8.5%，其中重工业增长7.7%，轻工业增长9.5%，

超过了重工业。1980 年工业总产值增长 8.7%，其中轻工业增长高达 18.4%，大大超过重工业的增长率 1.4%。1981 年轻纺工业总产值比 1980 年增长 12%，又远远超过重工业。

最后，我们正着手调整国民收入中积累基金和消费基金的比例关系。以往几年，我国积累率都超过 30%，这显然过高。现在我们力求把它调整到 25% 甚至更低一点。25% 的积累率已经超过美国和西欧各国。我前年访美时，朋友们很关心这方面的情况。现在我可以告诉大家，在这方面我们已经取得了可喜的成绩。据初步统计，1979—1981 年的三年间，国家用于增加城乡人民收入和改善人民生活的资金，已达 1400 多亿元，占这三年国家财政收入的 31%，比例之大是建国以来不曾有过的。在三年中，我们已在城乡陆续安排就业 2600 万人；新建城市职工和居民住宅 2.2 亿平方米。职工年平均工资由 1978 年的 614 元，增加到 1981 年的 772 元，增长 25.7%。三年来城乡人民的实际购买力（扣除零售物价上涨因素）增长 43%。

我们坚决贯彻"一要吃饭，二要建设"的这一条根本方针。一面要逐步改善人民的物质文化生活，同时必须拿出一部分资金和物资，投入建设，不断扩大再生产，向四个现代化进军，这是中国人民的根本利益所在。因此，等到我国调整工作基本完成，1985 年以后经济更加健康增长以后，积累率就有可能逐步有所提高。

目前我国经济工作是以调整为中心。但是，调整必须和改革、整顿、提高相配合，相辅相成。改革、整顿和提高必须服从和服务于调整。但是，不进行必要和可能的改革、整顿和提高，调整也不能顺利进行，收不到预期效果。

当前，改革、整顿和提高的重点是改革经济体制，整顿经济和企业的经营管理，提高劳动生产率和产品质量。其总的目标就是提高经济效益，满足日益增长和不断变化的社会需要。

　　改革经济管理体制的一项重要任务是克服过去中央集权过多的弊病，正确发挥地方、企业和职工的积极性。改革的关键是适当扩大企业的自主权（包括一部分财权、人权、分配权）和充分发扬职工和农村社员的政治经济民主。

　　三年来，我国政府实行的农村经济政策，合乎国情，顺乎民心，效果十分显著。我国农村从1958年以来，实行政社合一，公社、大队和生产队三级管理，以生产队为基础的管理制度，力求所谓"一大二公"。这种管理体制不完全符合当前农村生产力的状况，滋长官僚主义和平均主义，不利于广大社员生产积极性的发挥。三年来，全国大部分农村根据国家政策，结合各地不同情况，在坚持集体所有制和群众志愿的基础上，改变经营管理制度，采取各种形式的联产责任制（如包产到户，联产到劳，专业承包，联产计酬等等），使农村形势发生了深刻的可喜的变化。许多穷队一季翻身，一年大变。富队变得更富。科学种田效果显著。粮食和经济作物大幅度增产，对国家的贡献越来越大，年收入几千元的农户成批涌现，一排排的新瓦房平地升起，集市上人山人海，购销两旺，许多农民家里有了自行车、手表、缝纫机、收音机，甚至洗衣机、电视机，农民存款大增。整个农村呈现出一派生气蓬勃的大好形势。

　　近两年来，不少企业实行体制改革的经验证明，工业交通企业实行经济责任制是发挥企业和职工的积极性，主动性、创造性，克服吃"大锅饭"的弊病，使企业迅速得到改造，提高经济效益的最有效的办法。实行经济责任制的形式也是多种多样，如利润分成、利润包干、自负盈亏、以税代利（润）、计件工资、优质奖金、岗位补贴、满勤奖等等。所有这些形式和定额指标，要因地、因厂，甚至因车间、工种制宜，不要"一刀切"，根据群众经验和意见，逐步完善。各地实行经济责任制后，收效一般很好。四川重庆市的冶金局过去 9 年连续亏损，1980 年这个局所属企业开始实行经济责任制，规定全年上缴国家 360 万元利润作为包干任务，超收的企业可以提留一部分作为职工福利基金和奖金。结果这个局当年就扭亏为盈，全年盈利 1175 万元，其中上缴国家 466 万元，比包干任务增加 29.4%。

改革经济体制的另一项重要任务，是正确落实计划经济为主，市场调节为辅和全国一盘棋的方针。社会主义国家实行生产资料的公有制，只有在这个基础上，才能实行真正的计划经济。但是，生产资料公有制还将在长时期内存在着全民所有制和集体所有制的区别，同时还存在着少量的个体所有制作为必要的补充。因此社会主义经济不能不长期地存在着在国家计划指导下的商品生产和商品交换。社会主义的商品生产，应该根据价值规律实行严格的经济核算，应该适应社会的市场的需要。它的流通，不论生活资料还是生产资料，除一部分物资按照规定价格由国家调拨（按成本计算）外，大部分都要通过市场交换来实现计划所要求的充分灵活的调节，真正做到产需结合，产销结合。它的分配应按照劳动产品的数量和质量，通过货币和商品形态，实行真正的按劳分配，包括奖金、补贴在内。这就是计划指导下的充分发挥市场机制辅助作用的社会主义经济管理体制。

在这种体制下，我们保护和鼓励计划指导下的适当合理的竞争（区别于资本主义的自由竞争，这种竞争对经济有破坏性作用），打破那种"吃大锅饭"、"铁饭碗"式的包办垄断局面。而这种适当合理的竞争将能大大促进社会主义企业厉行经济核算，以尽量少的活劳动消耗和物质消耗，生产出更多符合社会需要的产品，提高经济效益。

在这种体制下，我们逐步打破那种"画地为牢"和行会式的按行政区域和部门来管辖的制度，按照计划，实行全国一盘棋。同时，在生产日益社会化的基础上，逐步实行跨行业、跨地区的协作和联合。组织这样的协作联合，将更有利于发挥各地区、各行业和各单位的优势，扬长避短，发挥最大的经济效果。

整顿的重点是分批分期地搞好企业的全面整顿。经济管理，要善于运用各种经济杠杆，建立和健全经济立法。企业管理应严格实行经济责任制，厉行经济核算，充分发扬职工经济民主和政治民主，逐步实行企业各级行政领导人员由职工大会民主选举和罢免的制度。特别重要的是整顿和健全各级领导班子，这是整顿企业管理的关键。同时应认真实行定员定额，把多余的职工调出来，轮训学习，提高他们的文化科学技术水平。

当前提高的内容，主要是提高工作效率，提高劳动生产率和提高产品质量。一句话，要提高经济效益。当前要着重发展劳动密集型的企业，妥善解决就业问题。对原有企业着重挖掘潜力，大搞技术改革和革新，加强劳动纪律，大大提高劳动生产率。要大力发展科学技术，逐步增设技术密集型的企业。这是我们未来发展的方向。每个企业都要力求产销对路，大力提高产品质量，增加花色品种，适应国内市场需要，增强在国际市场的竞争力。这里的关键是在增进职工物质利益的同时，大大加强政治思想工作，提高职工觉悟。

四　坚持对外开放政策

社会主义新中国一贯努力在平等互利的基础上，打破各种封锁和障碍，发展与世界各国的经济往来，积极参与国际分工和合作。自力更生为主，争取外援为辅，大力学习外国的长处，对外实行开放与各国建立和发展平等互利的经济关系，这是已故毛泽东主席和周恩来总理的一贯教导，也是我国政府奉行的坚定不移的方针，决不会改变。十年动乱时期，由于林彪、"四人帮"的干扰破坏，使我国处于闭关锁国的不正常状态。粉碎"四人帮"以来，我国的国际交往大大增强。我们在反对霸权主义、保卫世界和平，争取实现我国四化的国际和平环境的对外总方针下，我国对外贸易和对外经济关系大大发展了。目前我国已同世界上174个国家和地区发展了经济贸易往来。这首先表现在中美的经济关系上。1972年中美发表"上海公报"后，中美贸易有了大的突破，两国贸易额已经连年超过美苏贸易额。中美其他方面的经济技术合作和文化交流也迅速发展。中国同日本、西欧、东南亚和世界其他地区的经济贸易关系都在稳步发展。

为了加速我国实现现代化，我们要积极利用外资和引进国外先进技术。关于利用外资，我国政府根据我国的实际需要和可能（如偿付能力和国内配套），贯彻积极利用、稳步前进的方针。我们采取合资经营、合作经营、补偿贸易、来料加工等等多种方法，在平等互利的基础上利用外资来勘探、开发我国的丰富资源，发展我国的国民经济。关于引进技术，我们正结合我国现有的基础和消化能力，以引进中间性的适用技术为主，同时适量地引进尖端技术。我国引进国外先进技术，将不再着重引进成套设备，而以引进关键性部件和专利、软件为主。我们反对用整套搬进的办法，而主张在学习和仿制中有所改进，有所创新。我们正大力加强科学研究、培养技术人才和经营管理人才的工作。

有些朋友担心我国政局能否长期稳定，政策能否保持连续性。全世界人民都能看到这个事实：从1976年粉碎"四人帮"以来，我国已经确定了安定团结的政治局面。这种局面，从1978年中国共产党十一届三中全会以来，越来越巩固了。因此，在国内政局的稳定程度这一点上，我想朋友们会同意我的这个论断：我国比当今世界上任何一国毫不逊色，而且我们将会越来越稳定。它的基本原因是：三年来共产党中央和国务院制定的各项方针政策是正确的，是符合全国各族人民的利益和心愿的。这些方针政策，将坚持贯彻执行，并将随着新情况的出现，继续有所发展。

还有朋友担心，我国实行经济调整，压缩基建，减慢经济增长速度，结果，将使中国经济萎缩，对外经济关系不会有大的发展。事实将证明这种担心缺乏根据。我们今后几年的调整，正是为80年代后期和90年代经济健康的稳步增长创造条件。我国经济越壮大，我国对外经济关系将越加发展，我国对外开放政策将越加向广度和深度前进。

我国当前的经济调整和对外开放政策是互相关联，相辅相成的。前者是基础，后者是条件和产物。我们将坚持我国经济的调整、改革、整顿、提高，同时坚持对外开放，加强国际合作。我们将坚决贯彻执行第五届全国人民代表大会第四次会议政府报告中提出的今后我国经济建设的十条方针，以期在本世纪末基本上实现四化，把我国初步建设成为一个具有高度民主、高度物质文明和精神文明的现代化社会主义强国。我想，这不仅是中国人民的根本利益所在，也是符合世界人民、首先是美国人民的殷切希望的。

（1982年4月在美国费城"美中经济讨论会"上的发言）

关于对外开放战略的若干
理论问题

党中央指出，当前和今后一个时期要抓两件大事，一是经济体制改革，一是对外开放。搞好对外开放，首先要明确有关对外开放战略的一些理论问题。

一 我国实行对外开放，是马克思主义的战略决策，是我们长期坚持的基本国策

无产阶级领导下的社会主义国家应当是开放型的国家。历史上的封建社会是一种封闭的、基本上自给自足的社会。资本主义社会是开放型的。资产阶级开拓了世界市场，使全世界各国的生产和消费都变成世界性的，它打开了世界并征服了世界。为了自己的政治经济利益，资产者走遍世界，到处开拓，到处经营。与资产阶级相伴而生的无产阶级更是世界性的，无产阶级的产生和发展、所从事的解放事业，作为它的指导思想的马克思主义，都具有世界意义。马克思、恩格斯讲过，工人无祖国，无产阶级是人类历史上最先进的阶级，它应当而且必须吸收全人类的一切先进的成就，以此为基础，去建设没有剥削、没有阶级，真正自

由平等，光明灿烂的新社会。因此，无产阶级应当具有最远大的眼光，面向世界，面向未来。它所领导的国家应当是更加开放型的国家，以便于最终使国家消亡。

关于对外开放，马克思主义经典作家有一系列重要的论述，形成我们对外开放战略方针的理论基础。按照原定的写作计划，马克思曾打算在《资本论》第4卷和第5卷论述世界市场、对外贸易、外汇等问题。但他没能来得及对这些问题作详尽的阐述。但他在《资本论》中的一些有关论述，例如，关于世界市场、商品的国际价值、世界劳动的平均单位的理论，以及关于资本输出等等，至今仍然有效。《共产党宣言》描述过，资产阶级造成了各个国家、各个民族的世界性联系，使它们在物质生产和精神生产上互相往来和互相依赖。这种状况，今天依然存在。列宁在领导苏联初期社会主义建设的过程中，制定了新经济政策，提倡租让制，把社会主义国家的矿山租给外国资本家，利用外国的资金和先进技术。他强调，不学习资本主义的长处，就不能建设社会主义；并且指出，一个共产党员如果不能接受人类历史上一切先进的成就，不肯学习资本主义的一切长处，那他就不能成为真正的共产主义者。

斯大林根据列宁的论述，认为苏维埃国家与资本主义国家是相互依赖的，不能孤立存在。本着这个指导思想，在苏联第一个和第二个五年计划期间，大量引进了外资和先进技术，并且聘用了大批的工程技术人员和技术工人，帮助苏联搞建设。二三十年代的许多重点项目，几乎都是利用了西方国家的资本，并聘用了美国和德国的工程技术人员搞起来的。一些帮助苏联建设的外国专家还获得了列宁勋章、红旗勋章。

毛泽东同志在建国初期，也强调要学习一切国家的长处，在平等互利的基础上发展对外贸易。

从党的十一届三中全会以来，党中央根据马克思主义原理，结合我国实际，制定了对内搞活经济，对外实行开放的战略决策，指出必须打开两个市场，即国内市场和国际市场；必须利用两种资源，即国内资源和国外资源；必须学会两套本领，即搞好国内建设的本领和发展对外经济贸易活动的本领，把对外开放作为长期不变的基本国策。对外开放是加快社会主义现代化建设所必不可少的一项战略措施，关系到社会主义事业的前途，关系到亿万人民的根本利益。

我们的社会主义建设要从具体国情出发，特别是从生产力的状况出发，采取多种经济形式。不仅要有全民所有制经济，集体所有制经济，还要有个体经济作为必要的补充。按照对外开放的方针，引进外资，创办合资企业或外国资本的独营企业，这也是对社会主义经济必要的和十分有益的补充。因此，对外开放是一个长期的战略方针。

二　对外开放是全面开放，是面向世界，而不是面对世界的某一局部的开放

（一）要同发达的资本主义世界发展经济贸易

处理我国同资本主义世界的关系，要从世界形势的实际出发。社会主义国家和资本主义国家长期并存、互相依赖、互相斗争，最后导致社会主义在全世界范围内胜利，这是当代世界经济发展的一条根本规律。第一次特别是第二次世界大战后，革命形势很好，使大多数马克思主义者作出这样的估计，认为资本主义很快就要灭亡，社会主义很快就要胜利。然而，事实却是两类国家的长期并存。列宁估计帝国主义尽管是资本主义的垂死阶段，

但还会有高度的发展。二次大战后斯大林却认为这种估计过时了。但是，事实证明了列宁的估计是正确的。战后，资本主义国家局部地调整了生产关系，大力发展科学技术，促成了经济高速增长的"黄金时代"。战后发达资本主义国家形势的发展，证明资本主义还有一定的生命力。现代最先进的科学技术，主要还为美国等发达资本主义国家所掌握。另一方面，社会主义作为新生事物，在其发展过程中，由于经验不足，对社会主义发展规律掌握不够，也常常出现失误，走弯路。从国际上看是这样，从中国的情况看也是这样。这是事实。实事求是，从实际出发，我们必须认识到，社会主义体系和资本主义体系会并存一个相当长的时期。在长期并存中，社会主义国家与资本主义国家既相互依赖，又相互斗争。我们需要利用外国资本，先进的科学技术和管理方法，而外国资本则看中和需要中国这个广大的潜在市场。这两类国家的相互斗争始终存在。我们的斗争目的在于最终取代资本主义制度，而他们却妄图使我们资本主义化，使资本主义永存。斗争的最终结果，按照社会发展客观规律，一定是社会主义战胜资本主义。

因此，对于资本主义国家，我们要实行大胆的开放政策。有人认为，开放会复辟资本主义，办经济特区是殖民地化，开放沿海城市是重蹈旧中国"门户开放"的覆辙，劳务输出是送上门去受人家剥削。这种种观点都是受"左"的思想的束缚，都是错误的。这些同志常常失去自信，害怕资本主义，却不了解我们已经有强大的社会主义经济基础和人民民主专政，保证着我们沿着社会主义道路胜利前进。苏联建国初期，条件那么困难，国际环境那么恶劣，列宁和斯大林还敢于采取对外开放政策，我们在今天这样有利的国际国内环境下，更应当采取积极的对外开放政策。

（二）要同其他社会主义国家在平等友好基础上发展经济贸易关系

社会主义国家应当按照各自的国情，采取合乎本国实际的模式建设社会主义，互不干涉，互不强加于人，实行真正平等友好的经济合作。近年来我们恢复和发展了同许多社会主义国家的正常关系，增加了经济文化方面的友好往来，这是完全正确的。

50 年代初，斯大林曾提出，有两个并行的、相互对立的世界市场的理论。战后，世界分裂成社会主义和资本主义两大阵营，两个世界市场的理论就是依据这种形势提出来的。当时以美国为首的发达资本主义国家对社会主义国家实行严格的封锁禁运。在这样的条件下，这种理论对社会主义国家的互助建设，起一定的鼓舞作用。但是，60 年代后，社会主义阵营不复存在，而西方资本主义国家也逐步与社会主义国家恢复正常的关系，进行经济贸易往来。现在，世界市场依然是统一的世界市场，并不存在两个并行的、相互对立的世界市场。随着新的技术革命的发展、随着国际分工的日益深化，统一的世界市场也愈加发展。斯大林的上述理论显然已不符合当今世界的实际情况。

（三）更要向第三世界开放

积极团结和支持第三世界发展中国家，是我国对外政策的基本立足点。我们要支持他们为建立比较公平合理的国际经济新秩序而进行的斗争。这一斗争，实质上是第三世界国家反对帝国主义、殖民主义、霸权主义的民族民主革命运动的继续。我们要积极参加南南合作。帮助它们建设独立的民族经济，以巩固其政治上的独立。要扩大同第三世界国家的经济贸易关系，其中包括对那些比较穷困的国家给予国际主义的援助。

我们对外开放要做到全面开放与区别对待相结合。如上所说，我们对发达资本主义国家、社会主义国家、第三世界国家一律实行开放政策，但对各类国家又要有所区别。对资本主义国家是在五项原则的基础上，进行平等互利的经济技术合作和交流。对社会主义国家是真正完全平等友好的合作。对第三世界国家是在平等互利，形式多样，讲求实效，共同发展的方针下大力发展经济贸易往来和互助合作。对同一类国家中的不同国家，也要根据不同的情况区别对待。总之，我们的对外开放，是实行多元化的战略方针。

三　对外开放同自力更生、对内搞活经济的关系

自力更生决不能理解为自给自足，闭关锁国。自力更生是指主要依靠自己的努力，运用自己的人力、物力和财力来进行建设。闭关锁国是封建主义自然经济的表现，同社会主义根本不相容。对外开放，目的在于增强我们自力更生的能力。比如，引进先进技术改造现有企业，提高劳动生产率，使我们的生产更加现代化，这就增强了自力更生的力量。而自力更生的能力越强，对外开放的领域就越广阔。我们工业力量的增强，促成越来越多的商品出口，换来越来越多的外汇，从而又促进了越来越多的商品进口。因此，对外开放与自力更生是相辅相成的。那种把二者对立起来的观点是错误的。

对外开放与对内搞活经济的关系也是这样。社会主义经济是计划经济，这种计划经济要自觉地依赖和运用价值规律，用经济杠杆来实现。这是我们所要求的社会主义的计划经济，即有计划的商品经济。我们不应该把商品经济与资本主义经济等同起来，也不能把商品经济同计划经济对立起来。奴隶社会有自己的商品

经济，它为奴隶主服务；封建社会也有自己的商品经济，它为封建主服务。资本主义的商品经济是最高度发展的商品经济，劳动力也成了商品，它完全为资产阶级服务。社会主义社会存在着不同层次的社会生产力，各种经济成分的共存，以及发展对外经济贸易的需要，决定了社会主义社会一定存在着商品经济。这是社会主义的商品经济，它是为社会主义计划经济服务的。党的十二届三中全会明确解决了这个重大问题，这个新的突破对于解决建设有中国特色的社会主义的问题有重大的历史意义和现实意义。这样，我们就能够摆脱从苏联搬来的那种把计划经济作为惟一主体，排除市场机制，靠行政手段办经济的僵化模式，把作为国民经济细胞的企业搞活，整个国民经济搞活。对外开放，引进外资，吸收先进技术，学习科学管理方法，改造老企业，兴办新企业，将极大地推动我国商品经济的发展。而商品经济的发展，必然将增强国家财力，增强利用外资的能力，从而更加促进对外开放，在广度和深度上继续向前进展。

四　对外开放的宏观效益和微观效益相结合

一般来讲，发展中国家有两种经济发展战略，一种是进口替代战略，另一种是出口替代战略。这两种战略方针在许多情况不同的国家都收到一定的效果，但也都有一定的缺点。进口替代战略着重发展民族经济，限制国外先进工业制造品的进口，但它常常保护了国内产品的落后。出口替代战略着重搞加工出口工业，促进经济高速增长，但容易导致国民经济单一化，加深对发达国家的依赖，丧失经济的独立自主。我国的国内市场庞大，资源丰富，进口、出口都有一定基础，所以应把两种战略方针兼收并用，不是单纯搞进口替代或出口替代，既要发展民族经济，又要发展对外贸易。对外贸易采取出口进口互相促进的方针，不要为出口而出口，为进口而进口，出口多进口多都是为了提高社会主义宏观效益，促进现代化。比如，进口粮食可以使有些地区发展多种经营，发展乡镇工业。我们对进出口贸易的理解要从国家的宏观利益，从社会主义现代化的全局要求来考虑，不能单纯看微观效益。进出口的微观效益主要靠改革外经外贸的体制、改善经营管理，使外贸扭亏为盈。引进先进技术、利用外资必须靠科学的经营管理方法，经济效益才能大。我们必须把对外开放的宏观效益和微观效益统一起来，微观效益要服从于宏观效益，而宏观效益又必须以微观效益为基础。

还有两种理论也需要研究。一种是作为出口替代的指导理论的李嘉图的比较成本说或叫比较利益说。在英国资本主义刚刚发展之时，比较成本说在反对封建割据，处理谷物税，开拓自由贸易，发展资本主义的过程中起了积极的进步作用。这种学说在今天的国际贸易中，在一定程度上还是有效的。按照这个理论，贸易双方都得到好处，两个国家都节约了劳动。这是李嘉图比较成本学说的合理核心，我们应该接受这个核心，在对外经济关系上，在对外贸易上，在一定程度上还可以利用这个理论。出口替代论以这个理论为根据，尽量多出口，可以互相节约劳动，首先使自己国家的经济发展起来，是有一定道理的。但是这个资产阶级的古典理论有一个基本性错误，它掩盖了发达国家对比较落后国家劳动人民的剥削。我们社会主义国家的对外开放和对外贸易，不能把这个理论作为指导思想。我们有自己的马克思主义的对外贸易理论和对外开放理论作为我们的指导思想。

另外一种理论叫"常数"论，即一个国家的进出口额要和该国的国民生产总值保持一定的比例，这是个常数，不是变数。这个理论在70年代以前一个相当长的时间内是比较合乎实际的。

70 年代以后，由于科学技术大进步，国际经济关系越来越密切，所以国民生产总值中出口额会越来越大，常数成为可以逐步增加的变数了。现在，我国的进出口额还少得很，还应大力发展，所以常数论对我们不适用，我们不应受它的限制。

五　对外开放与精神文明建设的关系

马克思主义认为，进入资本主义时期一切国家和民族的物质生产是世界性的，精神生产也必然是世界性的，都不能为一个国家所垄断。社会主义国家必须吸收世界上全部文明的积极成果，不仅包括我们所说的物质文明，也包括我们所说的精神文明，比如科学、技术、艺术、哲学、卫生习惯、道德规范、文明礼貌等等。社会主义优越于资本主义的最主要标志是劳动生产率要高于资本主义，但现在我们还远远不够，所以要引进它的先进技术、经营管理方法来提高我们的劳动生产率，发展我们的生产。现在科学技术革命中的生物工程、海洋工程、宇航工程等基础科学，资本主义国家都比我们先进，就应当学习，决不能搞林彪、"四人帮"所鼓吹的那种愚昧落后的社会主义。马克思主义总是用一分为二的观点来看待资本主义社会的。资本主义有它的致命弱点，它必然要灭亡。但是它比封建主义好，它没有封建社会那样森严的等级观念。资本主义企业的办事效率比我们许多部门许多企业要高得多。在对外开放中学习他们的高效率，这也是我们建设社会主义精神文明的一个内容。当然，在吸收他们长处的同时，又必须防止它们的消极的、腐朽的东西，抵制和反对各种精神污染。我们要坚决实行取其精华，去其糟粕的方针。总的来说，对外开放与精神文明建设不矛盾。

只要我们贯彻中央的正确方针，就可以促进社会主义精神文

70 年代以后，由于
所以国民生产总值
的变数了。现在，
以常数论对我们不

明的发展。

在对外开放中，我们还应当注意研究其他社会主义国家的理论观点，供我们参考。比如，关于计划经济与商品经济的关系问题，苏联东欧国家从 50 年代起就展开了讨论，材料很多。我们就应当深入研究，这对我们是会有帮助的。

六　对外政策与对外开放

我们外交政策的基础应该说是经济外交。因此，经济上实行对外开放，同各个国家开展经济贸易往来，对我们的外交工作会起决定性的作用。我们办经济特区，作为我们对外政策的窗口。我们的经济外交活动除了政府间的贸易经济活动之外，还要有民间往来。民间外交要同政府外交相结合，就能形成一个真正强大的力量。"一国两制"是我们对外开放中具有深远理论意义和重大现实意义的构想，香港和台湾回归祖国以后，我国的对外开放将有更多更大的窗口，将会极大地开拓我国的对外经济贸易活动。

最后，讲一点天津对外开放问题。天津背靠首都，是沿海第二大城市，是带动华北经济的枢纽。天津不仅仅是天津的天津，而且是华北的天津，全中国的天津。因此，研究天津的发展战略，一定要面向华北、面向全国、面向太平洋、面向全世界。在80 年代末、90 年代、21 世纪初，太平洋和亚洲地区很可能成为一个新的世界经济中心。天津作为沿海大港口城市，工业、商业、交通运输等方面具有很大的优势，在我国对外开放中将发挥极大的积极作用，扮演更为重要的角色。党的十一届三中全会以来，天津的工作做得很出色，可以说中外闻名。我相信天津市在党中央领导下，一定能在执行对外开放这一基本国策中大胆创新，为全国提供更多的好经验，为开创全国的社会主义现代化建设新局面作出更大的贡献。

（1984 年 10 月 22 日在天津市对外开放理论讨论会上的发言摘要）

从香港问题圆满解决论"一个国家,两种制度"英明构想

在举国欢庆新中国成立三十五周年前夕,中英两国政府草签了关于香港问题的联合声明,全国人民,包括 500 多万香港同胞在内,欢欣鼓舞,世界舆论包括英国朝野人士在内同声赞誉,认为用和平谈判方法解决香港问题为和平解决当今世界各项历史争端问题树立了良好的榜样,因而具有十分深远的意义。

和平解决香港问题这一决策的理论基础是"一个国家,两种制度"的科学构想。邓小平同志曾经说过:"中国有香港、台湾问题,解决这一问题的出路何在呢?我看只有实行一个国家,两种制度。""一国两制"这个构想的内涵就是在中华人民共和国一个国家内,在大陆实行社会主义制度,而在 1997 年恢复行使我国主权的香港和今后将回归祖国的台湾,在较长时期内保持资本主义制度。在一个社会主义大国,容许两种制度长期并存,互相支援,共同繁荣。邓小平同志在党的十二大开幕词中指出:"把马克思主义的普遍真理同我们的具体实际结合起来,走自己的路,建设有中国特色的社会主义,这就是我们总结长期历史经验得出的基本结论。"根据这个精神,我党决定了对内搞活经济,对外实行开放,发扬社会主义民主,健全社会主义法制,社会主

义物质文明和精神文明两个文明建设一起抓等一系列基本政策，使我国社会主义建设逐步地恢复和形成了许多符合我国国情的特色。随着香港问题的圆满解决与台湾的和平回归祖国，我们这条中国式的社会主义建设道路，将会带有一个新的重大特点，那就是中英两国政府所确认的，并受到世界舆论所赞赏的"一国两制"的英明构想。它确实是科学社会主义实践史上的一大创举。

"一个国家，两种制度"的设想，是我党从十一届三中全会以后，彻底摆脱"左"倾错误，解放思想，贯彻实事求是，一切从实际出发，理论与实际相结合这一马克思主义思想路线的产物。早在1978年底，党中央和邓小平同志在制定和平解决香港、台湾问题的决策时就形成了这个设想。1979年元旦，中华人民共和国全国人民代表大会常务委员会发表了《告台湾同胞书》，宣布了争取和平统一祖国的方针。1981年9月30日，叶剑英委员长进一步阐明关于台湾回归祖国、实现和平统一的九大方针政策，其中包括"台湾在祖国统一后可作为特别行政区，享有高度自治权"，"台湾现行社会经济制度不变，同外国的经济、文化关系不变。私人财产、房屋、土地、企业所有权、合法继承权和外国投资不受侵犯"。1984年5月15日六届全国人大第二次会议《政府工作报告》中更加明确地指出："统一祖国，振兴中华，是历史赋予我们的神圣使命。""从国家和民族的根本利益出发，鉴于历史的经验和台湾的现实，我们提出了祖国统一之后可以实行'一个国家，两种制度'的设想。"

关于香港问题，1982年9月英国首相撒切尔夫人访华时，邓小平同志就曾同她谈了用"一个国家，两种制度"方案和平解决收回香港主权的主张。接着制定对港十二条方针政策时更是把这个设想具体化了。以后在1984年4月18日和7月31日，邓小平同志两次接见英国外交大臣杰弗里·豪时都谈到"一个国家，两种制度"的设想问题。六届人大二次会议的《政府工作报告》中详细地说明实现这一方针的具体政策："我国将在 1997 年恢复对香港行使主权，这是坚定不移的决策。为了继续保持香港的稳定和繁荣，我们在恢复行使主权后，对香港将采取一系列特殊政策，并在 50 年内不予改变。这些政策包括：根据我们宪法第 31 条，成立香港特别行政区，由香港当地人自己管理，享有高度自治权；现行的社会、经济制度和生活方式不变，法律基本不变；香港将继续保持自由港和国际贸易、金融中心的地位，继续同各个国家和地区以及有关的国际组织保持和发展经济关系；英国和其他国家在香港的经济利益，将受到照顾。"

"一个国家，两种制度"的设想是我党中央和我国政府充分地尊重历史，尊重现实，照顾各方，深思熟虑，为了和平统一祖国而提出来的重大决策。

就香港来说，众所周知，香港几千年来一直是我国领土，只是在 100 多年前，鸦片战争后，英国凭借三个不平等条约强占的。而这三个不平等条约，中国人民就从来没有承认过。因此，中国到 1997 年恢复行使对香港的主权，是天经地义的，是完全符合国际法的。100 多年来，港英当局依靠和利用了各种有利条件，特别是我们香港同胞的聪明才智、刻苦勤奋，祖国大陆对香港的大力支持，以及一定时期的国际有利形势，在香港进行了经济开发。特别近 20 年来，香港经济高速发展。70 年代其生产总值平均增长率超过 10%，两倍于西德，四倍于美国。香港对外贸易额在亚洲仅次于日本占第 2 位，在资本主义世界占第 16 位。香港工业产品质量较高，现在成衣、手表、玩具、收音机、电风扇等 10 种产品的出口额占世界第一位。1983 年人均生产总值达 3.89 万港元；人均收入达 4600 美元，在亚洲仅次于日本和新加坡。居民生活水平大为提高。整个经济形势比较稳定和繁荣。主要缺点，它是处于殖民地地位的资本主义社会，贫富悬殊，精神生活空虚，社会治安不宁。

党中央和国务院遵照马克思主义的实事求是的基本路线，对上述香港的历史事实和现状，作了充分考虑。同时鉴于当前世界处于资本主义与社会主义两种制度长期共存的历史阶段；国内全力实行搞活经济和对外实行开放政策，建立经济特区，开放沿海城市，积极利用外资、侨资，建立国家资本主义和资本主义企业，作为社会主义经济的补充和催化剂。正是从世界和中国这样的实际情况出发，作出了用"一个国家，两种制度"的科学构想，首先来解决香港问题，在实现祖国的和平统一中迈出一大步。实现这个决策，对香港人民非常有利，对全中国人民非常有利，对世界各有关国家和全世界人民也都是有利的。

为什么说这一决策对香港人民非常有利呢？首先，是因为它可以实现香港绝大多数居民渴求和平回归祖国的愿望，使他们摆脱二等公民的屈辱地位，享有作为强大的统一的中华人民共和国的公民和主人翁的无上光荣。同时，可以使香港长期保持稳定和繁荣。香港的绝大多数居民是真诚愿望中国能如期恢复行使主权的，但同时又担心在收回主权以后，说过的话没有保证，从而使人心动荡，资金和人才外流，人民生活水平下降。香港居民的这种心境是完全可以理解的。现在中英联合声明明确决定，按照"一个国家，两种制度"的方针，在1997年收回主权之后，香港社会经济制度不变，生活方式不变，现行法律基本不变，自由港和独立关税地区的地位不变，国际金融中心地位不变，香港同各国、各地区和各个国际经济组织的经济文化关系不变，私有财产和外资合法利益受到保护，特别行政区的政府由香港当地人组成。在这种情况下，香港的局面必然能够继续保持稳定和更加稳定，香港作为一个国际金融、贸易、航运、旅游中心，将继续保持繁荣和更加繁荣。居民生活水平，不仅不会降低，由于经济继续发展，大陆内地的供应更加充分，还将继续提高。这是完全可以肯定的。因此，上述那种担心是完全不必要的。

用"一个国家，两种制度"的方针解决香港问题对全中国人民非常有利。首先，这个方针保证了香港问题用和平方法来解决，实现了和平统一祖国这一伟大任务的一个重要部分，而且必将有力地推进台湾和平回归祖国。而且只有用这样的方针，才能保持香港稳定与繁荣。正如英国外交大臣豪氏所说，中英双方应该妥善地解决问题，"以实现在'一个国家，两种制度'的基础上确保香港未来的稳定和繁荣"。其次，用"一个国家，两种制度"的方针解决香港问题，对我国社会主义现代化建设将有极大的帮助。我国进行社会主义现代化建设，现在的劣势是资金不足，技术和经营管理方法比较落后。香港保持资本主义制度，保持稳定和繁荣，极大地有利于我们实行对外开放政策，我们可以通过香港这个国际金融中心和贸易中心，直接间接地获得大量外资、侨资，引进国外先进技术和科学经营管理方法，并且进一步扩大对外贸易。我们还可以通过香港聘用外国专家，为我国培训人才，促进我国智力开发，加速我国现代化进程。

此外，亚太地区今后将逐渐成为一个新的世界经济中心，香港在亚太地区作为金融、贸易、交通运输中心的作用将越来越重要。今后，它将作为我国的一个享有高度自治权的特别行政区的重要角色，和我国沿海的上海、大连、天津、广州等港口城市相互配合和协作，实行内联外放，一方面大大打开国际市场，在广度和深度上发展我国对外经济贸易，另一方面大大促进大陆的社会主义现代化建设。

有人认为，实行"一个国家，两种制度"，将会使香港的资本主义逐步挤垮我国的社会主义。我们认为，这种担心是完全不必要的。我国是社会主义国家，在生产资料公有制基础上的国营经济和集体经济占绝对优势。但是我们必须有适当数量的个体经济作为必要的补充；在实行对外开放过程中，我们还将建立一定数量的中外合营和外资独营的国家资本主义和资本主义企业，同样作为一种必要的补充，以加速我国的现代化建设。香港尽管经济比较发达，它们长期保持资本主义不变，相对来说，它也将作为我国社会主义经济的补充，有利于我国社会主义现代化经济的发展壮大，而决不会动摇我国社会主义的基础。试想大陆人口是香港人口的 200 倍，全国土地面积是香港地区面积的 9000 多倍，香港的生产总值约为大陆社会总产值的 1/25（1982 年）。在这种条件下，香港的资本主义经济再怎么发展，也绝对不可能在全国经济中占主导地位，绝对改变不了我国作为社会主义国家的性质。

用"一个国家，两种制度"方针和平解决香港问题，对世界有关国家都很有利。它首先对英国有利。第一，它使英国摆脱对香港的那种早已过时的殖民统治，将使英国在全世界赢得美好的政治声誉，受到中国人民和世界人民的赞赏。两年多来，英国领导人在中英谈判和平解决香港问题中所持的明智的和有远见的立场，赢得了人们的钦佩。其次，中英双方协议保证，在 1997 年后，英国在港的经济利益将会受到照顾，对英籍公务人员和警察，香港特别行政区将予以留用，待遇不降低。第三，更重要的，有利于以后中英两国将以更大的广度和深度，在平等互利的基础上进行经济、文化合作。幅员辽阔、人口众多、资源丰富、正在全力进行现代化建设的中国，对英国来说，是一个巨大的潜在市场。英国人民对中国人民有深厚的友谊。中英经济、贸易交流合作的前景十分广阔。这对英国经济的振兴，是很有利的。和平解决香港问题，香港仍然保持自由港的地位，仍然是国际金融、贸易、航运中心，这对美国、日本，对东南亚国家，对澳、欧、非各国的经济活动和复苏振兴都将是有利的。

"一个国家，两种制度"的设想，由我国领导人正式提出后，受到了广大港澳同胞、台湾同胞和国外侨胞的关注、同情和支持。台湾学者沈君山和立法委员卜少夫等主张"一个中国，两个制度"的竞赛，就是例子。特别值得指出的，英国朝野人士，包括撒切尔夫人、前首相希思、外交大臣杰弗里·豪以及不少国会议员，也支持这个设想，同意用和平方式把香港主权归还中国，保持香港的稳定和繁荣。杰弗里·豪并且表示，这种和平解决国际争端的方法，可以"为全世界树立合作的榜样"。现在香港问题能够得到和平解决，更使我们信心倍增，肯定"一个国家两种制度"的设想是行得通的。

"一个国家，两种制度"是我党中央、国务院把马列主义、毛泽东思想的基本原理与当前实际相结合的产物，是马克思主义创造性的新发展。它构成了我们和平统一祖国这一基本国策的理论基础。其一部分内容已经载入我国的宪法第31条。它符合香港人民、台湾人民和全中国人民以及全世界人民的根本利益，因而决不会轻易变动的。

有人说，"一个国家，两种制度"的方针，好虽好，但怕只是说说而已，并不能见诸实施；或者说只怕说不定什么时候，人事一变，也就变了。我们说，这种担心是没有根据的，不必要的。我们党的十一届三中全会以来，经过拨乱反正，无数事实证明我们的方针政策是正确的，是符合人民利益的。在现在，在今后，凡是正确的政策决不会变，也谁都变不了。我们的国家是按政策，按宪法、法律办事的。我国的任何政策都是根据民主集中制，由中央集体作出决定而不是任何个人说了算的。我们的宪法和法律更是由全国人民代表大会及其常委会制定通过的。我们坚决维护正确政策、宪法和法律的连续性。中国共产党和中国政府说话向来是算数的。我们"言必信，行必果"，决不搞什么小动作。

有人认为，我国在收回香港主权以后，让香港长期实行资本主义制度不变，这就证明资本主义制度比社会主义制度优越。这个想法不对。我们是马克思主义者，明确地肯定社会主义制度远远优胜于资本主义制度。资本主义确实有它的优点，但它有致命的弱点：存在着剥削制度，贫富悬殊，人民不能当家作主。社会主义克服了资本主义的这个致命弱点，同时学习资本主义的一切长处，来逐步充分发挥自己的优越性。我们为了用和平方式解决香港问题，并且保证香港的长期稳定和繁荣，所以采取"一个国家，两种制度"的方针，为远东和世界和平作出贡献。同时，在以大陆的社会主义制度为主体的前提下，大陆与香港、台湾在经济上相互支援，取长补短，共同发展，实行两种制度在一国范围内的和平竞赛。这一竞赛的过程和结果，将对世界人民和人类进步事业提供有益的经验。

还有人说，所谓"一国两制"，不过是"一党两制"改头换面的说法。这是曲解。我们必须把党和国家的关系摆正。不错，中国的革命和社会主义建设是在中国共产党领导下进行，并且取得了胜利和辉煌成就。中国共产党领导革命和建设主要靠正确的思想和政策。我们的国家属于人民，而不是属于党。相反，中国共产党的惟一任务就是为人民服务，为人民的国家服务。人民是国家的惟一主人，共产党员及其干部是人民和人民国家的勤务员。我国的人民代表大会和政府吸收各民主党派和无党派人士参加，共同管理国家政务，互相监督，荣辱与共。香港在收回主权以后，实行港人治港，由香港本地各界人民的代表组成特别行政区政府，根据行将制定的基本法管理香港，根本谈不到"一党专政"的问题。所以，"一党两制"的帽子是决然戴不到中国共产党和中华人民共和国头上来的。

"一国两制是共产党的统战阴谋"，台湾宣传机器这样说。这话说对了一半，说错了一半。它说对的部分，就是在实现和平统一祖国，正确解决香港问题的艰巨过程中，中国共产党确乎必须广泛深入地展开国内和国际统一战线工作。我们要向香港各界代表人物做大量的统战工作，也要向英国朝野人士做大量的国际统一战线工作。统一战线仍然是我们建设社会主义的一个法宝。说错了的一半是什么？那就是共产党员和中国人民，无论在国内问题或者国际问题上都绝对不允许搞阴谋。相反，我们向全世界公开讲明"一个国家，两种制度"的设想，公开说明我们的各项政策，一切都放在桌面上和平地友好地进行会谈和解决各项问题的。

有人评论"一国两制"说，按照马克思主义，经济基础决定上层建筑，而上层建筑又可以极大地影响甚至改变经济基础。中国实现和平统一后，香港、台湾的主权属于中华人民共和国，这是上层建筑的最大改变，这种改变必将促使香港和台湾资本主义经济基础改变，云云。我们认为，这种理解是教条式的，不切合实际的，错误的。因为第一，中英两国政府作出了中国从1997年后恢复在香港行使主权，香港的社会经济制度和生活方式长期不变的决定，这是上层建筑对经济基础所起的最强有力的反作用。第二，香港当地居民自己组织政府来管理，并且用特别行政区基本法的形式把"一个国家，两种制度"的决策固定下来，这样便保证了香港的资本主义经济制度长期不变。

最后，有人提问，实行了"一国两制"，经过两种制度的和平竞赛，最后结果将怎样呢？我们认为，今天谁也不必，也不可能为六七十年以后香港的社会经济制度预制蓝图。我们坚信我们的子孙后代将会比我们更加聪敏懂事得多，他们必能根据社会发展的科学法则和自己的切身体验，密切结合当时的实际，作出最明智的抉择。

用"一国两制"和平地解决国内和国际争端，在世界上是一个新的尝试。在当前中英合作、和平解决香港问题上，它已初见成效。正因为这个方法既切合实际，又合情合理，只要各方以维护世界和平、振兴各国经济为重，采取"一个国家，两种制度"的和平商谈解决问题的方针，对于缓解和消除当前世界上许多类似的足以引起严重冲突的爆发点，可能是大有裨益的。近来欧美不少学者评论道，"一国两制"思想的提出，"可以为未来的政治哲学开一新纪元"，还"足以开创未来世界的新局面"。[①]看来，这种评论并非全无根据。

（《世界经济导报》1984 年 10 月 1 日）

---

① 参见梁厚甫：《谈一个国家，两种制度》，香港《明报》1984 年 6 月 15 日。

六、关于世界经济研究与世界经济学的学科建设

按照科研规律,搞好
世界经济研究

当前,我国已经把工作重点转移到社会主义现代化建设上来。经济科学,包括世界经济学科在内,在实现这项光荣而艰巨的历史任务中,毫无疑问,负有特殊重要的使命。学习世界各国的长处,把外国一切好的经验,先进的科学技术、经济管理和企业管理中合乎科学的东西都吸收过来,为我所用,乃是加速实现我国的四个现代化的一个重要途径,这就要求我们加强对外国经济的研究。

世界经济是一门重要学科。要搞好世界经济的研究工作,我们必须按照科研规律办事。我想就这方面谈几点粗浅看法。

一 必须以实事求是的科学态度对待
世界经济研究

科研的目的是对客观实际进行调查、分析、研究,以寻求、认识和掌握事物的发展规律,并利用这些规律来为人民谋利益。因此,科研工作必须采取唯物主义的观点和理论与实际结合、实事求是的态度。"实事"就是客观实际,即研究对象,"求"是研究，"是"即客观规律。也就是说，研究工作要从客观实际情况出发，搜集和积累大量的事实材料，然后对这些事实材料仔细地加工整理，系统地周密地分析和研究，并在此基础上发现和认识客观规律。为了达到这一要求，有必要做好两项工作，一是加强有关的图书资料工作，筹建世界经济资料中心，研究人员都要重视和学会做资料工作，做好读书札记和资料卡片、索引工作。二是加强对各国经济的实地调查研究，有计划地分批分期地派科研人员出国考察、调研，取得第一手材料。三是加强与国内经济机关和生产单位的联系，了解它们在实行现代化过程中的问题和需要，以便有的放矢，洋为中用。

马列主义毛泽东思想是我们行动的指南，是我们研究世界经济的指导思想，而不是我们研究工作的出发点。我们的出发点是当今世界经济的实际情况和问题。自从资本主义进入帝国主义阶段，特别是第二次世界大战以后，世界经济出现了许多新现象，对我们提出了许多新课题。我们必须一切从当前的实际情况出发，尽可能地掌握详尽的材料，运用马列主义毛泽东思想的立场、观点和方法去进行分析，得出新的看法，新的观点，新的结论。我们决不能躺在马列主义毛泽东思想对过去具体问题所做的现成结论上，墨守成规，踏步不前。这不是马克思主义对待科研的态度，相反，这是反马克思主义的教条主义态度，对我们的科研工作十分有害，必须坚决反对。

二 必须用研究事物内部的运动及其与他事物的联系的方法研究世界经济，用辩证方法来研究世界经济

任何客观事物的发展都有它自己运动的规律。我们应该怎样

认识和掌握它们的运动规律呢？"社会的变化，主要地是由于社会内部矛盾的发展"，"外因是变化的条件，内因是变化的根据，外因通过内因而起作用"①。这说明事物发展的根本原因是内因，它是由客观事物本身的内在矛盾决定的。但客观事物互相之间又都是有联系的，因此其外部条件对事物变化也起着一定的作用。所以，我们不仅要透过事物的现象，研究事物内部的运动，而且要研究它与其他事物的联系。只有这样，才能揭示它的规律性。如对资本主义生产周期和经济危机的研究，我们要从生产社会化和资本主义占有这一资本主义社会基本矛盾出发，揭示出资本主义社会生产过剩的实质。另一方面必须看到当前资本主义国家干预经济的作用，经济集团的作用，通货膨胀、财政税收政策等经济因素以及某些重大政治因素对资本主义国家经济发展的影响，才能认识当前资本主义生产周期和经济危机的规律性及其新特点。

三　科学与迷信根本不相容，科学无禁区

事物是不断发展的。绝对真理由无数相对真理构成，是"相对真理的总和"②，一切以条件、地点和时间为转移。所以科研工作要富有创造性，要坚决破除迷信，不要被老框框套住。要敢于攻难关，补缺门，勇于根据客观事物的发展提出新概念，新命题。任何迷信从来都是人们自己造成的，它与科学水火不相容。科学根本不承认有什么禁区。任何客观事物都是可以认识的。我们既反对不可知论，更反对"不应知论"。过去研究世界经济有

①　《毛泽东选集》合订本，第277页。
②　《列宁选集》第2卷，第134页。

很多禁区，我们要坚决地逐步地加以突破。比如，从60年代以后，对苏联和东欧各国的经济，就被视为禁区，不敢从实际出发，加以深入周密的研究。这是不对的，必须打破这样的禁区。类似上述的迷信，至今在世界经济研究中还有不少。对于社会主义国家的经济、发展中国家的经济，我们固然要着重地进行研究，对于发达资本主义国家和苏联的经济，对于当代资产阶级各派经济理论，我们也必须认真地分析和研究，它们对于我们都有借鉴意义。其中有些东西是应该着重批判的，但是不研究，不懂得，我们凭什么去批判呢？那不是胡说一通又是什么呢？而我们过去的一个毛病却正在这里。

四　基础理论和专业理论知识相结合

马克思主义世界经济学是马克思主义经济学科的重要组成部分。马克思主义政治经济学是世界经济学的基础理论，它对世界经济的研究起指导作用，为世界经济的研究提供最基本的原理、经济范畴和经济概念，世界经济必须以此为依据来开展研究。掌握好基础理论，我们对世界经济的研究就易于透过事物的现象，抓住事物的本质，找出世界经济发展变化的规律性。例如，对当代国家垄断资本主义经济的研究，如果我们不掌握马克思、列宁关于资本积累、资本集中和资本垄断的基本原理，就不可能理解当代国家垄断资本主义的发展规律和新的特点。同时，对世界经济的深入研究，又可以充实和丰富政治经济学基础理论。世界经济和政治经济学，两者密切联系，互相促进。马克思在创作《资本论》时就对英、法、美、德等国家经济研究得非常透彻。马克思对这些国家的经济所做的深刻研究，引用的大量具体事例，极大地丰富了《资本论》所要阐明的原理。今天，我们对国家垄断资本主义经济的深入研究，无疑会丰富和发展列宁关于帝国主义的光辉学说。

五　真理愈辩愈明，要大力提倡学术民主，百家争鸣

　　客观事物是十分复杂的。一事物往往是多对矛盾的结合体，而每对矛盾都有两个方面。矛盾的发展和暴露都有一个过程。当矛盾还没有充分暴露的时候，人们往往难于认识它的全貌和性质。此外，一事物和其他事物有多种联系，而人们的认识常常受到一定条件的限制，有很大的局限性。所以在学术问题上一定要贯彻党的百家争鸣方针，发扬民主，鼓励大家发表不同意见，以实践为根据，展开讨论，集思广益，互相补充、矫正，使得出的结论逐步地比较正确地反映客观实际。比如，世界经济学这门学科的研究对象究竟是什么，应该如何研究？国内外学术界对这问题是有争论的，我们就应该展开讨论，各抒己见。再如，对苏联和东欧各国的经济改革也存在不同的看法，我们也应该实事求是地加以研究，展开争论，以便得出比较符合实际的结论。

六　科研工作要允许失败，要允许科研人员犯错误和改正错误

　　"失败是成功之母"。这句话是人们从长期实践中得出的经验总结。在科研领域，决没有百战百胜的将军，决没有不犯错误，一贯正确的英雄。毛泽东同志说："由于实践中发现前所未料的情况，因而部分地改变思想、理论、计划、方案的事是常有的，全部地改变的事也是有的。即是说，原定的思想、理论、计

划、方案，部分地或全部地不合于实际，部分错了或全部错了的事，都是有的。许多时候须反复失败过多次，才能纠正错误的认识，才能到达于和客观过程的规律性相符合，因而才能够变主观的东西为客观的东西，即在实践中得到预想的结果。"① 在世界经济研究工作中，例如对世界性的或某一国家的经济危机的预测，由于实践中发现没有料到的情况以及其他种种原因，需要改变原来的看法的事是常有的。因此我们对学术上犯错误的同志决不能打棍子、扣帽子、抓辫子，应该鼓励人们充分发挥独立思考作用，发表不成熟的意见，提出独到的见解，并允许他们犯错误和改正错误。只有这样，才不致使那些尽管最初看来并不很完整，但却颇有科学价值的新思想、新理论、新观点被扼杀在它们刚刚诞生的摇篮里。只有这样，才有利于科研人员不畏科研道路上的崎岖小道，勇往直前地去攀登科学新高峰。

七　个人研究要与集体协作、 集体讨论相结合

科学研究是人的逻辑思维活动，通过各个人的大脑活动来实现，因此个人研究是基础。同时，在这基础上进行集思广益的集体协作和集体讨论，又是非常必要的。今后随着科学的发展和科研手段的现代化，集体研究可能不断增多，但个人的深入思考和研究仍然是基础，我们决不能轻视。片面地过分地强调集体研究，集体创作，常常容易抹煞人们的独创性，不利于科研的蓬勃发展。不应忘记，马克思写的《资本论》、列宁写的《帝国主义是资本主义的最高阶段》这样一些划时代的光辉著作，主要是他

① 《毛泽东选集》合订本，第282—283页。

们个人科研的成果。当然，我们在社会主义社会条件下进行科研，应该充分发挥社会主义制度下从事科研的优越性，要使个人研究与集体协作、集体讨论合理地结合起来，充分发挥个人和集体的作用。

八　科研规划、科研项目要与科研人员个人的研究方向、长处、兴趣、爱好相结合

就一个科研单位来说，制定的科研规划项目应该尽可能地照顾到本单位科研人员的特点，这样，就不仅能使规划订得比较合乎实际，切实可行，而且有利于发挥科研人员的特长，充分调动他们的积极性。而就科研人员个人来说，个人的研究也要为完成本单位规划规定的任务或国家交给的任务而努力，而且应该把完成党和国家交给的研究任务放在首位。世界经济研究工作者对自己的专业学科和课题要刻苦钻研，持之以恒，不要随便更动研究方向。要一个问题一个问题地解决，务求逐个突破，有所创新，切忌蜻蜓点水，浅尝辄止。

九　要保证科研人员的科研工作时间

时间是搞好科研工作的一个极为重要的条件。党中央提出必须保证科研人员每周有 5/6 的时间搞科研。它反映了科研规律的要求，完全正确，非常必要。没有足够的时间，科研是决然搞不好的。必须保证科研人员的 5/6 时间，不要让他们参加不必要的或过多的社会活动，要尽最大可能减少科研人员担负的行政工作和开会时间（学术会议除外）。不要硬叫他们搞形式主义的、无实效的政治学习。一个科研人员一生能够从事科研工作的时间是

很有限的，任何一项比较有价值的科研成果，都需要科研人员注入大量辛勤劳动，需要大量时间。马克思从1843年开始研究经济学，他几乎用了大半生的宝贵时间来研究和写作《资本论》，但直到他去世，还没有完成《资本论》3卷的全部创作工作。《资本论》第1卷于1867年问世，马克思于1883年与世长辞，幸有恩格斯整理马克思的遗稿，才使《资本论》第2、3卷得以在1885年和1894年分别出版。我们必须充分了解科研工作的艰巨性。

十　党的领导要引导和保证全体科研 人员按照科研规律搞好科研

各级党委要把科研工作列入自己的重要议事日程。"四人帮"诬蔑所谓臭老九的余毒必须彻底肃清。应当把科研人员当做工人阶级的一部分看待。他们有缺点、错误是难免的，应当根据团结——批评——团结的方针，热情帮助他们，在新的基础上，团结起来向前看，向前进，赶超世界先进水平。事实证明，党委书记、委员们，经常听听学术报告，参加科学座谈，大有好处。一个科研单位能否把本单位的科研工作搞好，关键在于这个单位的党的领导。党委领导科研工作，首先要引导大家按照科研规律，用科研特有的手段和方法，开展科研工作，决不要单纯地靠行政手段，凭长官意志办事。要把政治思想工作渗透到科研业务中去，与科研业务密切结合，做得深入细致，逐步地真正地使科研人员达到又红又专的目标。行政后勤部门则要真心实意地为科研服务，为它创造必要的物质条件，包括提供一定的经费和设备，以保证科研任务的完成。

建设社会主义必须按照经济规律办事。发展经济科学也必须按照科研规律办事。当然，科研规律对科研工作的要求不止以上几点，本文仅就其要者谈一些看法，目的是希望引起大家对这一问题的重视，为加速实现四个现代化多做贡献。科学（包括自然科学和社会科学）技术现代化，是四个现代化的先行官和关键；而按照科研规律办事，又是这个先行官和关键的关键。

（《经济科学》1979 年第 1 期）

世界经济学与国际经济学

在 1980 年 9—12 月赴美讲学期间，我曾与霍布金斯大学和布鲁金斯研究所的美国经济学家、就世界经济学与国际经济学的问题举行座谈，广泛交换了彼此的看法。

座谈是从评论英国剑桥大学教授怀尔斯的《共产主义的国际经济学》一书开始的。

怀尔斯认为，马克思主义在国际经济的理论方面没有什么重大的发展。对此，我提出了不同的看法。

我们主张建立和发展的是马克思主义的世界经济学，这是不同于西方的所谓国际经济学的。而在马克思主义世界经济学方面，无论是马克思主义的创始人，还是我们的同时代的人，都已做了不少工作，并为它的创立奠定了一定的基础。

大家知道，马克思在《资本论》等著作中，曾对国际分工和世界市场等问题作过精辟的论述。在《政治经济学批判》的导言中，马克思还曾设想要把政治经济学分成五个部分，其中第四部分是"生产的国际关系，国际分工，国际交换，输出和输入，汇率"。第五部分则是"世界市场和危机"。此外，马克思和恩格斯还对世界市场和国际贸易等世界经济问题进行了大量深入的研究。

列宁在《帝国主义是资本主义的最高阶段》以及关于俄国资本主义发展和市场问题的一系列著作中，对帝国主义时期垄断资本在世界经济中的地位、作用和性质进行了系统的分析；列宁的《帝国主义是资本主义的最高阶段》一书既是一本政治经济学的著作，又是一本世界经济的著作。此外，列宁对社会主义经济以及社会主义国家与资本主义国家之间的政治经济关系，也作了大量的分析。

斯大林曾一再详细论述过资本主义世界的经济形势，提出了资本主义总危机的理论和"两个平行的世界市场"的理论（尽管这一理论是有错误的），并揭示了现代资本主义和社会主义的基本经济规律。

毛泽东在论述当代帝国主义时，特别强调了经济危机与世界战争的关系，并提出了中间地带的理论和三个世界划分的理论。

在经济学界，人们也早就把世界经济作为"包括世界全体的生产关系以及与这生产关系相适应的交换关系的体系"，来加以研究。尤其是以瓦尔加等人为代表的苏联经济学界，对世界经济曾进行了比较深入、广泛的研究。尽管他们的研究工作有着不容忽视的缺点（主要是存在着一种"左"的倾向），长期缺乏一个科学的理论体系，但在世界经济理论的某些方面确曾做出了重要的贡献。

那么，西方经济学家为什么会认为马克思主义在国际经济理论方面没有什么重大的发展呢？这主要是因为西方的所谓国际经济学与马克思主义者所理解的世界经济学有着本质性的区别。按照西方学者的看法，所谓国际经济学，实际上就是国际经济关系学。对于这种经济学（严格说来，是指它的研究客体），尽管马克思主义者也按照自己的观点把它作为世界经济学的一个方面的内容来加以研究，但它毕竟不是我们注意的中心，更不能代替世界经济学。我们认为，西方的这种所谓国际经济学，至少在如下三个方面与马克思主义世界经济学是根本不同的：

首先，目的和出发点不同。以马克思主义为指导建立起来的世界经济学，其目的在于说明世界资本主义的发展怎样一步步接近于社会主义的大门，第三世界发展中国家如何得到正确的发展，从而促使社会主义在全世界取得胜利。也就是说，马克思主义世界经济学要揭示社会主义世界经济体系必然取代资本主义世界经济体系的规律性。而资产阶级的国际经济学则从资产阶级的立场出发，千方百计从理论上、方针政策上和方法措施上维护世界资本主义制度，维护（甚至力求扩大）国际垄断资本在世界的统治。

其次，研究对象和内容不同。资产阶级的国际经济学尽管已有几十年的历史，内容相当丰富，但它着重研究的是国际贸易、国际货币金融、国际收支，以及生产增长率和经济增长的模式等方面的问题。而马克思主义世界经济学则研究从世界经济形成以来，世界范围内的生产方式（包括生产关系和生产力）的总体，兼及有关的上层建筑，重点是研究国际生产关系；就当前来说，主要是研究世界上的各种生产方式在世界经济体系中所占的比重、它们的相互关系，以及这种比重和关系的变化趋势。马克思主义世界经济学以世界经济的整体作为其研究的对象。它的研究对象比国际经济学宽广得多，深入得多。当然，这并不是说，世界经济学不研究国际经济关系方面的问题。相反，在世界经济学中，国际经济关系是占有重要地位的。国际经济学中的某些研究课题，如国际贸易中的价格问题、国际金融中的汇价问题、国际垄断资本和跨国公司的管理方法问题、生产增长的模式问题、生产成本的计算问题，以及科学技术如何推广到经济生活中去的问题，等等，马克思主义世界经济学都必须进行研究，并从国际经济学对这些问题的研究中吸收其科学成分，来充实自己的内容，以利于社会主义国家的社会主义建设和发展中国家的经济建设。

第三，研究方法及其所得出的结论也根本不同。资产阶级的国际经济学由于其出发点是维护资本主义制度，因此，它的研究方法从根本上说必然是唯心主义和形而上学的。资产阶级国际经济学虽然有时也谈资本主义的弱点，但它总是强调资本主义是最好的生产方式，总认为社会主义经济效果差，劳动生产率和人民生活水平低。这就使它不可能实事求是地看待资本主义世界的现实。它不仅不去揭露资本主义的基本矛盾，而且对这种矛盾蓄意抹煞和掩盖。因此，它是不可能找到解决诸如资本主义经济危机、失业和通货膨胀等方面问题的正确途径的。而马克思主义世界经济学为了揭示世界经济发展变化的规律，必须坚持唯物辩证法和历史唯物论的科学方法，一切从实际出发，对具体事物进行具体的分析，并着重注意揭示事物的内部矛盾及事物运动变化的规律，特别是世界范围多种生产方式（主要是资本主义与社会主义两种生产方式）的矛盾和斗争及其运动的规律。因此，马克思主义者能够从本质上和规律性上正确说明当前的世界经济危机、失业、通货膨胀等问题；指出这些现象都是资本主义制度的必然产物，只有彻底变革资本主义制度，才能解决这些问题。

我们必须指出，在第二次世界大战后，世界经济中确乎出现了许多新现象和新问题。这些新现象和新问题迄今还未能作出完整的科学的说明。例如，到底应如何建立国际经济新秩序的问题、"南北对话"在经济上可以和应该达到什么目的的问题、发展中国家应如何加强团结和加强集体自力更生的问题、第三世界的发展战略问题等等，都是有待于马克思主义世界经济学进行研究的课题。我们相信，随着马克思主义世界经济学的创立和发展，这些问题是一定能够得到正确解决的。

任何一种经济学都不会是一成不变的；它们总是随着客观情况的改变而有所变化。即使是资产阶级经济学，也是处在发展变化的过程中。不过，它的这种发展变化的一个基本特点，是日益庸俗化和技术化。大家知道，1929—1933 年的资本主义世界经济大危机后，西方出现了凯恩斯主义学说。凯恩斯主义强调国家对经济的干预，主张赤字财政。这对缓和当时的经济危机曾起了一定的作用。但凯恩斯主义的推行所导致的国家垄断资本主义的发展，却进一步加剧了资本主义的矛盾。目前，资本主义世界所出现的生产停滞、严重失业和通货膨胀长期并存的所谓"停滞膨胀"，就是这种矛盾不断激化的表现。资本主义世界的经济现实已经宣告了凯恩斯主义的破产。于是，供应学派和制度学派便在西方时行起来，货币学派也以新的装束登上舞台。而所有这些资产阶级经济学说，当然都不可能从理论上找到根本解决资本主义基本矛盾的方案，但它们却有可能探讨在一定程度上对资本主义生产关系进行局部调整，使之在一定时间和一定范围内适应当前生产力状况，甚至容许和促进生产力一定程度发展的办法。资本主义制度确已到了衰老的即垂死的阶段。但是，国际资产阶级决不甘心于坐待死亡，它必然千方百计地采取种种补救手段（如大力发展科学技术、加强国内和国际资本的垄断、实行各种各样的改良主义政策，等等）来苟延它的生命。而资产阶级经济学也就在这一过程中随之发展变化。资产阶级经济学尚且可以有所发展，具有严格科学性的、以客观实践为基础的马克思主义世界经济学，当然更会随着世界经济的发展变化而不断得到丰富和发展。战后，世界经济中一系列新现象的出现，正预示着马克思主义世界经济学的一个新的发展时期即将到来。

如上所述，马克思主义世界经济学与资产阶级国际经济学既有根本的区别，又有一定的联系。就研究对象而论，它们在本质上是不同的，但又有所交叉。因此，在发展马克思主义世界经济学的过程中，与西方经济学者进行一定范围的合作不仅是可能的，而且是有益的。在波士顿，加尔布雷斯教授在同我的谈话中曾提到，中国实行计划调节与市场调节相结合的政策是正确的。他指出，无论是资本主义经济还是社会主义经济发展的历史都证明，市场经济和计划经济必须结合起来。他甚至认为，中国的做法是符合他所提出的所谓"两个动力机"经济的理论的。在费城，我同克莱因教授（1980 年诺贝尔奖金获得者）讨论了中国的经济发展问题。当时，他特别提醒我们一要注意抓农业的发展，二要注意搞计划生育。他认为美国实际上是从农业起家的；与其他发达资本主义国家相比，农业较早过关是它的一个突出的长处。在纽约，当我们与列昂节夫教授谈论计划工作时，他认为他的"投入产出"理论的某些内容是适用于中国的。他着重提到，挪威、荷兰、奥地利、法国、墨西哥在实行经济计划方面的做法和经验值得中国参考。他以日本的"倍增计划"为例，指出搞经济计划必须注意世界市场和各主要国家的经济预测。他还谈到了为联合国制定世界经济发展模式的问题。其中有很多意见是值得我们参考的。事实表明，马克思主义世界经济学与西方经济学可以互相探讨的问题很多，它们之间应该而且可能进行必要的学术交流。

总之，我们认为，马克思主义世界经济学是一门崭新的学科，它在本质上不同于西方的资产阶级国际经济学，但在某些方面又与国际经济学有联系。因此，如果我们抹煞了二者之间的区别，就会使马克思主义世界经济学降低为国际经济关系学，从而使它不可能揭示世界经济发生、发展和变化的运动规律，并进而使这一以世界经济的整体为特定研究对象的独立学科走上歧途，但如果我们忽视了它们之间的联系，又势必阻碍对西方经济学中某些合理成分的批判吸收，同样不利于马克思主义世界经济学的健康发展。

（1980年9月在美国霍布金斯大学、布鲁金斯研究所与美国经济学家座谈会上发言的综合记录）

马克思奠定了世界经济学的
理论基础

人类历史上最伟大的思想家和革命家之一马克思，逝世已经整整一个世纪了。今天，全世界广大劳动人民都在怀着崇敬的心情纪念这位世界无产阶级的革命导师，并以百折不挠的精神来实践他所开创的革命事业。

恩格斯在评价马克思作为伟大思想家的贡献时，曾正确地指出了他在人类社会科学史上的两大发现：（1）"正像达尔文发现有机界的发展规律一样，马克思发现了人类历史的发展规律"[1]，即一个民族或一个时代的经济基础决定着人们的上层建筑，而不是相反；（2）他"发现了现代资本主义生产方式和它所产生的资产阶级社会的特殊的运动规律"[2]。正是这个规律导致资本主义必然为社会主义、共产主义所取代。马克思还根据他独创的唯物辩证法，从资本主义的实际出发，天才地预示了共产主义社会从低级阶段（社会主义）到高级阶段的发展规律。

世界经济作为一个历史范畴是人类社会发展的必然结果，是

---

① 《马克思恩格斯选集》第3卷，第574页。

② 同上书。

资本主义生产方式的产物。然而，形成世界经济的基本要素（如国际交换、国际分工、世界市场、世界货币等等）又是资本主义生产方式借以确立的前提。因此，马克思在从事政治经济学研究，分析资本主义生产方式的发生、发展和灭亡的规律时，涉及到广泛的世界经济问题，并提出了很多精辟的论点，从而为我们建立和发展马克思主义世界经济学打下了坚实的理论基础。

一 关于世界市场形成的理论

世界市场的形成是与国际分工和国际交换的发展密切相联系的，而国际分工和国际交换的发展又"取决于每一个民族的生产力、分工和内部交往的发展程度"①。因此，马克思在考察作为世界市场要素的国际分工和国际交换时，首先是从分析各民族生产力的发展以及与之相联系的分工的发展程度入手的。

人类物质劳动和精神劳动的最大的一次分工，就是城市和乡村的分离。随着生产的不断发展，分工进一步扩大。马克思认为城市之间的分工正是工场手工业和超出行会制度范围的生产部门产生的直接原因；而同外国各民族的交往，则是工场手工业初次繁荣的历史前提。因此，在14、15世纪，随着资本主义的萌芽，意大利北部诸城已成为欧洲的贸易中心。15世纪末、16世纪初，由于美洲和东印度航道的发现，以及殖民地的开拓，工场手工业和整个生产已有了巨大的发展，因而市场"已经可能扩大为而且规模愈来愈大地扩大为世界市场"②。

17世纪，最大的海上强国英国在商业和工场手工业方面都

---

① 《马克思恩格斯选集》第1卷，第25页。

② 同上书，第63页。

占据优势。马克思指出，这种商业和工场手工业集中于一个国家的情况，"逐渐地给这个国家创造了相对的世界市场，……它产生了大工业——利用自然力来为工业服务，采用机器生产以及实行最广泛的分工。"[①] 从 18 世纪 60 年代到 19 世纪 60 年代，英国和其他先进国家相继完成了产业革命，实现了从工场手工业向机器大工业的过渡，工农业生产和交通运输业获得空前的发展，资本主义生产方式取得了世界性的胜利。由于机器的广泛采用和生产力的迅速发展，社会分工进一步扩大，并迅速向国际领域扩展，从而形成了一种适合于资本主义生产方式的国际分工体系。在新的国际分工体系下，国与国之间的相互依赖性加强了，越来越多的国家被卷入了世界市场；与此同时，大工业还为沟通世界市场提供了现代化的交通工具和通讯设备，世界越来越被联成一个整体了。大工业"首次开创了世界历史，因为它使每个文明国家以及这些国家中的每一个人的需要的满足都依赖于整个世界，因为它消灭了以往自然形成的各国的孤立状态。"[②]

马克思的世界市场形成理论着重分析了世界市场既是资本主义生产方式的历史前提，又是它的历史结果的这种双重作用。他从分析前资本主义社会形态入手，说明了在生产力不断发展的推动下，国际交换和国际分工的发展如何导致世界市场的形成。而世界市场的形成过程同时也是为资本主义生产方式的确定创造条件的过程。世界市场的形成加速了各国封建制度的崩溃，促进了资本主义关系的确立，因此，"世界贸易和世界市场在 16 世纪揭开了资本的近代生活史"。[③]

---

① 《马克思恩格斯选集》第 1 卷，第 66 页。
② 同上书，第 67 页。
③ 同上书，第 252 页。

但马克思也指出资本主义机器大生产一经形成，就会取得一种飞跃的扩张能力。这种"机器经营在破灭外国手工业的产品时，强迫地把外国变作自己的原料产地了。"而为达此目的，它首先必须摧毁殖民地、附属国那种小农业与家庭手工业相结合的社会经济结构。马克思在一系列著作中具体描述了宗主国如何通过倾销商品、掠夺当地的土地所有权等方法，来瓦解殖民地附属国的自给自足的自然经济，从而把它们变为自己的原料产地和产品销售市场的过程。这样，由于世界市场的开拓，一切国家的生产和消费都成了世界性的了；过去那种地方的和民族的自给自足和闭关自守状态，被各民族的各方面的互相往来和互相依赖所代替了；一切民族，甚至最野蛮的民族都被卷到文明中来了。正因为如此，马克思又指出："大工业建立了由美洲的发现所准备好的世界市场。"①这就是说，世界市场也只有在资本主义生产方式确立后，才最终形成并进一步发展。

关于世界市场的形成与资本主义生产方式的确立的这种辩证关系，马克思在《资本论》中曾做过极其精辟的论述。他说："固然，世界市场本身，也形成这个生产方式的基础。不过另一方面，这个生产方式固有的按不断扩大的规模来进行生产的必要性，也促进着世界市场的不断扩大。"② 在该书第 14 章"作用相反的各种因素"中，他也指出："对外贸易的扩大，在资本主义生产方式的幼年期，虽然曾经是它的基础，但在资本主义生产方式的进展中，由于这种生产方式的内在的必然性，由于这种生产方式对不断扩大的市场的需要，它也已经变为这种生产方式本身

---

① 《马克思恩格斯全集》第 23 卷，第 167 页。
② 《资本论》第 3 卷，人民出版社 1966 年版，第 373 页。

的产物。在这里，我们再一次看见了作用的二重性。"①

马克思在世界市场理论，以历史唯物主义的观点，说明了由于各国民族生产力的发展，社会分工如何发展为国际分工，国内商品交换如何发展为国际商品交换，而国际分工和国际交换的发展又如何导致世界市场的产生。同时，他还说明了世界市场的产生怎样加速了世界各国前资本主义生产方式的瓦解，从而为资本主义生产方式的世界性胜利提供了历史前提；而资本主义生产方式的确立，它的不断对外扩张的内在必然性，又促使世界市场的最终形成和进一步扩展。在这里，世界市场作为一个历史范畴，一方面是在各国民族生产力不断发展的基础上，历史上诸社会形态下的商品货币关系取得世界规模的发展的产物；另一方面，它又是资本主义生产方式的直接的历史结果，本质上体现了资本主义的生产关系。正是在这一意义上，马克思把构成世界市场要素的国际分工、国际交换等，称为"生产的国际关系"②，也就是我们现在所说的"国际生产关系"。马克思把世界市场及其各要素作为国际生产关系来论述，不仅深刻地揭示了它们的本质；而且对于正确理解和确定世界经济学的研究对象，也具有重大的理论意义。

二　与世界市场有关的若干经济范畴

生产的国际关系即国际生产关系，既与各国国内的资本主义生产关系有联系，又有其特殊本质的规定性。正是为了揭示这种国际生产关系的特殊本质，马克思对反映这种关系的经济现象进

① 《资本论》第3卷，人民出版社1966年版，第373页。
② 《马克思恩格斯选集》第2卷，第111页。

行了理论上的抽象，提出了一系列具有特殊内容的世界经济范畴。这里以国际分工、国际价值和世界货币为例，来说明这种范畴所反映的国际生产关系的特殊内容。

1. 国际分工。所谓国际分工，就是产业革命后，由于社会分工的进一步发展使大工业脱离了本国基地，面向世界市场，从而形成了一种同机器大生产相适应的、把经济发展水平不同的国家在不同程度上囊括在内的新的分工体系。马克思指出："由于有了机器，现在的纺纱工人可以住在英国，而织布工人却住在东印度。在机器发明以前，一个国家的工业主要用本地原料来加工……由于机器和蒸汽的应用，分工的规模已使大工业脱离了本国基地，完全依赖于世界市场、国际交换和国际分工。"[①] 14、15世纪的分工，即在还没有殖民地、美洲还未被发现以及同东亚细亚的往来只有通过君士坦丁堡的那个时代的分工，同已经存在有充分发展的殖民地的 17 世纪的分工是根本不同的；而后一种分工改变了"各族人民的整个内部组织、他们的一切国际关系"[②]。这就是说，不同时期的分工有着不同的历史内容；这里的所谓国际分工，是与资本主义的机器大生产、与殖民主义制度联系在一起，并以世界市场的形成为其历史前提的。

国际分工是资本主义生产方式确立后国际经济关系的一种表现，它具有明显的资本主义剥削关系的本质。马克思在许多著作中都论述和揭示了国际分工的这种资本主义本质。例如在《关于自由贸易的演说》中，马克思曾对自由贸易信徒的诡辩作了有力的驳斥。他说："有人对我们说，自由贸易会引起国际分工，并根据每个国家优越的自然条件规定出生产种类。先生们，你们也

① 《马克思恩格斯全集》第 4 卷，第 168—169 页。
② 同上书，第 323 页。

许认为生产咖啡和砂糖是西印度的自然禀赋吧。二百年以前，跟贸易毫无关系的自然界在那里连一棵咖啡树、一株甘蔗也没有生长出来。"[1]事实正是这样。在资本主义的国际分工体系下，少数资本主义国家之所以成为"加工厂，而广大落后地区和国家之所以成为它们的原料和食品供应基地，主要地取决于国际的社会条件，正如马克思接着所说："既然一切都成了垄断性的，那么即使在现时，也会有些工业部门去支配所有其他部门，并且保证那些主要从事于这些行业的民族来统治世界市场。"[2]这就是说，少数拥有工业中关键部门的发达资本主义国家，会利用它们在国际分工体系中的这种有利地位去控制世界市场、剥削和掠夺其他国家。马克思一针见血地指出："即使自由贸易在世界各国之间建立起友爱关系，这种友爱关系也未必更具有友爱的特色。把世界范围的剥削美其名曰普遍的友爱，这种观念只有资产阶级才想得出来。"[3]

2.国际价值。在商品的国际交换中，各国的社会劳动转化为世界范围的社会必要劳动，即转化为商品的国际价值。国际价值也是一个历史范畴，它是资本主义时期的国际商品交换关系的理论抽象。商品的国际价值与商品的国内价值不同，它不是由一个国家的社会条件下生产该种商品的社会必要劳动时间所决定的，而是由"世界劳动的平均单位"[4]，即一切有关国家生产该种商品所消耗的劳动平均单位所决定的。由于各国的社会劳动生产率不同，由一国范围内的社会必要劳动时间所决定的国内商品价值，与世界市场上的国际价值是不等量的。这样，如果国际商

---

[1]　《马克思恩格斯选集》第 1 卷，第 208 页。

[2]　同上。

[3]　同上。

[4]　《资本论》第 1 卷，人民出版社 1975 年版，第 614 页。

品交换是以国际价值为基础进行的，就会出现如下的情况："一国的三个劳动日，可以和别一国的一个劳动日相交换"[①]；"处在有利条件下的国家，在交换中以较少的劳动换回较多的劳动"[②]。"这好比一个工厂主采用了一种尚未普遍采用的新发明，他卖得比他的竞争者便宜，但仍然以高于他的商品的个别价值出售，就是说，他把他所使用的劳动的特别高的生产力作为剩余劳动来实现，因此，他实现了一个超额利润。"[③]

有人认为，只要是按国际价值进行的国际交换，就不能说有剥削；只有在存在着垄断价格的地方，国际交换才存在剥削。这种观点是站不住脚的。大家知道，资本是一种无限自我增值的价值。它除了千方百计加强对劳动的榨取外，还竭力通过首先采用新技术来获得超额利润。然而，在自由竞争的情况下，资本家的这种超额利润会因竞争对手采用更新的技术而消失。这就迫使资本家不断扩大投资，实现对生产的垄断，以便通过规定垄断价格来获取超额垄断利润。但在国际范围内，资本的流动毕竟会受到民族国家的一定限制，特别是在生产资本的国际化尚未充分发展的时候，情况更是如此。因此，为了获得超额利润，少数先进资本主义国家便通过殖民统治手段，强制造成有利于自己的国际分工（如占据在经济发展中处于主导地位的部门或易于进行技术革新和提高劳动生产率的部门；而把那些从属性的和不易进行技术改造的部门转让给落后国家），从而造成一种与对生产的垄断不同的另一种类型的垄断，即对生产的有利条件的垄断。在不合理的国际分工体系下，发达资本主义国家在按国际价值进行的国际

---

① 《马克思恩格斯全集》第26卷第3册，第112页。
② 《资本论》第3卷，人民出版社1975年版，第263页。
③ 同上。

贸易中所取得的超额利润，虽然不是直接从交换过程中产生的，但它却是这种对生产有利条件的垄断权在流通领域中的实现，就像优等土地的所有者利用对土地自然丰度的垄断而获得级差地租一样。正因为在按国际价值进行的国际交换中，超额利润的取得是有条件的，所以马克思指出："价值规律在国际上的应用，还会由于下述情况而发生更大的变化：只要生产效率较高的国家没有因竞争而被迫把它们的商品的出售价格降低到和商品的价值相等的程度，生产效率较高的国民劳动在世界市场上也被算作强度较大的劳动。"① 而不合理的国际分工，恰恰是在一定程度上限制国际竞争，从而保证"生产效率较高的国家"获得超额利润的因素。所以，如果说在一个国家内价值规律的实现是以自由竞争为条件的，那么，在世界市场上，国际价值的存在及其在国际交换中的实现，则以发达国家对生产优越条件的某种垄断及由此而引起的劳动生产率的差异为基础。正是在这一意义上马克思指出，在世界市场上，价值法则已"受了本质上的修正"②。

　　3. 世界货币。对于世界货币，马克思也把它作为与世界市场相联系的历史范畴来考察，并使之与各民族国家的货币相区别。他说："货币一离开国内流通领域，就会解除它在那里取得的作为价格标度、铸币、辅币和价值符号的地方形式，返回到贵金属原有的条块形式。在世界商业上，商品必须用普通形式来展开它们的价值。所以它们的独立价值形式，在那里，将会当做世界货币，和它们互相对待。货币在世界市场上，才按完全的范围，当作这样一种商品来发生作用。这种商品的自然形态，同时就是抽象人类劳动的直接社会的实现形态。它的存在方式，才充

---

①　《资本论》第 1 卷，人民出版社 1975 年版，第 614 页。

②　马克思：《剩余价值学说史》第 3 卷，第 270—271 页。

分和它的概念相适应。"①马克思在分析世界货币作为国际支付手段、国际购买手段和充当国家或世界财富的体现物的职能时，都指出了这些职能的特殊表现形式（相对于国内货币职能而言），并在此基础上说明了世界货币在国际范围内的运动形式。

李嘉图认为，在正常的流通情况下，每个国家具有与它的财富和实业相应的货币量；货币依照它的真正价值或与它的生产费用相符的价值流通，也就是说，货币在一切国家有同一的价值；因此，不会有货币从一国到别国的输出或输入，各国的通货之间是平衡的。总之，在李嘉图看来，"一国的通货之正常水平就表现为通货的国际的平衡"②。在这里，他的信念是："国别丝毫不改变一般的经济法则。"③马克思批判了李嘉图的这种错误观点。他在《资本论》第3卷中谈到贵金属在世界市场上的运动时，着重指出了如下几点：（1）世界货币的运动完全是由国际商品交换决定的，就像国内货币作为国内购买手段和支付手段由国内商品交换决定一样；（2）"国家铸币的贬值或复本位制，也会使贵金属由一国的流通领域流到别国的流通领域"④；（3）货币贮藏的形成，在它是用做对外贸易的购买手段和支付手段的准备金，并不过是暂时休止的资本形态时，就同国内用于同一目的的贮藏货币一样，"都不过是流通过程的必然的沉淀物"。⑤马克思的这些论述说明：相对于国内货币来说，世界货币有它的特殊职能和运动形式；它作为世界市场上的一般等价物，是国际商品交换的一个要素，因而它的运动受世界市场规律的支配。

---

① 《资本论》第1卷，人民出版社1963年版，第125页。

② 马克思：《政治经济学批判》，第134—135页。

③ 同上。

④ 《资本论》第3卷，第394—395页。

⑤ 同上。

由于世界货币在世界市场上获得了一般等价物的形态，成了"可以全面转移的商品"①，因此，马克思指出，"如果商品所有者各国由于其全面的工业与普遍的商业而把金作为合用的货币，那么，工业与商业在它们看来，只是从世界市场抽出金银形式的货币的手段。因而，金银当做世界货币，既是一般商品流通的产物，又是流通范围进一步扩张的手段。正如当炼金家想炼出黄金时，在背后产生了化学，同样，当商品所有者追求那具有令人着迷的姿态的商品时，在背后迸发了世界工业与世界贸易的源泉。因为金银在自己的货币概念里就预料着世界市场的存在，它们帮助了世界市场的形成。它们的这种魔力，决不限于资本主义社会的幼稚年代，……19世纪中叶新金矿的发现对于世界贸易所发生的非常影响，证明了这一点。"②这就是说，世界货币的出现不仅促进了世界市场的形成；而且在资本主义生产方式确立后，还进一步加速了资本主义生产在国际范围内的商品化，加速了资本的国际化。

综上所述，马克思所提出的诸如国际分工、国际价值和世界货币等范畴，都是世界市场形成后国际经济现象的理论抽象。它们都在某一侧面反映了国际生产关系，因而都是我们建立世界经济学的理论体系所必须运用的基本范畴。

三　资本主义生产方式的国际化与
世界经济的形成和发展

资本主义是伴随着殖民制度的盛行而产生、发展和壮大的。

---

① 马克思：《政治经济学批判》，第111—114页。
② 同上。

极少数先进资本主义国家，"直接在欧洲以外各地用劫掠、奴役和谋财害命方法劫取到的财宝，源源流回母国，在那里转化为资本。"①但除了这种超经济的掠夺外，在资本主义生产方式确立后，资本作为一种自身不断增值的价值，也具有无限扩大其活动范围的趋向，从而使它逐渐形成一个世界范围的经济关系体系，即超越国界的剥削体系。这主要表现在资本主义生产方式在其无限扩大剩余价值的内在要求的驱使下，总是要在世界各地寻找有利的商品销售市场和原料产地，总是力求把全世界的生产和消费都纳入资本主义体系。马克思指出，"资本主义生产之本质的特征，是生产物发展为商品的事情；这种发展，和市场的扩大，世界市场的创造，外国贸易，是结合着的"②。在创造和开拓国外市场的过程中，世界货币的出现起了推动的作用。它一经出现即采取世界资本的形态，其目的就是为了增值交换价值，即从国外取得超额利润。

世界资本的发展过程大体经历了两个发展阶段：（1）在自由资本主义时期，世界资本一般采取商业资本和借贷资本的形式。（2）在垄断资本主义时期，产业资本发展为金融资本，资本输出成为这一时期的重要特征。从19世纪初期起，先进资本主义国家逐步在殖民地和附属国兴建铁路和港口，发展采掘工业。到了19世纪末、20世纪初，随着科学技术和生产力的迅速发展，资本输出的规模越来越扩大，其中以生产资本形式输出的资本的比重也不断增大。特别是作为国际垄断资本新形式的跨国公司的产生和发展，更大大加强了生产和资本的国际化。总之，资本输出和世界资本是金融资本向世界范围扩张的现实形态，是帝国主义

---

① 《资本论》第1卷，人民出版社1963年版，第831页。

② 马克思：《剩余价值学说史》第2卷，第137—139页。

国家统治殖民地、附属国的物质基础。正是在资本，从而资本主义生产方式进一步国际化的情况下，垄断资本主义成了极少数"先进"国家对世界大多数居民施行民族压迫和经济剥削的世界体系。这时，统一的资本主义世界经济体系，即近代的世界经济最终形成了。

马克思把资本主义作为一种世界性的剥削体系来考察，他在分析资本主义生产方式时，特别注意这种生产方式赖以存在和发展的"国际关系"方面的因素。他把资本主义的发生、发展和灭亡，同殖民地的存在、世界市场的形成和发展以及世界性的工业危机紧密联系在一起，从而阐明了世界经济的形成及与此有关的许多重大的世界经济理论问题，并从根本上揭示了未来世界经济的发展趋向，即向统一的社会主义和共产主义世界经济发展的方向。

正因为马克思是把资本主义作为一种世界性的生产方式来考察的，是在世界范围内展示资本主义生产方式的运动规律和内在矛盾的，因此，他对利润率的下降规律、资本主义再生产及资本主义经济危机的论述，都以整个资本主义世界为背景。他指出"资产阶级生产的一切矛盾，在全般的世界市场恐慌中，会集中地表现出来"①；世界经济危机，"必须视为是资产阶级经济上一切矛盾之现实的综合和强制的解决"②。

首先，与资产阶级经济学家（包括李嘉图在内）用农业歉收、纸币贬值、信用膨胀、资本过剩等等来解释危机不同，马克思一向认为资本主义的经济危机是生产过剩危机，即生产超过市场的需求而导致的危机。而市场早已突破国界而发展为世界市

---

①　马克思：《剩余价值学说史》第 2 卷，第 648 页。
②　同上书，第 615—616 页。

场，因此，当整个世界市场出现商品过剩的时候，就会造成世界性的经济危机。所以，马克思指出："这种危机由于如下一点就愈加频繁地发生并且愈加剧烈起来，即是随着产品数量的增加，亦即随着对扩大市场的需要的增长，世界市场的容量是愈益减少了，因为每一次先行的危机都是要把一些新辟的市场或先前只被微微榨取过的市场卷入世界贸易范围的。"①在《资本论》第 1 卷论及"机器与大工业"时，马克思也把工业危机与世界市场联系起来，指出"工厂制度的异常的飞跃的扩张能力，和它对世界市场的依赖性，必然会引起热病似的生产，以致市场过于充足，然后由市场的收缩，引起生产的瘫痪状态"②。

其次，在经济周期理论方面，马克思在《资本论》中明确指出了工业生产"不断在中常的活跃、繁荣、生产过剩、危机和停滞这几个时期的顺序中变动"③。而在该书的第 3 卷中，则根据世界情况的变化（如交通工具的惊人发展和世界市场的现实形成等），提出了周期变形的问题，指出"周期过程的急性形式和向来十年一次的周期，似乎让位给一种比较慢性的、拖延的交替了。这种交替，正按不同的期间发生在不同的工业国家内。交替的一方是比较短期的稍微的营业恢复，另一方是比较延长的漫无定期的消沉"④。马克思这一指示，对于我们今天研究世界资本主义再生产周期变形，预测世界经济发展趋向，有特别重要的意义。

马克思和恩格斯对资本主义国家的反危机措施的局限性和弊

---

① 马克思：《雇佣劳动与资本》，《马克思恩格斯文选》（两卷集）第 1 卷，第 83 页。

② 《资本论》第 1 卷，人民出版社 1963 年版，第 486 页。

③ 同上。

④ 《资本论》第 3 卷，人民出版社 1966 年版，第 567 页（恩格斯的注）。

端，也早有深刻的认识，并提出了极其精辟的见解。例如，马克思曾指出：过度输出（即过度生产）和过度输入（即过度贸易）已经在一切国家发生；"生产过剩已经由信用，由那种与信用相陪伴的一般的价格膨胀而被推进了"；一切国家都有同样的崩溃在发生；贵金属的流出将会依次在一切国家发生。而如果为制止贵金属的流出，英国银行在危机时期提高利息率，那么，其他资本主义国家也会采取同样的措施。[①] 恩格斯也明确指出，各国为保护本国工业的市场而采取的加强国内市场的垄断和实行保护关税政策的措施，"也不外是最后的、全面的、决定世界市场霸权的工业战争的准备。所以，每一个对旧式危机的重演有抵消作用的要素，都包含着一个更激烈得多的未来危机的幼芽"。[②]马克思和恩格斯的这些精辟论述，在后来资本主义的发展中，特别是以凯恩斯主义的推行、国际垄断的加强以及当前资本主义世界经济"滞胀"长期不能摆脱的事实中，都得到了有力的证实。

马克思还对整个资本主义制度与殖民制度的关系作了充分的论述。他强调了殖民地对于资本主义国家的极端重要性，后者依存于前者，宗主国一刻也不能离开殖民地。马克思的这种分析，全面展示了世界范围内的资本主义矛盾。正是在这一基础上，他对资本主义世界经济的发展趋向作了科学的预测。他明确地指出了以资本主义生产方式为研究对象的政治经济学的规律，必然会在世界范围内起作用，并决定着世界经济的发展趋势。他说："资本的集中是资本作为独立力量而存在所十分必需的。这种集中对于世界市场的破坏性影响，不过是在大范围内显示目前在每一个文明城市起着作用的政治经济学本身的内在规律罢了。历史

---

① 《资本论》第3卷，人民出版社1966年版，第632—635页。
② 同上书，第568页。

中的资产阶级时期负有为新世界创造物质基础的使命：一方面要造成以全人类互相依赖为基础的世界交往，以及进行这种交往的工具；另一方面要发展人的生产力，把物质生产变成在科学的帮助下对自然力的统治。资产阶级的工业和商业正为新世界创造这些物质条件，正像地质变革为地球创造了表层一样。只有在伟大的社会革命支配了资产阶级时代的成果，支配了世界市场和现代生产力，并且使一切都服从于最先进的民族的共同监督的时候，人类的进步才会不再像可怕的异教神像那样，只有用人头做酒杯才能喝下甜美的酒浆。"① 马克思对世界经济的内在矛盾及其发展趋势的分析，为我们展示了未来世界经济的一幅壮丽的图景。

四　马克思的世界经济理论对建立世界经济学的意义

马克思的世界经济理论的意义，不仅在于它已阐明了当时世界经济领域中的一系列重大问题，从而为后人的世界经济研究提供了丰富的理论依据；而且还在于它已为马克思主义世界经济学确定了明确的研究对象，从而为它作为一门独立学科的创立奠定了基础。

诚然，马克思在世时并没有提到世界经济学的问题。他对政治经济学的研究也主要局限于一国的范围。正如他在《资本论》第 1 卷第 1 版序言中所指出的，"我要在本书研究的，是资本主义生产方式及和它相适应的生产关系和交换关系。到现在为止，这种生产方式的典型地点是英国，因此，我在理论阐述上主要用

---

① 《马克思恩格斯全集》第 2 卷，第 75 页。

英国作为例证。"① 同时，他还指出，在研究方法上，"为了在纯粹的状态下对我们的研究对象进行考察，避免次要情况的干扰，我们在这里必须把整个贸易市场看作是一个国家，并且假定资本主义生产方式已经到处确立并占据了一切产业部门。"②这就是说，在这里，马克思主要是从一国的范围把资本主义生产方式作为一种纯粹的形态来进行研究的。

　　但是，马克思之所以这样做，仅仅是为了在必要的场合进行理论抽象的需要，是研究中必须采取的一种方法，并不意味着他把资本主义视为一种民族封闭型的生产方式。相反，正如我们在上面所指出的，马克思始终是把资本主义作为世界性的剥削体系来看待的。正因为如此，他的研究涉及到如我们在上面所列举的许多世界经济方面的问题。而且，如果按照他在《政治经济学批判》的序言和导言中所拟订的写作计划做，无疑将会在更大的范围内对世界经济问题作出专门的论述。他在该书的序言中指出："我考察资产阶级经济制度是按照以下的次序：资本、土地所有制、雇佣劳动；国家、对外贸易、世界市场。"③而在该书的导言中，他计划把全书分为五大篇，其中第四篇就是"生产的国际关系，国际分工，国际交换，输出和输入，汇率"；第五篇是"世界市场和危机"④。当然，马克思后来并没有完全实现这一写作计划。他在当时未能就"生产的国际关系"写出完整的专门论著，这对于后人，当然是一个无可弥补的重大损失。然而，散见于他的政治经济学著作中的许多有关世界经济的论述，却已经为我们建立世界经济学提供了坚实的理论基础。

---

①　《马克思恩格斯选集》第 2 卷，第 206 页。
②　《马克思恩格斯全集》第 23 卷，第 637 页注。
③　《马克思恩格斯选集》第 2 卷，第 81 页。
④　同上书，第 111 页。

任何一门学科的建立，最重要的是确定它的研究对象。在这方面，马克思的理论已给了我们以重要的启示。

首先，马克思为政治经济学所确定的研究对象，从根本上说也已为我们规定了世界经济学的研究对象。正如上面所指出的，马克思一生最重要的著作《资本论》的研究对象，就是资本主义生产方式以及和它相适应的生产关系和交换关系。世界经济学作为政治经济学的一门分支学科，固然有其特定的研究领域，但在以生产方式（主要是生产关系）为其研究对象这一点上，是与政治经济学一致的。正是基于这一认识，我们认为马克思主义世界经济学的对象应是，研究从世界经济形成以来世界范围内的生产方式（包括生产关系和生产力）的总体，兼及有关的上层建筑，而重点则是研究国际生产关系。

其次，马克思在论述政治经济学和世界经济问题的过程中，说明了一国资本主义生产关系与国际生产关系的既相联系又相区别的关系，进一步为世界经济学划出了特定的研究领域和明确了具有相对独立性的具体研究对象。当一个民族国家的生产关系扩展为国际生产关系的时候，后者就具有自己的某些独特的内容，并有其特殊的运动规律，而不仅仅是一国范围的生产关系在国际范围的简单延伸。正是在这一点上，才产生了建立世界经济学的必要性。

第三，马克思在论述世界市场的形成和资本的国际扩张的过程中，提出了一系列世界经济范畴。这些范畴作为国际生产关系的理论表现，具有不同于政治经济学范畴的特殊内容（如国际分工不同于社会分工、国际价值不同于价值、世界货币不同于国内货币，等等），正确地反映了国际生产关系的本质。而这些范畴，都是我们形成世界经济学的理论体系所必不可少的。

可见，马克思对广泛的世界经济问题的论述，已在许多方面为世界经济学的创立作了理论准备。特别是他提出了"生产的国际关系"（即国际生产关系）这一概念，对确定世界经济学的特殊研究领域和特定的研究对象，更具有直接的决定性的意义。

长期以来，人们在马克思的理论的指导下，为创建世界经济学做了不少工作，并取得了一定的成果。特别是进入帝国主义时期后，列宁根据资本主义的新发展，总结出帝国主义的基本特征，进一步揭露了资本帝国主义作为世界剥削体系的本质，从而在更加广阔的范围内论述了广泛的世界经济问题。然而，应该指出的是，在探索世界经济学的过程中，有两种比较流行的有关世界经济学研究对象的错误观点，长期阻碍着这门学科的建立和发展。

早在本世纪初，西方已普遍流行着一种把"国际经济"混同于"世界经济"，从而把国际经济学混同于世界经济学的观点。这种观点抹煞了蕴藏在国际关系背后的国际生产关系。大家知道，所谓国际经济，指的是各国国民经济之间发生的诸经济联系，即国际经济诸关系。因此，西方资产阶级的以国际经济为特定研究领域的国际经济学，是把国际贸易和国际金融作为主要的研究对象的。而世界经济则是一种全球规模的经济体系。作为世界经济学的主要研究对象的国际生产关系，虽然往往通过国际关系表现出来，但它决不等于国与国之间的一般往来和联系，而是指反映在这种国际关系中的生产关系。例如，国与国之间的一般商品交换，在国家产生后就已存在。但当时的国际交换，与存在着适合于资本主义生产方式的国际分工体系和统一的资本主义世界市场时的国际交换，就具有不同的性质；后一种国际交换已具有资本主义时期的特殊内容（即资本主义的剥削关系），表现为一种由资本主义生产关系延伸出来的国际生产关系。所以，如果我们把不同历史时期、不同生产方式下的国际交换的不同内容抽象掉，而还原为一般的国际经济联系，那就会抹煞国际关系所反映的那种国际生产关系的本质。世界经济学的任务就在于揭露那种掩盖在诸种国际经济联系背后的国际生产关系。如果它放弃这一任务，那它就会使自己混同于资产阶级国际经济学。

在世界经济学研究对象方面的另一种错误观点，是把国际生产关系仅仅看做是一国生产关系的简单的延伸。这种观点以布哈林为代表。布哈林曾经认为，世界经济是"包括世界全体的生产关系以及与这种生产关系相适应的交换关系的体系"①，并且指出"现代资本主义是世界资本主义"②，"我们应当把资本主义体系不仅当作一种抽象形式，而且当做世界资本主义来具体地加以考察，而世界资本主义，应该作为一个整体，即作为经济整体来考察。"③ 布哈林的这些意见，基本上是正确的。他的错误在于：第一，他机械地把资本主义的国内矛盾转移到世界范围以后，认为资本主义的国民经济已"从不合理的体系成为合理的组织"④，竞争和无政府状态只在世界范围内表现出来，市场问题、价格问题、竞争问题和危机问题，都只是世界经济的问题⑤，从而抹煞了资本主义的国内矛盾，走上阶级调和的机会主义道路。第二，他把资本主义的国内生产关系机械地等同于国际生产关系，抹煞了国际生产关系所具有的特殊内容和特性，从而也必然会最终走向取消世界经济学。

马克思指出："最一般的抽象总只是产生在最丰富的具体的

① 布哈林：《世界经济与帝国主义》。
② 布哈林：《过渡时期的经济》第1章。
③ 布哈林：《在共产国际第一次代表大会上关于行动纲领的报告》。
④ 布哈林：《过渡时期的经济》第1章。
⑤ 布哈林：《"有组织的经营不善"的理论》，［苏］《真理报》1929年6月30日。

发展的地方",而"最抽象的范畴,虽然正是由于它们的抽象而适用于一切时代,但是就这个抽象的规定性本身来说,同样是历史关系的产物,而且只有对于这些关系并在这些关系之内才具有充分的意义。"① 一百多年前,马克思在世界市场业已形成,资本的国际化已有一定发展的情况下,对大量的世界经济现象作了理论上的抽象,提出了丰富的世界经济理论。这些理论,正因为它们是从丰富的具体中抽象出来的,因而对于指导后人的世界经济研究和建立世界经济学,都具有重大的意义。当前,由于生产和资本的国际化空前发展,特别是由于一批社会主义国家的诞生和广大第三世界国家的崛起,世界经济的发展已经进入了这样的历史时期,即从统一的资本主义世界经济向统一的社会主义、共产主义世界经济过渡的时期。在这一伟大的转折时期中,马克思的世界经济理论原则,由于世界经济的无限丰富的新发展,不但丝毫没有丧失它的光辉,相反,它具有更加重要的指导意义了。我们坚信:在马克思的理论的指导下,一门崭新的学科——马克思主义世界经济学,一定会在不久的将来建立并逐步发展起来。

（《世界经济》1983 年,第 3 期）

---

① 《马克思恩格斯选集》第 2 卷,第 107—108 页。

作者主要著作目录

《中国农村经济现阶段性质之研究》、《中国地租的本质》（载冯和法编的《中国农村经济论》，黎明书局，1934年

《中国货币制度往哪里去》（与章乃器、骆耕漠、狄超白合著）新知书店，1935年

《中国国防经济建设》　上海黑白丛书社，1938年1月

《中国经济问题讲话》（与许雪寒、王渔、姜君辰、骆耕漠合著）新知书店，1938年8月

《论战争》　新知书店，1940

年3月

《世界经济概论》　人民出版社，1983年

《资本主义与社会主义纵横谈》世界知识出版社，1983年

《世界经济与世界经济学》中国社会科学出版社，1984年

《世界经济与中国经济》　人民出版社，1984年

《当代世界经济发展规律探索》经济科学出版社，1984年

《论改革》　湖北人民出版社，1984年

作 者 年 表

1908年　9月28日，生于江苏省无锡县东乡洪声里镇。

1915年　入私塾，后在洪声小学和江苏省第三师范附属小学读书。1922年高小毕业。后升入江苏省立第三师范学校。

1925年　在校刊上发表评论法国著名唯心主义哲学家柏格森所著《形而上学导言》的文章。

1926年　参加中国国民党。

1927年　被开除出国民党。师范学校毕业，在无锡县立初中附小任教。

1928年　考入无锡民众教育学院。1929年到黄巷实验区（黄巷是丽新布厂的工人居住点）从事工人教育工作。经王寅生介绍，参加了陈翰笙所领导的农村经济调查，并转入中央研究院社会科学研究所工作。

1930年　对河北保定的18个农村进行了调查。

1931年　参加编写《现今中国的土地问题》、《亩的差异》和《无锡农村经济调查资料》等专著。

1932年　发表关于农村经济问题的处女作《1931年大火灾中中国农村经济的破产》，刊于1932年5月《新创造》第1卷第2期。

1933年　被中央研究院社会科学研究所除名，后到塔斯社上海分社工作。参加"苏联之友"社和社会科学研究会。开始从事革命活动。

1934年　参加以陈翰笙、吴觉农等为主的"中国农村经济研究会"。出任"左翼文化总同盟"宣传委员。

9月，与金仲华、张仲实创办《世界知识》杂志，曾任该刊主编。

1935年 9月，经周扬和胡乔木介绍加入了中国共产党，并担任中央文委委员。

1936年 撰写《怎样研究中国经济》一书。创办《永生》周刊和《现世界》杂志，并曾任两刊主编。

9月，与陶行知，陆璀等参加在布鲁塞尔召开的世界和平代表大会。后又代表宋庆龄参加了在巴黎召开的国际反法西斯委员会扩大会议。

1937年 任全国救国联合会党团书记。创办《战地知识》和"战时书报供应所"，并与孙冶方、姜君辰等编辑《救亡手册》。

1939年 到重庆、撰写《汪精卫卖国的理论与实践》一书。

1940年 7月，随叶挺军长从重庆到新四军军部。

1941年 皖南事变后，转到苏北根据地，任华中局文委书记、苏北文化协会理事长和《江淮日报》社长。后被任命为新四军政治部宣教部长。

1946年 3月，赴北平参加军事调停处执行部工作。并任新华社北平分社代社长兼总编辑，创办《解放》三日刊。

4月3日，与报社40多名同志被国民党非法逮捕，后被释放。

5月，赴延安任党中央秘书。

9月，调到《解放日报》和新华社，任该报社论委员会主任。

1947年 3月，随刘少奇、朱德经山西赴河北参加华北地区的土地改革运动，并任中共建屏县委书记。其后，出任华北大学教务长。

1949年 1月，任北平军管会文化接管委员会主任。

2月，以中国代表团秘书长的身份，出席在巴黎和布拉格召开的世界和平代表大会。随后，奉党中央之命任中共代表团副团长，出席捷克斯洛伐克共产党第19次代表大会。

9月，任教育部党组书记、副部长。

1952年 12月，任政务院文化教育委员会秘书长。

1954年 10月，任文化部党组书记、副部长，兼国务院文教办公室副主任。

1956年 参加中国共产党第八次代表大会，当选为候补中央委员。之后还曾当选为第一、二届全国人民代表大会代表；历任第一、

二、三、四、五、六届全国政协委员，第四、五、六届全国政协常务委员。

1966 年　十年动乱期间，遭到残酷迫害。

1978 年　任中国社会科学院世界经济研究所所长。

参与制定了《1978 年至 1985 年全国世界经济学科发展规划草案》。

倡建了"中国世界经济学会"，并任该会会长。

1980 年　任国家计划委员会顾问、国家进出口管理委员会对外经济贸易研究中心主任、国务院经济研究中心顾问、大百科编辑委员会委员。

1983 年　担任中国社会科学院顾问。

1985 年　5 月 25 日，因操劳过度心脏病复发，在北京逝世。